普通高等教育"十三五"规划教材

服务外包产教融合系列教材

主编 迟云平　副主编 宁佳英

金融服务外包

 主　编　聂　锋　廖唐勇　卢泽回　赵新成

·广州·

图书在版编目(CIP)数据

金融服务外包/聂锋，廖唐勇，卢泽回等主编．—广州：华南理工大学出版社，2017.5

（服务外包产教融合系列教材/迟云平主编）

ISBN 978-7-5623-5219-8

Ⅰ. ①金… Ⅱ. ①聂… ②廖… ③卢… Ⅲ. ①金融－商业服务－对外承包 Ⅳ. ①F831.6

中国版本图书馆 CIP 数据核字（2017）第 063200 号

金融服务外包

聂　锋　廖唐勇　卢泽回　赵新成　主编

出 版 人：卢家明
出版发行：华南理工大学出版社
　　　　　（广州五山华南理工大学 17 号楼，邮编 510640）
　　　　　http://www.scutpress.com.cn　E-mail:scutc13@scut.edu.cn
　　　　　营销部电话：020-87113487　87111048（传真）
总 策 划：卢家明　潘宜玲
执行策划：詹志青
责任编辑：张　颖
印 刷 者：佛山市浩文彩色印刷有限公司
开　　本：787mm×1092mm　1/16　印张：13　字数：328 千
版　　次：2017 年 5 月第 1 版　2017 年 5 月第 1 次印刷
印　　数：1～2000 册
定　　价：30.00 元

版权所有　盗版必究　　印装差错　负责调换

"服务外包产教融合系列教材"
编审委员会

顾　　问：曹文炼（国家发展和改革委员会国际合作中心主任，研究员、
　　　　　　教授、博士生导师）
主　　任：何大进
副 主 任：徐元平　迟云平　徐　祥　孙维平　张高峰　康忠理
主　　编：迟云平
副 主 编：宁佳英
编　　委（按姓氏拼音排序）：
　　　　　蔡木生　曹陆军　陈翔磊　迟云平　杜　剑　高云雁　何大进
　　　　　胡伟挺　胡治芳　黄小平　焦幸安　金　晖　康忠理　李俊琴
　　　　　李舟明　廖唐勇　林若钦　刘洪舟　刘志伟　罗　林　马彩祝
　　　　　聂　锋　宁佳英　孙维平　谭瑞枝　谭　湘　田晓燕　王传霞
　　　　　王丽娜　王佩锋　吴伟生　吴宇驹　肖　雷　徐　祥　徐元平
　　　　　杨清延　叶小艳　袁　志　曾思师　查俊峰　张高峰　张　芒
　　　　　张文莉　张香玉　张　屹　周　化　周　伟　周　璇　宗建华
评审专家：
　　　　　周树伟（广东省产业发展研究院）
　　　　　孟　霖（广东省服务外包产业促进会）
　　　　　黄燕玲（广东省服务外包产业促进会）
　　　　　欧健维（广东省服务外包产业促进会）
　　　　　梁　茹（广州服务外包行业协会）
　　　　　刘劲松（广东新华南方软件外包有限公司）
　　　　　王庆元（西艾软件开发有限公司）
　　　　　迟洪涛（国家发展和改革委员会国际合作中心）
　　　　　李　澍（国家发展和改革委员会国际合作中心）
总 策 划：卢家明　潘宜玲
执行策划：詹志青

总　序

　　发展服务外包，有利于提升我国服务业的技术水平、服务水平，推动出口贸易和服务业的国际化，促进国内现代服务业的发展。在国家和各地方政府的大力支持下，我国服务外包产业经过 10 年快速发展，规模日益扩大，领域逐步拓宽，已经成为中国经济新增长的新引擎、开放型经济的新亮点、结构优化的新标志、绿色共享发展的新动能、信息技术与制造业深度整合的新平台、高学历人才集聚的新产业，基于互联网、物联网、云计算、大数据等一系列新技术的新型商业模式应运而生，服务外包企业的国际竞争力不断提升，逐步进入国际产业链和价值链的高端。服务外包产业以极高的孵化、融合功能，助力我国航天服务、轨道交通、航运、医药、医疗、金融、智慧健康、云生态、智能制造、电商等众多领域的不断创新，通过重组价值链、优化资源配置降低了成本并增强了企业核心竞争力，更好地满足了国家"保增长、扩内需、调结构、促就业"的战略需要。

　　创新是服务外包发展的核心动力。我国传统产业转型升级，一定要通过新技术、新商业模式和新组织架构来实现，这为服务外包产业释放出更为广阔的发展空间。目前，"众包"方式已被普遍运用，以重塑传统的发包/接包关系，战略合作与协作网络平台作用凸显，从而促使服务外包行业人员的从业方式发生了显著变化，特别是中高端人才和专业人士更需要在人才共享平台上根据项目进行有效整合。从发展趋势看，服务外包企业未来的竞争将是资源整合能力的竞争，谁能最大限度地整合各类资源，谁就能在未来的竞争中脱颖而出。

　　广州大学华软软件学院是我国华南地区最早介入服务外包人才培养的高等院校，也是广东省和广州市首批认证的服务外包人才培养基地，还是我国服务外包人才培养示范机构。该院历年毕业生进入服务外包企业从业平均比例高达66.3%以上,并且获得业界高度认同。常务副院长迟云平获评2015年度服务外包杰出贡献人物。该院组织了近百名具有丰富教学实践经验的一线教师,历时一年多,认真负责地编写了软件、网络、游戏、数码、管理、财务等专业的服务外包系列教材30余种,将对各行业发展具有引领作用的服务外包相关知识引入大学学历教育,着力培养学生对产业发展、技术创新、模式创新和产业融合发展的立体视角,同时具有一定的国际视野。

当前,我国正在大力推动"一带一路"建设和创新创业教育。广州大学华软软件学院抓住这一历史性机遇,与国家发展和改革委员会国际合作中心合作成立创新创业学院和服务外包研究院,共建国际合作示范院校。这充分反映了华软软件学院领导层对教育与产业结合的深刻把握,对人才培养与产业促进的高度理解,并愿意不遗余力地付出。我相信这样一套探讨服务外包产教融合的系列教材,一定会受到相关政策制定者和学术研究者的欢迎与重视。

借此,谨祝愿广州大学华软软件学院在国际化服务外包人才培养的路上越走越好!

国家发展和改革委员会国际合作中心主任

2017年1月25日于北京

前　言

当今世界，经济全球化、社会信息化深入发展，生产要素在世界范围内的流动日益自由，国际产业分工格局发生深刻变化，市场融合程度不断加深，跨境产业链、价值链、供应链加速整合。在这一时代背景下，服务外包已上升为我国的重要战略，政府部门正不断完善相关政策体系，促进服务外包产业加快发展。

金融服务外包作为服务外包的主要领域之一，是金融企业打造高效供应链、整合外部资源、降低运营成本、提高经济效益的生产组织模式，近年来在银行、证券、保险、融资租赁与信托等金融领域得到了长足的发展。

金融服务外包是一门实践性很强的专业基础课程，为满足教学和金融服务外包的需要，本书编者在多年金融课程教学经验与知识积累的基础上，结合长期的金融服务外包分析，共同完成了本书的编写。

本书以系统性、规范性、专业性、实用性为原则，以满足经济管理类专业金融服务外包教学、金融投资和金融服务外包从业者自学需要为目的。全书共八章，分别为服务外包，金融服务外包，银行业金融服务外包，证券业金融服务外包，保险业金融服务外包，信托、租赁业金融服务外包，金融服务外包业务流程和金融服务外包风险管理。

通过《金融服务外包》的学习，读者可以了解和掌握金融与金融服务外包的基本知识与技能，为今后开展金融投资与金融服务外包实践奠定扎实的理论基础。本书可以作为经济管理类专业金融服务外包与金融投资课程教材，也可以作为金融服务外包工作者及金融投资者的初中级教程。

参加本书编写的主要有广州大学华软软件学院的聂锋、廖唐勇、卢泽回、赵新成。另外，本书在编写过程中得到了广州大学华软软件学院服务外包研究基地的大力支持，在此表示衷心的感谢。由于编者水平有限，书中疏漏在所难免，恳请读者不吝指正！

廖唐勇
2017 年 3 月

目 录

1 服务外包 ·· 1
   1.1 外包的概念与分类 ··· 2
   1.2 服务外包的概念与分类 ·· 5
   1.3 服务外包的理论基础 ··· 8
   1.4 服务外包产业的经济效应 ·· 10
   1.5 全球服务外包产业发展现状 ··· 11
   1.6 中国服务外包产业发展现状 ··· 14

2 金融服务外包 ··· 20
   2.1 金融服务业 ··· 22
   2.2 金融服务外包的定义与分类 ··· 27
   2.3 金融服务运营的外包模式及外包收益 ·· 29
   2.4 国际金融服务外包发展趋势与市场结构 ·· 31
   2.5 国内金融服务外包发展趋势与市场结构 ·· 35

3 银行业金融服务外包 ··· 38
   3.1 银行业概述 ··· 39
   3.2 商业银行主要业务 ··· 53
   3.3 银行业服务外包 ·· 57
   3.4 我国银行业服务外包案例及分析 ·· 63

4 证券业金融服务外包 ··· 67
   4.1 证券业概述 ··· 70
   4.2 证券业主要业务 ·· 80
   4.3 证券业服务外包 ·· 90

5 保险业金融服务外包 ··· 95
   5.1 保险业概述 ··· 97
   5.2 保险业主要业务 ·· 106
   5.3 保险业服务外包 ·· 117

6 信托业与租赁业金融服务外包 ··· 130
   6.1 信托业与租赁业概述 ··· 131
   6.2 住托业与租赁业主要业务 ··· 145
   6.3 住托业与租赁业金融服务外包 ·· 154

7 金融服务外包业务流程 ·· 163
   7.1 外包合同签订 ··· 164

7.2 外包合同履行 …………………………………………………………… 166
7.3 外包合同终止与解除 ……………………………………………………… 169
7.4 金融服务外包基本原则 …………………………………………………… 172

8 金融服务外包风险管理 ………………………………………………………… 176
8.1 金融服务外包风险识别 …………………………………………………… 179
8.2 金融服务外包风险计量 …………………………………………………… 182
8.3 金融服务外包风险控制 …………………………………………………… 186

1 服务外包

【学习目标】

1. 理解外包的概念与分类；
2. 掌握服务外包的概念、分类、特点与业务范围；
3. 了解服务外包的理论基础与经济效应；
4. 熟悉全球主要服务外包国家的服务外包产业发展概况。

【引入案例】

服务外包产业健康快速发展

2015年，我国服务外包产业保持健康快速发展，我国企业签订服务外包合同金额突破1300亿美元，服务外包在稳增长、调结构、促就业中发挥了重要作用。

服务外包产业规模进一步扩大，业务结构逐步优化。2015年，我国企业签订服务外包合同金额1309.3亿美元，执行金额966.9亿美元，同比分别增长22.1%和18.9%。其中，离岸服务外包合同金额872.9亿美元，执行金额646.4亿美元，同比分别增长21.5%和15.6%。医药和生物技术研发、动漫及网游设计研发、工业设计和工程设计等知识流程外包业务快速发展，带动服务外包业务结构逐步优化。

吸纳就业成效显著，专业服务能力日益提高。2015年，我国新增服务外包企业5644家，同比增长70.6%。新增从业人员127.5万人，其中大学（含大专）毕业生66.9万人，同比分别增长79.3%和37.1%。我国服务外包企业新获得开发能力成熟度模型集成（CMMI）、信息安全管理（ISO27001/BS7799）等13项国际认证1491个，同比增长7.3%。截至2015年底，我国企业累计获得国际认证8774个，企业的专业服务能力日益提高。

在岸市场潜力不断释放，产业融合程度加深。我国实施"互联网+"战略和行动计划，促进互联网与服务业和制造业创新融合发展，不断释放在岸服务外包市场潜力，推动在岸业务快速发展。2015年，在岸服务外包合同金额161.4亿美元，执行金额106.3亿美元，同比分别增长24.8%和21.7%。基于互联网和现代信息技术的专业化生产组织方式得到了广泛应用，进一步加深了服务外包与信息服务业、制造业、批发和零售业、交通运输业、能源业、金融业、卫生健康业等垂直行业的深度融合。

"一带一路"市场快速发展，国内产业转移效应显现。2015年，我国企业积极开拓"一带一路"沿线国家服务外包市场，合同金额和执行金额分别为178.3亿美元和121.5

亿美元，同比分别增长42.6%和23.4%。受益于京津冀协同发展战略，河北省的秦皇岛、石家庄和保定等市有序承接京津的服务外包产业转移，迎来发展的重大机遇，全省服务外包执行金额达到11.6亿美元，同比增长30倍。长江经济带沿线的江西省、湖北省和湖南省积极承接东部产业转移，离岸服务外包执行金额同比分别增长37%、33.8%和26.6%，增速远高于全国平均水平。

（中华人民共和国商务部）

1.1 外包的概念与分类

1.1.1 外包的兴起背景

外包（outsourcing；epiboly）是21世纪兴起的一种经济活动，最早源于20世纪80年代的生产制造领域，即生产制造业的外包。20世纪90年代，经济全球化促进了信息技术飞速发展，并进一步加深了各专业化领域的分工与合作。全球化直接加剧了国际市场竞争，为获取更低的生产成本优势，在竞争中取得更高的市场占有率和生存发展的需要，企业转变了传统意义上垂直一体化的生产和销售模式，在世界范围内配置要素资源、组织生产，产品与服务的全球化特征日益显著。在价值链分割过程中，更多的企业开始专注自身的核心领域业务，将非核心业务或非专业业务外包给专业化的企业，以提高生产效率、降低运营成本，获取更长远的市场竞争优势。生产过程中价值链在全球进行细分化分离，使外包业务的多样化特征更为显著。总之，现代意义上的外包现象是社会经济活动从制造领域向服务业的不断延伸与扩展。

跨入21世纪以来，世界经济进入了绿色、低碳发展时期。长期以来，制造业对自然资源的过度依赖，带来了大量的环境污染、高消耗等负面影响。相比之下，现代服务业可以创造出更高的附加价值，对自然资源低碳消耗、对环境友好，因此，产业发展优势极为突出。目前，发达国家服务经济占据经济总量的比重已达到40%，以欧美为代表的发达经济体不断优化自身的产业结构，持续提高服务业的产业地位，提升服务业在全球经济中的价值，并将非核心的服务业务在全球范围内转移，使服务经济占世界经济的比重日益提高。在服务经济全球化的大背景下，发展中国家为承接国际服务业转移的浪潮，需调整自身的产业结构，提升在国际服务贸易领域的分工地位，努力成为全球化服务外包的主要承接国，积极抢占服务外包市场。在发达国家与发展中国家共同促进的产业转移与调整过程中，服务外包作为现代经济领域外包业务的主要表现形式，近十年来得到了长足的发展，尤其在发展中国家，已成为新的贸易增长点和未来大力发展的主流贸易业务。

1.1.2 外包的概念

最早提出"外包"概念的是美国学者 Gary Hamel（加里·哈默尔）和 C. K. Praharad（C. K. 普拉哈拉德），他们在《哈佛商业评论》（1900）上发表了《企业的核心竞争力》一文。文中指出，外包是企业基于契约原则的一种经济行为。企业为专注自身的业务专长，改善企业整体的运营效率，利用外部资源来完成组织自身的再设计和发展，提升企业的竞争力，将一些非核心的、次要的或辅助性的功能或业务外包给外部专业服务机构，而自身仅专注于具有核心竞争力的功能和业务。在此基础上，国外相关的管理咨询机构和其他学者也从不同角度做了详细的解释。

国际著名的 Bearing Point 咨询公司将服务外包定义为一种服务形式。服务外包是指企业以信息技术为依托，充分利用专业服务商的知识与劳动力完成原来由企业内部所做的非核心业务。外包的目的在于提升企业的核心竞争能力，降低运营成本，提高运营的效率。美国 Outsourcing Institute 将外包定义为企业重新设计生产过程的一种行为。在保留核心业务功能的前提下，企业有选择地将自身的一些功能、业务、管理转交给专业化的服务提供商完成。

Greaver 等(1998)认为，外包是一个企业组织通过合同约定的方式，将自身内部重复的活动或者自己的经营决策权转移给第三方的服务提供商。Heywood J. B.（海伍德 J. B）等(2001)将外包定义为企业内部业务职能的转移行为，认为外包是指在一定时期内(合同规定的时间范围)，企业将原来由自身完成的业务进行外部转移，由另外的专业企业完成，即按照双方约定的条款、约定的价格，企业将自身内部一项或者多项业务进行职能的转移，同时转移的还有与业务相对应的企业资产，共同移交给外部专业的提供商(或服务商)完成。美国外包专家 Michael Corbett（迈克尔·科贝特）(2004)对外包概念进行了拓展，对外包这种经济行为作了较为宽泛的解释，将从事外包活动的单一主体扩大至企业或机构等所有进行业务职能转移的部门，认为外包是现代企业或者机构的一种商业模式，是较大型的企业或者机构将原来由自己完成的业务或工作转移给外部的专业服务提供商。

王立明等(2007)将外包概括为企业的一种业务重构，是企业内部的某些业务职能、流程的部分或全部的整合。双方按照约定的合作形式，连同企业相关的资源(包括人员)、管理职能转移给外部服务提供商，在规定的价格与要求基础之上，由专业化的服务提供商提供企业所需要的产品或服务。卢峰等(2007)认为外包是企业将内部业务以合同方式进行转移的过程。企业将生产活动的相应环节，即内部服务流程外包到企业外部的专业化服务商完成，企业通过外包这种专业化的分工方式带来更高效益的运营结果。其中，服务外包是服务业全球化的表现，也是服务业国际转移的表现，与全球制造业的国际分工性质相同。林航等(2009)认为外包是企业进行资源整合的管理模式。企业利用外部最专业的服务提供商完成所需的业务职能或业务流程，提高企业自身的核心竞争力，降低成本，提高经营的效率。赖明勇(2009)认为，在全球化的经济浪潮中，服务外包是依托现代信息技术而发展起来的新兴组织模式。信息革命的发展和技术的创新促使服务产品在生产与消费环节的分离，从而根据地区的比较优势生产服务产品，实现资源配置的跨地域流动，以提升企业的整体竞争力，服务产品的可交易性也随之跨越了空间的地理概念。徐勇(2010)认为，外包被广泛定义为制造外包和服务外包两种形式，制造业中企业内部生产环节的转移属于制造外包，服务业中企业从事的服务活动转移属于服务外包。当前，服务外包是经济全球化推动下的新型外包业务模式。

综上所述，国内外学者和研究咨询机构对于外包含义的界定视角略有不同，国外学者和机构主要是从宏观视角理解外包现象，国内学者主要是从企业层面的微观视角解释外包现象。由此可以得出这样的结论：国内的服务外包仍处于起步的初级阶段，主要是被动地承接价值链上游的外包业务活动，国内的外包业无论从理论层面还是实践层面来说都仍处于探讨和尝试阶段。

1.1.3 外包的分类

从内容上来看，外包可以分为生产外包和服务外包。

1.1.3.1 生产外包

生产外包又称制造外包，习惯上称为"代工"，是指企业将本来是在内部完成的生产制造活动、职能或流程交给企业外部的另一方来完成。

生产外包是企业内部以外加工方式将生产委托给外部优秀的专业资源机构完成，以达到降低成本、分散风险、提高效率、增强竞争力的目的。通常是将一些传统上由企业内部人员负责的非核心业务或加工方式外包给专业的、高效的服务提供商，以充分利用公司外部最优秀的专业化资源，从而降低成本、提高效率、增强自身竞争力的一种管理策略。

代工企业与我们平时说的原材料等有形产品的供应商并不完全相同，它的职能本来是在买方公司内部完成的，并且内容涵盖所有有形的和与之紧密关联的服务，如部分设计和物流配送等。

按照代工企业是否完成产品研发设计活动，生产外包可分为原始设备制造（original equipment manufacturing，OEM）与原始设计制造（original designing manufacturing，ODM）等合作形式。OEM是指具有生产组装能力的企业，在买方具备产品规格、制作技术规范、产品品质规范，甚至指定部分或全部零部件的情形下，提供买主所指定产品的分工形态。ODM是指产品生产者在不需要买方提供产品与技术相关规范的前提下，同时具备产品开发设计与生产组装的能力，生产符合买方所需要功能的产品，同时在买主所拥有的品牌下行销。OEM仅涉及产品的生产组装，而ODM则涉及产品设计开发及生产组装两种活动。

1.1.3.2 服务外包

服务外包是以IT作为交付基础的服务，服务的成果通常是通过互联网交付与互动，广泛应用于IT服务、人力资源管理、金融、会计、客户服务、研发、产品设计等众多领域，服务层次不断提高，服务附加值也明显增大。根据美国邓白氏公司的调查，在全球的企业外包领域中，扩张最快的是IT服务、人力资源管理、媒体公关管理、客户服务、市场营销。

服务外包的发展，是紧密伴随着生产制造过程产生的，例如，企业在生产制造前的市场调研、产品设计，生产过程中的生产、物流、库存管理，产品售后的客户服务等都可以外包给专业的公司来完成，这都属于服务外包。生产外包和服务外包都是外包的重要组成部分。按照服务外包产业发展的趋势，随着信息业与各传统行业发展的高度融合，服务外包必然会出现井喷式的发展。

1.2 服务外包的概念与分类

1.2.1 服务外包的概念

服务外包是指企业将原本由自身提供的具有基础性的、共性的、非核心的 IT 业务和基于 IT 的业务流程剥离出来,外包给外部的专业服务提供商来完成的经济活动。它是企业将有限资源专注于其核心业务,以信息技术为依托,利用外部专业服务商的知识、劳动力,来完成原本由企业内部完成的业务和工作,从而降低成本、提高效率、提升企业对环境应变能力并且优化企业核心竞争力的一种业务模式。

服务外包包括信息技术外包(information technology outsourcing,ITO)、业务流程外包(business process outsourcing,BPO)和知识流程外包(knowledge process outsourcing,KPO)。前两者都是基于 IT 技术的服务外包,ITO 强调技术,更多地涉及成本和服务;BPO 更强调业务流程,解决的是有关业务的效果和运营的效益问题,往往涉及若干业务准则,并常常要接触客户。KPO 通过提供业务专业知识而为客户创造价值。

信息技术外包(ITO)是指企业专注于自己的核心业务,而将其 IT 系统的全部或部分外包给专业的信息技术服务公司,企业以长期合同的方式委托信息技术服务商向企业提供部分或全部的信息服务。

业务流程外包(BPO)是指以长期合同的形式,将公司的某项业务交由外部业务提供者去完成,以达到使公司增值的目的。BPO 包含三层含义:第一,BPO 是将公司的部分业务对外承包,即把原来由公司内部处理的某些业务交给公司外部实体去完成,因此,对外包业务与外部承包人的确定涉及权衡与选择的问题。第二,以 BPO 模式运作的公司与外部承包人之间是"长期合同"的关系,即一种责、权、利明确的长期稳定的关系。第三,实施 BPO 运作,其出发点与最终目的只有一个——使公司增值,即增加盈利。目前,BPO 服务涉及的主要领域有金融、医疗、人力资源、物流、营销等。

知识流程外包(KPO)是指服务提供商以技术专长而非流程专长为客户创造价值,是比业务流程外包更为高端的知识工作外包,包括研究、设计、分析、咨询、策划、制订规程等服务。

1.2.2 服务外包的分类

根据服务外包承接的地理分布状况,服务外包主要分为两种形式:离岸外包(offshore outsourcing)和在岸外包(onshore outsourcing)。

离岸外包是指外包商与其外包供应商来自不同国家,外包服务跨境完成。由于劳动力成本的差异,外包商通常来自劳动力成本较高的国家,外包供应商则来自劳动力成本较低的国家。目前,全球离岸服务外包业务以美国、欧洲、日本和中国香港地区为主要发包市场,而以中国、印度、巴西等为代表的新兴市场国家则成为主要的接包市场。

在岸外包指外包商与其外包供应商来自同一个国家,外包服务在境内完成。当前,我国在岸金融服务外包涉及信息技术外包、业务流程外包、知识流程外包等外包业务。随着我国经济快速成长以及前后台业务分离趋势的不断深入，大量服务外包需求将被释放，在岸服务外包还有巨大的市场空间。

1.2.3 服务外包的特点

服务外包是现代服务业的重要组成部分，具有以 IT 技术应用为基础、业务流程标准化、契约化管理、业务专业化、附加值高等显著特点。

1. 以 IT 技术应用为基础

由于大部分的服务外包合作双方都处于远东地域，以离岸外包为主，合作双方关系的确立以及业务的进行必须依赖互联网和通信技术，对承接地的信息化基础设施建设和信息化发展水平具有很高的要求。也正是互联网的出现，使得原先在国际上不可贸易的"服务贸易"得以实现，并构成了服务外包的技术条件。如果一国信息化基础设施建设和信息化发展水平滞后，就难以承接服务外包业务。

2. 业务流程标准化

服务外包具有明显的业务流程标准化的特点。标准化的目的是通过减少流程错误来改进经营业绩并降低成本、促进沟通，从而获取利益，因此，业务流程标准化更能使接包方达到规模经济和技术经济，并且减少对不同客户的生产服务技术成本。标准化的合同治理与关系治理对提升客户满意度、促进外包成功具有重要作用。

3. 契约化管理

外包供应商和发包商的关系是合作关系，而不是一般的买卖关系，更不是行政隶属关系，因此发包商必须与外包供应商签订长期的合同或协议。外包合同是双方合作的基础，也是维持这种合作关系的可靠凭证，它直接关系到外包的成败。发包方通过与接包方公司的谈判，最终确定的外包合同主要包括以下方面：外包项目的业务内容、外包的服务价格、双方的职责、双方的权利与义务、合作的期限、项目完成进度及要求、违规条款、商业保密条款、双方沟通机制、问题处理机制和外包退出机制。

4. 业务专业化

接包方往往是某个领域的专家级服务商，对所承接的业务拥有更强的优势、更专业化的能力、更高的服务水平。

5. 高附加值

服务外包属于知识密集型产业，很多业务都需要从业人员具有相关的教育培训经历和丰富的实践经验，并非像制造业一样，只要对工人进行简单的技能培训就可以从事生产，因此对人力资源的要求很高。正因为其知识密集型特征，服务外包产业具有很高的附加值。

1.2.4 服务外包业务范围

1.2.4.1 信息技术外包(ITO)

按照业务类型，ITO 主要可以分为软件研发外包、信息技术研发服务外包和信息系统运营维护外包。

1. 软件研发外包

软件研发外包可分为软件研发服务和软件技术服务，其业务范围见表1-1。

表1-1 软件研发外包业务范围

类别	业务范围
软件研发服务	金融、政府、教育、制造业、零售、服务、能源、物流、交通、媒体、电信、公共事业和医疗卫生等部门和企业，为用户的运营、生产、供应链、客户关系、人力资源和财务管理、计算机辅助设计、工程等业务进行软件开发，包括定制软件开发、嵌入式软件、套装软件开发，系统软件开发、软件测试等
软件技术服务	软件咨询、维护、培训、测试等技术性服务

2. 信息技术研发服务外包

信息技术研发服务外包可分为集成电路和电子电路设计、测试平台，其业务范围见表1-2。

表1-2 信息技术研发服务外包业务范围

类别	业务范围
集成电路和电子电路设计	集成电路和电子电路产品设计以及相关技术支持服务等
测试平台	为软件、集成电路和电子电路的开发运用提供测试平台

3. 信息系统运营维护外包

信息系统运营维护外包分为信息系统运营与维护服务、基础信息技术服务，其业务范围见表1-3。

表1-3 信息系统运营维护外包业务范围

类别	业务范围
信息系统运营与维护服务	客户内部信息系统集成、网络管理、桌面管理与维护服务；信息工程、地理信息系统、远程维护等信息系统应用服务
基础信息技术服务	基础信息技术管理平台整合、IT基础设施管理、数据中心、托管中心、安全服务、通信服务等基础信息技术服务

1.2.4.2 业务流程外包(BPO)

业务流程外包业务主要分为四大类，分别为企业业务流程设计服务、企业内部管理服务、企业运营服务、企业供应链管理服务，其业务范围见表1-4。

表 1-4 业务流程外包业务范围

类 别	业 务 范 围
企业业务流程设计服务	为客户提供内部管理、业务运作等流程设计服务
企业内部管理服务	为客户企业提供内部管理、人力资源管理、财务、审计与税务管理、金融支付服务、医疗数据及其他内部管理业务的数据分析、数据挖掘、数据管理、数据使用的服务；承接客户专业数据处理、分析和整合服务
企业运营服务	为客户企业提供技术研发服务，为企业经营、销售、产品售后服务提供应用客户分析、数据库管理等服务。主要包括金融服务业、政务与教育业务、制造业务和生命科学、零售和批发与运输业务、卫生保健业务、通信与公共事业业务、呼叫中心、电子商务平台等
企业供应链管理服务	为客户提供采购、物流的整体方案设计及数据库服务

1.2.4.3 知识流程外包(KPO)

KPO 业务范围主要为技术性知识流程外包服务，包含知识产权研究、医药和生物技术研发和测试、产品技术研发、工业设计、分析学和数据挖掘、动漫及网络设计研发、教育课件研发、工程设计等领域。

1.3 服务外包的理论基础

1.3.1 核心竞争力理论

关于企业核心能力的研究，其雏形可以追溯到 20 世纪 50 年代，那时的经济学家、管理学家、社会学家开始注重企业的各种优势和各种能力在竞争中的作用。进入 20 世纪 80 年代以后，关于企业独特能力、核心技巧与战略的研究逐渐增多。

1990 年，《企业核心能力》一文的发表，标志着核心能力理论的诞生并使核心能力理论迅速成长为战略研究的热点。普拉哈拉德与哈默尔在文中指出，核心能力是企业可持续竞争优势与新业务发展的源泉，它们应成为公司的战略焦点，企业只有具备核心能力、核心产品和市场导向这样的层次结构时，才能在全球竞争中取得持久的领先地位。企业的核心能力是一种稀缺的、难以模仿的、有价值的、可延展的能力。

企业应该持续地在有核心能力的业务上进行投资，而将不具备核心能力的业务或职能进行外包。外包非核心业务可以使企业进一步提高管理注意力，加大对绩效显著工作的资源分配，而将相对劣势的工作交给外部组织承担。外包能使买卖双方从长期关系中获益，并实现双赢。企业通过专注于具有核心能力的产品生产或服务，不仅可以降低成本，而且可以提高质量。外包业务与企业核心业务关联程度强，通过为企业提供特定属性的产品或服务，来改善核心产品的质量和绩效。

企业应该将有限的资源集中在核心能力上，并将自身不具备核心能力的业务交由外部组织承担，从而使整个供应链获得盈利并扩大竞争优势。

1.3.2 交易成本理论

交易成本理论是用比较制度分析方法研究经济组织制度的理论。它是英国经济学家罗纳德·哈里·科斯于1937年在其论文《论企业的性质》中提出来的。文中通过企业内部成本和市场交易费用的比较来确定企业的边界。当前者小于后者时，被细化的劳动分工则以企业形式存在更为经济；反之，则以市场形式存在更为经济。

从交易费用的角度出发考虑外包问题，其侧重于自制与外包的费用比较。根据企业财务管理的目标——企业价值最大化来看，公司内部各个职能部门不能将其业已存在或者需要存在作为其在公司内部继续存在的理由。任何部门的设置和运行都会消耗公司的资源，与项目投资、产品研发一样，必须遵循成本效益原则，应该以创造价值为存在标准。不能创造价值的部门就没有存在的理由，不具有相对优势的部门则可以外包。用粗略的公式表示如下：

部门的价值＝部门所创造的收入（或形成的成本节约）－部门费用－部门所耗费用或资源的机会成本

当部门费用＋所耗资源的机会成本≥部门所创造的收入时，该部门没有创造价值。如条件许可，可以考虑将其外包。

当外包所需成本＜部门费用＋所耗资源的机会成本＜部门所创造的收入时，该部门虽然创造了价值，但不具有相对优势，将其外包可以使企业增加更大的价值。

当外包所需成本＞部门费用＋所耗资源的机会成本时，该部门才有存在的合理性。

可见，外包所需成本＜部门费用＋所耗资源的机会成本时，企业就应当将该部门进行外包。

交易成本理论认为，组织可以通过外包来寻求降低生产成本的机会，而外包服务供应商通常由于其规模经济而具备较低的成本，也就是具有一定的成本优势。

1.3.3 比较优势理论

比较优势理论最早源于英国经济学家大卫·李嘉图（1817）对亚当·斯密国际分工与贸易模型的修正和发展。该理论认为，国际贸易产生的基础是生产技术的相对差别以及由此产生的相对成本的差别。不同国家生产同一种产品只要在劳动生产率上存在差别就会出现生产成本和商品价格的相对差别，从而使各国在不同的产品上具有比较优势。如果一个国家在本国生产一种产品的机会成本（用其他产品来衡量）低于在其他国家生产该种产品的机会成本，则这个国家在生产这种产品上就拥有比较优势；反之，如果一个国家在本国生产一种产品的机会成本（用其他产品来衡量）高于在其他国家生产该种产品的机会成本，则这个国家在生产这种产品上就存在比较劣势。如果每个国家都生产并出口本国具有比较优势的商品，而进口本国存在比较劣势的商品，则进出口两国间的贸易能使两国都受益。

1.3.4 价值链理论

Michael Porter(1986)将价值链定义为企业用以设计、生产、销售、交货以及维护其产品的内部过程或作业。他认为企业创造的价值产生于各项生产经营活动中,而价值链就是各个相互关联的生产经营活动共同构成的一个创造价值的动态过程。每个企业都存在于一个由价值链组成的价值体系之中,而在这个体系中,价值链上的每一项作业都会影响企业最终实现的价值。Gereffi(1999)将价值链作为竞争优势的分析工具发展了价值链理论,提出了全球价值链理论,该理论是在国际垂直分工日趋明显的大背景下对新形势的一种全新解释,更能反映价值链的纵向分离同全球资源再配置之间的关系。价值链理论的本质是通过降低企业的组织经营成本,优化核心业务流程,从而提升企业的市场竞争能力。企业价值链的作业不一定都能为其带来价值,因此可将其分为增值作业和非增值作业。价值链分析正是通过对成本动因的识别,消除企业价值链中的非增值作业,对价值链进行纵向整合,实现最大化增值,即将相对劣势的环节外包出去。

1.3.5 劳动分工理论

劳动分工理论是由亚当·斯密(1776)在其代表作《国富论》中提出的。劳动分工的观点认为提高劳动生产率是增加国民财富的主要条件之一,而分工可以提高劳动生产率。他还认为,劳动可以分为主要劳动和次要劳动,在整个生产过程中,次要劳动所占比例越大,主要劳动就会越少,劳动生产率就会越低。随着社会分工的不断发展,主要劳动的各个环节不断专业化以及次要劳动脱离原生产过程逐步专业化和社会化,推动着劳动生产率的不断提高,也促进了经济的全面发展。

1.3.6 新木桶理论

传统的木桶理论强调的是经济主体要寻找自身经营劣势,也就是短板,再加长它,使木桶能盛更多的水。而新木桶理论则主张经济主体要找准自己的经营优势,也就是最长的木板,集中精力去拓展具有优势的领域,把其他不属于自身优势领域的业务交给别人去做。

1.4 服务外包产业的经济效应

从宏观经济层面看,服务外包产业具有如下经济效应:

第一,扩大出口,促进经济增长。一直以来,我国经济增长高度依赖外部出口。受制于传统出口市场经济增长乏力、国内劳动力成本上升等影响,商品出口增长速度明显下降。新一轮服务业转移为我国发展服务出口提供了契机。我国可以抓住新的战略机遇,采取积极有效的措施承接服务外包,发展服务贸易,逐步形成新一轮出口增长,为我国经济发展提供持续动力。

第二,壮大第三产业,优化经济结构。服务业位于产业链的高端,大力承接国际服务外包，发展服务外包产业有助于产业结构升级。服务外包的发展有助于提升我国产业结构在国际产业分工和价值链中的层次和地位。《国务院关于加快发展服务业的若干意见》中指出，"把承接国际服务外包作为扩大服务贸易的重点，发挥我国人力资源丰富的优势，积极承接信息管理、数据处理、财会核算、技术研究、工业设计等国际服务外包业务。"积极承接国际服务外包是加快服务业发展、优化经济结构、推动产业结构升级的一条重要途径。

第三，增加就业岗位，缓解就业压力。随着新一轮全球化产业转移浪潮的推进，发达国家总体上属于服务业范畴的行业开始大规模地向海外转移。与国际服务外包相伴随的是工作岗位的转移。与制造业的转移相比，服务外包的显著特征是发达国家的白领工作即科技产业和服务业向发展中国家转移。而现代通信手段，特别是互联网的快速发展也为白领工作向海外转移提供了条件。

近年来，发达国家部分行业的就业岗位开始大量向外转移，并将持续大幅增加，同时高薪职务如工程师、金融专家等的工资水平开始逐年下降。这些工作机会的转移不具有可逆性，对于发展中国家而言是个千载难逢的时机。我国应充分利用本国的有利条件，抓住高科技和服务行业开始大量向发展中国家转移的有利时机，有效承接更多的西方白领工作岗位。

目前，随着我国高等教育的普及程度不断提高，高层次人才存量急剧增长并面临着较大的就业压力。发展离岸服务外包产业成为缓解我国就业压力的重要契机。

1.5 全球服务外包产业发展现状

1.5.1 美国服务外包市场

美国是全球最主要的服务外包发包国，其服务外包的总量占全球的45%以上，市场较为成熟；但其真正具有核心竞争力的关键业务流程不实施外包，比如核心技术的研究、主要产品的设计与研发。目前美国约1700万家公司至少有一项业务被外包。美国服务外包业务主要集中在纽约曼哈顿、旧金山硅谷和亚特兰大、洛杉矶等地区。

据美国国际数据公司(IDC)统计，美国业务流程外包业务量占全球业务流程外包业务量的63%左右。美国企业的业务流程可分为三种：其一是具有后台管理性质的业务，如IT、人力资源、金融和财务、设施管理等，这一部分业务最适合外包；其二是运营业务，如制造、物流、客户服务和开发等，这一部分可以根据企业的商业策略决定是否进行外包；其三是企业具有核心竞争力的关键业务流程，主要包括核心技术研究、主要产品设计与开发、市场与营销等，在通常情况下，这一部分不实施外包。美国服务外包市场具有以下特点。

1. IT外包需求旺盛

前沿资讯公司最近发表的分析报告显示，约90%的美国公司至少有一项IT服务业务被外包，据2007年统计，美国整个IT行业23%的职位都设在海外。

2. 印度为最大接包方

据统计,美国本土有90%企业的60%软件开发业务外包给了印度。这是因为美国跨国公司为了降低服务成本,为顾客提供及时、优质的服务,常常实行整体性外包,即把某些服务的整个流程而不是某一项功能外包出去。这就要求接包方不仅具有廉价、能干的雇员,而且要具有良好的项目管理能力和组织协调能力。

3. 离岸外包发展迅速

美国杜克大学发布的离岸网络研究第五次年报中关于离岸外包的研究趋势显示：2005—2008年,美国企业中拥有离岸外包战略的企业数量已经从2005年的22%上升到2008年的50%,并且其中极少有企业会考虑将业务重新放回美国。

1.5.2 欧洲服务外包市场

欧洲的服务外包支出额居全球第二位,整体的外包业务呈现积极态势,近几年来欧洲服务外包市场更是实现飞速发展。欧洲服务外包市场具有如下特点：

1. 外包渗透率高

2008年安永会计师事务所的服务外包调查结果显示：在欧洲,70%的欧洲公司已经将其业务中的至少一项职能外包了出去,其中有20%的公司在未来两年要提升它们的外包规模和层次,将外包看成一种取得竞争优势的手段。其中比利时的外包率最高,有81%的公司采用了外包手段,法国的外包率最低,为63%。

2. 起步晚但发展迅速

欧盟的离岸服务外包业务开展得较晚,但是其发展却很迅速,全球BPO的发包市场中欧洲占26%。中型公司和跨国公司是离岸外包的主要客户,许多西欧国家选择将其业务流程外包到东欧,旨在节省成本和增强竞争力。

1.5.3 日本服务外包市场

日本是亚太地区的服务外包主要发包方,它的支出接近全球服务外包的10%。自20世纪90年代初以来,日本经济一直处于低迷状态,增长乏力,这对日本企业的生存形成巨大的压力。随着世界范围内服务外包热潮的推进,日本企业也紧随美国企业之后,加入了离岸服务外包的行列。日本服务外包市场具有如下特点。

1. 金字塔形外包模式

受日本文化和公司治理结构的深刻影响,日本离岸服务外包尤其是离岸软件服务外包领域,企业之间的关系通常是金字塔形的。在金字塔形外包模式中,作为总接包商（一级接包商）的企业从最终客户那里承接项目,进行总体设计和任务切割后,将各模块工作再分包给若干个二级接包企业,二级接包企业会寻找三级或四级接包企业帮助它一起完成模块的设计、代码转换或测试工作,当任务细分到这一层次后才有可能实行离岸外包。因此,日本的软件离岸外包业务多数属于三级接包或四级接包。

2. 总接包商本土化

日本的最终客户在发包的时候,不仅希望总接包商具有广博的行业知识与较强的业务咨询能力,与本企业有良好的信任关系,而且希望它有足够的抗风险能力和在日本本土承担法律责任的能力。因此,总接包商一般都是日本本土规模较大的企业。在日本,客户不会将自己的需求用严格的文档方式清晰地表达出来,总接包商需要根据客户的业务特点,边与客户沟通,边进行系统的咨询、策划、设计。这就要求总接包商对客户的业务细节非常了解,因此国外厂商一般不容易进入日本的总接包商行列。在日本,能够作为总接包商承接大型客户系统开发的企业只有30多家,如NEC、索尼和富士通等。这些企业往往控制着软件设计等高端业务,在对整个项目过程进行认真切割后,再将那些技术含量较小的低端业务外包给中国等邻近国家,因此日本软件外包单量规模普遍较小。

3. IT离岸外包增长

日本IT服务离岸外包的总规模仅为其IT服务市场的1%左右,但近年来,由于世界IT业竞争日趋激烈,迫使日本IT企业不得不选择成本较低的海外IT服务外包,以缓解竞争压力。同时,日本IT业的技术开发人才严重短缺,也迫使其不断增加离岸外包业务量。目前,日本仅IT软件编码业的技术开发人才缺口就在10万人左右。由于人手不够,日本存储软件领域的国际外包比率高达81%,远超美国47%和欧洲35%的比率。日本离岸服务业务的一半以上发包到了中国,相近的文化与共同的方块文字,是中国在日本软件服务外包市场占有如此大份额的根本原因。因此,在未来的10年内,日本的软件服务市场仍将为中国离岸外包市场提供快速增长空间。

1.5.4 香港服务外包市场

香港是个服务业非常发达的经济体,本地化服务外包非常普遍,大量信息技术支持、人力资源、呼叫中心、物流配送、会计法律、市场营销等方面的服务,乃至水电燃料气费代收服务、清洁维护服务,往往都是通过外包的方式运作。因此,香港企业以相对低的成本获得了更专业的服务,使其服务业整体竞争力和持续发展能力得以增强。与此同时,在香港的服务贸易中,离岸服务外包所占比重逐步增大,贸易盈余不断增长。香港特区政府积极采取措施提升香港在高附加值、高技术含量服务业中的竞争力,以实现服务业的升级和可持续发展。1998年以来,香港先后与加拿大、法国、德国、日本、英国等12个国家签订IT合作协议,以促进其在IT及电信领域的商业伙伴合作、投资合作及共同研发活动。

香港离岸服务外包以离岸转包为其独特的模式,"香港接包—转包内地"日渐成为一种相对经济的发展模式。其具有如下特点:

1. 离岸接包定位于高端服务市场

作为亚太地区重要的金融、贸易、航运和信息中心,香港具有不可替代的区位优势。在影视音像、娱乐文化、动画制作、商业设计、法律服务、会计服务、金融服务等方面,香港企业具有国际一流的专业化服务水平,对于欧、美、日等发达国家和地区的发包方具有相当的吸引力。在海外软件中文本地化方面,香港软件企业也发挥了重要作用。

2. 离岸发包与内地紧密合作

香港高昂的服务成本和激烈的行业竞争,迫使香港服务提供方和需求方均有寻求低成本服务资源的强烈需要,这是香港企业离岸服务发包的主要发生机制。内地与香港在地理、文化、语言等方面联系最为紧密且服务价格低廉，因此成为香港离岸服务发包首选地。

3. 离岸转包形成"前店后厂"格局

面向海外、背靠内地的地理条件给香港离岸转包业务提供了良好的先决条件。离岸转包是指香港企业离岸或在岸接包后，再离岸发包，转由中国内地企业完成全部或部分环节，包含离岸接包和离岸发包两个流程，涉及发包方、转包方、接包方三个参与者。单纯从成本和效率来看，离岸转包并不是最优的方案，但却是现实的选择。

1.5.5 印度服务外包市场

印度是承接国际服务外包业务最早的国家之一，印度发展外包服务业已经有20多年的历史。由于印度传统上重视数理逻辑、英语教育，软件工程师数量居世界前列，且劳动力成本低廉，欧美跨国公司便纷纷把这些非核心业务交给印度公司承包，服务外包业在印度应运而生。20多年来，西方企业在印度逐步建立了呼叫中心、数字运算和软件开发等多种机构，使印度服务外包业迅速发展起来，尤其在软件外包方面每年增速高达30%以上，最高时超过50%。由于成本和质量上的综合优势，印度成了迄今为止最受离岸外包发包方青睐的国家，成为世界的"后台办公室"，是全球最大的服务外包承接国，尤其以软件外包著称。到2012年印度已经占据了全球ITO市场61%的份额、BPO和KPO市场35%的份额。其中90%以上的接包业务来自欧美国家，对美国离岸外包业务更是处于垄断地位。

印度服务外包产业模式可大致概括为：借助低成本、高技能的人力资源优势，在政府全方位优惠政策和行业协会的支持下，以出口为导向，积极开拓国际软件外包服务市场，形成了以承包软件服务出口为代表的产业模式。从宏观层面来看，印度在20世纪90年代的市场化改革推动了经济的高速发展，加快了国际化步伐，并抓住了全球服务业产业转移的契机，比较成功地融入经济全球化进程。具体来看，准确的市场定位、大量相对廉价的高技能"软件蓝领"、数量众多的高等教育与研发机构、严格的知识产权保护法律法规、软件技术园的兴建、行业协会的积极推动、外包企业几乎"零税负"的政策优惠、严谨的软件开发程序与质量控制等，都是印度服务外包产业获得成功的重要影响因素。

当前，印度IT外包业务在获得蓬勃发展的同时，也面临着来自其他国家越来越激烈的竞争。印度离岸外包企业要想保持自己的领先地位就必须及时把握新的市场动态、创造赢得业务的新方法和提供具有高附加值的服务让要求越来越高的客户满意。

1.6 中国服务外包产业发展现状

1.6.1 中国服务外包产业的规模与结构

我国服务外包产业规模快速扩张，服务外包结构不断优化。

从国家层面上来看，截至 2010 年年底，中国服务外包企业承接服务外包合同金额和执行金额分别达到 274 亿美元和 198 亿美元，同比分别增长了 37% 和 43.1%，全国服务外包企业 12 706 家，从业人员有 232.8 万人。到目前已经形成了以北京、上海、大连、成都、合肥等 21 个服务外包示范城市为样板，以大连软件园、安徽服务外包软件产业园等 84 个服务外包示范园区为主力，以东软、海辉、华信等企业为龙头，动漫、软件、物流、金融、生物医药等多领域同步发展的多元化、全面化的格局。

从地域上看，全国服务外包基地正逐步从沿海城市向二、三线城市转移，从地域上折射出"中国服务"正迈向全面化发展的格局。

从地方发展来看，服务外包行业已经成为各地实现产业结构调整与实现发展方式转变的重要推手。如大连通过大力发展以软件行业为特色的服务外包行业，现在已经成为中国重要的服务外包中心和软件中心，有中国的"班加罗尔"之称。2010 年仅大连高新区就拥有 3 000 多家企业和 12.6 万从业人员；成都目前也已经走出一条以高新区为重点，以软件研发、服务外包、硬件制造等 IT 行业为主导的产业发展之路。

从服务外包行业来看，当前全球服务外包中，传统的信息技术外包有逐步下降的趋势，而 BPO 以及 KPO 因技术含量高、涉及领域多而越来越得到关注。

1.6.2　中国服务外包产业发展的特点

在全球经济复苏缓慢、国内经济下行压力加大的背景下，我国服务外包产业发展总体向好，主要呈现以下特点。

1.6.2.1　离岸服务外包保持稳步发展

2015 年，我国企业签订服务外包合同金额 1309.3 亿美元，执行金额 966.9 亿美元，同比分别增长 22.1% 和 18.9%。其中，离岸服务外包合同金额 872.9 亿美元，执行金额 646.4 亿美元，同比分别增长 21.5% 和 15.6%；在岸服务外包合同金额 436.4 亿美元，执行金额 320.6 亿美元，分别同比增长 23.3% 和 26.1%。

1.6.2.2　主要发包市场格局相对稳定

2015 年，我国企业承接美国、欧盟、中国香港和日本的服务外包执行金额分别为 150.6 亿美元、98 亿美元、95 亿美元和 54.8 亿美元，同比分别增长 17.5%、17.6%、28% 和 -9.8%，合计占我国离岸服务外包执行金额的 61.6%。

1.6.2.3　长江经济带沿线省市业务快速增长

2015 年，长江经济带沿线 11 个省市承接离岸服务外包合同金额 481.3 亿美元，执行金额 394.1 亿美元，分别占全国的 55.1% 和 61%，同比分别增长 13.1% 和 16.9%。其中，江苏省、浙江省和上海市是开展离岸外包业务的主力军，合计执行金额 344.8 亿美元，占沿线省市的 87.5%；中部的江西省、湖北省和湖南省利用经营成本较低和人力资源丰富的优势，积极承接产业转移，离岸服务外包执行金额分别同比增长 37%、33.8% 和 26.6%，增速远高于全国平均水平。

1.6.2.4　"一带一路"市场的重要性显著提高

2015 年，我国承接"一带一路"相关国家服务外包合同金额 178.3 亿美元，执行金额 121.5 亿美元，同比分别增长 42.6% 和 23.4%。其中，承接东南亚国家的服务外包合同金额 89.9 亿美元，执行金额 63.2 亿美元，同比分别增长 30.6% 和 17.3%；承接西亚北非国家的服务外包合同金额 43.5 亿美元，执行金额 25.2 亿美元，同比分别增长 113% 和 61.5%。"一带一路"相关国家对我国发包占我国离岸外包的 18.8%，市场重要性显著提高。

1.6.2.5 离岸服务外包的结构日益优化

2015 年，我国企业承接信息技术外包、业务流程外包和知识流程外包的离岸服务外包执行金额分别为 316.8 亿美元、91.7 亿美元和 237.8 亿美元，同比分别增长 8%、16% 和 27.4%，占比分别为 49%、14.2% 和 36.8%。医药和生物技术研发、动漫及网游设计研发、工业设计和工程设计等外包业务快速发展，带动服务外包业务结构稳步优化。

1.6.2.6 服务外包与垂直产业的融合加深

随着"互联网＋"战略和行动计划在 2015 年正式实施，基于互联网和现代信息技术的专业化生产组织方式得到广泛应用，进一步加深了服务外包与信息服务业、制造业、批发和零售业、交通运输业、能源业、金融业、卫生健康业等垂直行业的深度融合。2015 年，信息服务业、制造业离岸服务外包执行额分别为 315.6 亿美元和 177.3 亿美元，分别占全行业的 48.8% 和 27.4%。服务外包模式的广泛应用，既提高了国内企业的专业服务能力，又促进了产业结构转型升级，提升了整体生产效率，实现了较好的经济效益和社会效益。

1.6.3 国务院关于促进服务外包产业加快发展的意见

1.6.3.1 培育竞争优势

1. 明确产业发展导向

同步推进信息技术、业务流程和知识流程外包服务，着力发展高技术、高附加值服务外包业务，促进服务外包业务向产业价值链高端延伸。定期发布《服务外包产业重点发展领域指导目录》，加强对服务外包产业发展指导。积极拓展服务外包行业领域，大力发展软件和信息技术、设计、研发、互联网、医疗、工业、能源等领域服务外包；加快发展文化创意、教育、交通物流、健康护理、科技服务、批发零售、休闲娱乐等领域服务外包；积极发展金融服务外包业务，鼓励金融机构将非核心业务外包。

2. 实施国际市场多元化战略

适应全球服务业加速跨国转移新趋势，进一步扩大与有关国家和地区服务外包交流与合作。巩固和加强与发达国家合作，着力提高服务外包高端业务比重；积极开拓新兴市场，不断拓展新业务和营销网络；深化与周边国家合作，推动服务标准出口；密切与丝绸之路经济带和 21 世纪海上丝绸之路沿线国家和地区的联系，构建多元化市场新格局。

3. 优化国内市场布局

立足服务外包产业现有基础和发展趋势，深度挖掘国内服务外包市场潜力，构建以中国服务外包示范城市为主体、结构合理、各具特色、优势互补的产业发展格局。发挥长三角、珠三角、环渤海及京津冀等区域已形成的产业集聚优势，积极吸引国内外创新资源，搭建具有国际先进水平的服务外包产业平台，不断提升产业竞争力，率先达到国际先进水平，加快带动全国服务外包产业发展。发挥中西部地区的区位优势，进一步加强服务外包产业基础设施建设，将推动服务外包产业发展作为产业转型升级、构建内陆地区开放型经济新高地的重要突破口，有序承接东部地区和国际产业转移；发挥东北地区工业体系完整的优势，不断优化发展环境，加大市场开拓力度，为振兴东北老工业基地和资源型城市转型发展提供有力支撑。

4. 培育壮大市场主体

支持各类所有制企业从事服务外包业务，鼓励服务外包企业专业化、规模化、品牌化发展。推动服务外包企业提升研发创新水平，通过国家科技计划（专项、基金等）引导和支持企业开展集成设计、综合解决方案及相关技术项目等研发；鼓励服务外包企业加强商业模式和管理模式创新，积极发展承接长期合约形式的服务外包业务；培育一批创新能力强、集成服务水平高、具有国际竞争力的服务外包龙头企业；支持一批"专、精、特、新"的中小型服务外包企业。鼓励企业特别是工业企业打破"大而全""小而全"的一体化格局，购买非核心业务的专业服务。引导服务外包企业通过兼并重组，优化资金、技术、人才等资源要素配置，实现优势互补。政府部门要不断拓宽购买服务领域，将可外包业务委托给专业服务外包企业。

5. 加强人才队伍建设

充分利用国际国内两种资源，加强服务外包各类人才培养培训。采取引进和培养相结合的方式，加强中高端人才队伍建设。支持高校以人才需求为导向，调整优化服务外包专业和人才结构，依照服务外包人才相关标准组织实施教学活动，进行课程体系设置改革试点，引导大学生创新创业。鼓励高校和企业创新合作模式，积极开展互动式人才培养，共建实践教育基地，加强高校教师与企业资深工程师的双向交流。全面提升从业人员的能力和水平，支持符合条件的服务外包企业通过开展校企合作录用高校毕业生，建立和完善内部培训体系。

1.6.3.2 强化政策措施

1. 加强规划引导

全面客观评估服务外包产业"十二五"规划实施情况，研究制订《中国国际服务外包产业发展"十三五"规划》，明确提出"十三五"服务外包产业的重点领域、主要任务和保障措施等。科学谋划服务外包产业集聚区布局，尽快形成产业集聚，发挥引领带动作用。有关部门要将服务外包产业集聚区的教育资源，物联网、大数据、云计算和移动互联及新技术应用的基础设施，以及企业的技术、管理和商业模式创新项目等纳入"十三五"相关规划。

2. 深化国际交流合作

提升双边经贸合作质量，在现有机制框架下有序推进服务外包产业务实合作，营造有利于共同发展的国际环境；加大支持服务外包企业参加国际展会、项目洽谈等活动。结合实施"走出去"战略和对外援助，综合运用贸易、出口信贷、对外投资合作和对外援助等多种措施，支持有条件的服务外包企业"走出去"，开展研发外包、知识流程外包和业务流程外包等高附加值项目合作；鼓励企业和机构在国际市场购买技术含量高、业务模式新的高端服务，引进先进技术、先进经营方式和管理经验，加快推动国内服务外包产业转型升级。

3. 加大财政支持力度

完善现有财政资金政策，优化资金安排和使用方向，改进支持方式，加大对国际服务外包业务的支持，鼓励开展国际服务外包研发、人才培训、资质认证、公共服务等。充分发挥财政资金的杠杆引导作用，通过设立国际服务外包产业引导基金等市场化支持方式，引导社会资金加大对承接国际服务外包业务企业的投入，促进扩大服务出口。

4. 完善税收政策

扩大对技术先进型服务企业税收优惠政策实施范围。根据服务外包产业集聚区布局，统筹考虑东、中、西部城市，将国内服务外包示范城市数量从21个有序增加到31个。实行国际服务外包增值税零税率和免税政策。

5. 加强金融服务

拓宽服务外包企业投融资渠道。鼓励金融机构按照风险可控、商业可持续原则，创新符合监管政策、适应服务外包产业特点的金融产品和服务，推动开展应收账款质押、专利及版权等知识产权质押。支持政策性金融机构在有关部门和监管机构的指导下依法合规创新发展，加大对服务外包企业开拓国际市场、开展境外并购等业务的支持力度，加强服务外包重点项目建设。鼓励保险机构创新保险产品，提升保险服务，扩大出口信用保险规模和覆盖面，提高承保和理赔效率。利用现有资金政策，引导融资担保机构加强对服务外包中小企业的融资担保服务。支持符合条件的服务外包企业进入中小企业板、创业板、中小企业股份转让系统融资；支持符合条件的服务外包企业通过发行企业债券、公司债券、非金融企业债务融资工具等方式扩大融资，实现融资渠道多元化。

6. 提升便利化水平

深化境外投资审批制度改革，推进境外投资便利化，实行备案为主的管理方式，最大限度缩小核准范围，简化审批手续。进一步提升通关便利化水平，创新服务外包海关监管模式。创新服务外包检验检疫监管模式，对承接国际服务外包业务所需样机、样本、试剂等简化审批程序，实施分类管理，提供通关便利。加快落实外汇管理便利化措施，具备条件的服务外包企业可申请参与服务外包境外投资外汇管理改革试点，根据试点情况及时研究推广。鼓励在跨境贸易和投资中使用人民币结算；为从事国际服务外包业务的外籍中高端管理人员和技术人员提供出入境和居留便利；提高国际通信服务水平，支持基础电信运营商为服务外包企业网络接入和国际线路租赁提供便利。

1.6.3.3 健全服务保障

1. 建设法治化营商环境

研究完善服务外包产业的法律体系，促进产业发展和规范经营行为。切实保障国家安全，对故意或者过失泄露国家秘密、危害国家安全等违法行为，要依法追究法律责任。加大服务外包领域版权、专利、商标等知识产权的执法监管力度。建立服务外包企业信用记录和信用评价体系，惩戒失信，打击欺诈，完善服务外包企业诚信体系建设。鼓励条件成熟的地方开展地方性立法，适时出台有关服务外包产业的地方性法规和政府规章。

2. 提高公共服务水平

驻外使(领)馆要加大对服务外包企业境外开展合作的指导协调力度,主动加强与国内主管部门的沟通配合,及时提供有效信息和政策建议。发挥行业协会的作用,提高服务质量,加强行业自律,研究制订服务和人才标准,树立"中国服务"品牌。充分利用现有服务外包交流合作平台,吸引跨国公司转移国际服务外包业务,鼓励研究机构、商协会、高校和企业开展多种形式的务实合作。加强服务外包公共信息服务,及时发布国际国内市场动态和政策信息。

3. 加强统计分析体系建设

科学界定服务外包产业内涵和外延,健全服务外包统计指标体系和统计制度;加强服务外包统计信息系统建设;强化统计监测功能,推动服务外包产业监测预警体系建设;建立健全有关部门服务外包信息共享机制;加强与国际组织、研究机构和行业协会的数据信息交流与合作,按月度发布服务外包统计数据。

本章小结

本章介绍了服务外包相关内容,主要涉及以下内容:

1. 外包包括生产外包与服务外包。服务外包是指企业将原本由自身提供的具有基础性的、共性的、非核心的IT业务和基于IT的业务流程剥离出来,外包给外部的专业服务提供商来完成的经济活动。

2. 服务外包的业务范围可分为信息技术外包(ITO)、业务流程外包(BPO)和知识流程外包(KPO)。

3. 服务外包具有以IT技术应用为基础、业务流程标准化、契约化管理、业务专业化、高附加值等特点。

4. 全球服务外包市场中发包主要是美国、欧洲、日本等发达国家和地区,接包主要是印度、中国等发展中国家。

2 金融服务外包

【学习目标】

1. 熟悉金融业主要中介机构、金融业发展现状与发展趋势；
2. 掌握金融服务外包的概念与分类；
3. 理解金融服务外包的外包模式与外包收益；
4. 了解国际与国内金融服务外包的发展现状。

【引入案例】

中国金融服务外包正当其时

从外部环境来看。2013年8月，中国首次提出加入服务贸易协定（TISA）谈判。TISA谈判目的在于服务贸易领域的进一步自由化，主要领域包括：有关自然人移动，尤其增加商务访客、专家和技术人员准入的便利性；实现数据跨境自由流动，取消数据必须预先存储于使用国境内服务器的要求；对其他国家的服务提供者提供水平承诺下的国民待遇，采取有限限制即否定清单的方式；约束对跨境服务提供的限制，包括许可、居住要求等；约束对通过投资提供服务的机构设立、参与合资企业或经济需求测试的要求等。不难发现，这些主要领域与服务外包密切相关，涉及外包服务提供的主体、方式和限制等诸多方面。

考虑到促进服务贸易出口与部分服务业保护的矛盾在短期内难以解决等因素，我国需大力扭转服务贸易领域分布不均匀的局面，加大力度扶持金融、技贸、咨询等技术密集型服务行业；积极鼓励自主创新，推进传统服务业向新兴服务业的转变、由粗放型发展方式向集约型发展的转变，减少服务贸易的逆差；拓展服务内容的深度和广度，加快高附加值服务的进出口。在此过程中，发展包括金融服务外包在内的服务外包产业无疑成为一个重要抓手。同时，得益于我国服务贸易发展水平的提升和发展环境的优化，我国服务外包的发展环境将会得到进一步提升。如果我国成功加入TISA，又将为我国服务外包企业拓展TISA主要成员国的离岸服务外包市场带来诸多便利条件。

从内部环境来看。我国金融改革全面提速，进一步营造了金融服务外包发展的良好环境。2014年以来，证监会、保监会等部门相继出台政策加码市场化改革。2016年继续推进利率市场化改革，扩大金融机构利率自主定价权，促进互联网金融健康发展，完善金融监管协调机制。随着资本市场改革的逐步深入，制度改革和技术创新将推动传统金融业务的全面转型、传统IT系统的更新和升级，金融创新业务的开展将带来大量新的金融服务外包需求。

特别是上海自贸区的正式运营,将多方位加速推动高端服务外包业发展。上海自贸区涉及服务业开放、外资投资管理制度和金融等核心内容。服务外包作为服务业开放、服务贸易发展的重要内容,在自贸区发展中的地位不言而喻。上海自贸区是一项系统工程,其影响的范围和主体涉及多个方面,未来将给服务外包的发展带来多重"红利",将切实提升我国服务外包能级,直接、间接地多方位加速推动我国服务外包发展。

上海自贸区在"推进贸易发展方式转变"的相关内容中,直接提出了发展多项服务外包业务,包括推动生物医药、软件信息、管理咨询、数据服务等外包业务的发展。鼓励设立第三方检验鉴定机构,按照国际标准采信其检测结果。试点开展境内外高技术、高附加值的维修业务。在"服务业开放"的相关内容中,涉及金融服务、航运服务、商贸服务、专业服务、文化服务和社会服务等六大领域共18个子领域。这些开放的服务业领域有多项将影响到金融服务外包。比如,在银行服务、专业健康医疗保险等金融服务领域中,新进入的银行和保险公司将产生大量的金融服务外包需求,如银行和保险信息系统的开发维护等ITO业务、保险数据录入处理等BPO业务等。同时,上海自贸区提出营造相应的监管和税收制度环境,适应建立国际高水平投资和贸易服务体系的需要,创新监管模式。这些将有利于服务外包企业拓展业务的空间和广度,优化企业运营环境。而探索与试验区相配套的税收政策将降低服务外包企业的运营成本,增加对服务外包高端人才的吸引力。

从大陆与台湾两岸环境来看,两岸经贸和金融合作将带来服务外包合作新机遇。首先,两岸金融合作的政策支持在逐渐放开。2009年4月,海协会与台湾海基会签署了两岸金融合作协议。在协议框架下,两岸金融监管机构分别签署了两岸银行业、证券及期货业、保险业监管合作备忘录,两岸货币监管机构也签署了两岸货币清算合作备忘录。2013年6月,海协会与台湾海基会签署了两岸服务贸易协议,旨在逐步减少或消除双方服务贸易限制性措施,拓展服务贸易的广度和深度。该协议有利于加强两岸服务业合作,创造更多就业机会;有利于提高两岸服务业水平,共同应对经济全球化挑战;有利于两岸经济发展特别是台湾经济发展。第二,两岸具备雄厚的贸易和投资基础。两岸经贸合作日益密切,特别是2010年《海峡两岸经济合作框架协议》(ECFA)及后续协议的签署和实施,使两岸经贸关系上了一个新台阶。两岸经贸合作呈现持续健康发展的良好态势,两岸贸易规模已经达到1700亿美元。2014年7月15日,福建平潭综合实验区正式封关运作,作为距离台湾本岛最近的岛屿县区,平潭将积极促进与台湾自由经济示范区的对接合作,推动平潭向两岸自由贸易区的方向发展。庞大的贸易与投资往来必然对两岸金融业务产生强劲需求。第三,台湾有潜力成为下一个人民币离岸中心。目前,人民币在台存款余额已超过2000亿元,且仍在快速增长之中,台湾地区具有成为香港以外第二个人民币离岸中心的条件。尤其是在两岸服务贸易协议中,大陆承诺对台湾大幅开放资本市场,允许台资金融机构在大陆设立多家持股不超过51%和49%的证券公司、期货公司。协议实施后,台湾的证券业在大陆将有较大的发展,无疑将带来证券业服务外包的两岸合作。在金融创新、供应链管理、信息技术的推动下,两岸企业完全可以发挥各自的优势,借助金融纽带,利用金融外包的新模式,加强利益融合,不断推动两岸向全球价值链的高端延伸。第四,两岸金融服务外包合作已经具备良好基础。

目前昆山承接来自台湾的服务外包业务约占昆山市离岸外包业务额的85%左右，其中不乏金融服务外包业务。昆山软件园内建设有"海峡两岸（昆山）软件和服务外包基地"，其示范、带动效应将进一步促进两岸金融服务外包合作企业的优势互补与互利共赢。

（证券日报）

2.1 金融服务业

2.1.1 金融

金融，从字面意义理解即资金的融通，是指与货币、信用、银行直接有关的经济活动的总称。如货币的发行与回笼、存款的存入与提取、贷款的发放与收回、国内外资金的汇总与结算、证券市场的买卖以及保险、信托、租赁等，都是金融活动。随着市场经济的不断发展，金融的内涵也不断深化。在现代社会，金融是一个多维性、多层次的立体系统。从这个层面理解，金融是指资金的筹集、分配、融通、运用及其管理。具体包括货币的流通及其管理；资金的筹集（含金融机构和企业、个人的有偿筹集、财政的无偿筹集）；财政、银行的资金分配和企业内部的资金分配；资金的直接融通和间接融通，纵向融通和横向融通，国内融通和国际融通；资金的配置和调度；信贷资金结构的调整和管理；资金周转速度及资金运用效率的管理，等等。金融具有清算和支付结算、聚集和分配资源、管理风险、提供信息、解决激励问题的功能。

2.1.2 金融机构

金融机构可以分为存款性金融机构与非存款性金融机构。

2.1.2.1 存款性金融机构

存款性金融机构是指通过吸收各种存款而获得可利用资金，并将其贷给需要资金的各经济主体或是投资于证券等以获取收益的机构。它们是金融市场的重要中介，也是套期保值和套利的重要主体。存款性金融机构一般包括如下几类：

1. 商业银行

商业银行是最主要的存款性金融机构。早期的商业银行是指接受活期存款，并主要为工商企业提供短期贷款的金融机构。但现代意义上的商业银行已经成为金融领域中业务最广泛、资金规模最雄厚的存款性金融机构。商业银行既是资金的需求者，又是资金的供应者，几乎参与了金融市场的全部活动。作为资金的需求者，商业银行利用其可开支票转账的特殊性，大量吸收居民、企业和政府部门暂时闲置的资金，还可以发行金融债券、参与同业拆借等。作为资金的供应者，商业银行主要通过贷款和投资来提供资金。此外，商业银行还能通过派生存款的方式创造和收缩货币，对整个金融市场的资金供应和需求产生巨大的影响。

2. 储蓄机构

西方国家的储蓄机构是专门吸收储蓄存款的机构，其大部分资金用于发放不动产抵押贷款，投资于国债或其他证券等。与商业银行相比，储蓄机构的资产业务期限长，抵押贷款比重高。政府常利用储蓄机构来实现某些经济目标，其中多为房地产政策目标。因此，一些储蓄机构得到了政府的扶持。储蓄机构在各国的名称并不一样，如在美国是储蓄贷款协会、互助储蓄银行，在英国是信托储蓄银行、房屋互助协会，在法国、意大利和德国则为储蓄银行等。在金融市场上，它们与商业银行一样，既是资金的供应者，又是资金的需求者。

3. 信用合作社

信用合作社是由某些具有共同利益的人们组织起来的、互助性质的会员组织。其资金来源主要是会员的存款，也可以来自非会员。其资金运用于为会员提供短期贷款、消费信贷、票据贴现及从事证券投资，也有部分资金用于同业拆借和转存款等。信用合作社在经济生活中起着广泛动员社会资金的作用，它们遍布各大银行难以顾及的每一个角落，进一步促进了社会闲散资金的汇聚和利用。由于金融竞争的影响及金融创新的发展，信用合作社的业务有拓宽的趋势，其资金来源及运用从原有的以会员为主逐渐转向多元化，因而其在金融市场上的作用越来越大。

2.1.2.2 非存款性金融机构

非存款性金融机构的资金来源和存款性金融机构吸收公众存款不一样，主要是通过发行证券或以契约性的方式聚集社会闲散资金。非存款性金融机构主要有：

1. 保险公司

保险公司包括人寿保险公司及财产和灾害保险公司。人寿保险公司是为人们因意外事故或死亡而造成经济损失提供保险的金融机构。财产和灾害保险公司是为企业及居民提供财产意外损失保险的金融机构。保险公司的主要资金来源于按一定标准收取的保险费。一般地说，人寿保险具有保险金支付的可预测性，并且还有当契约规定的事件发生时或到约定的期限时才支付的特征，因此，保险费实际上是一种稳定的资金来源。但是财产和灾害保险公司不同，财产和灾害事故的发生具有偶然性和不确定性。它们之间的差别决定了其资金运用方向的不一致。人寿保险公司的资金运用以营利性为目标，主要投资于高风险、高收益的证券，如股票等，也有一部分用作贷款。因此，人寿保险公司是金融市场上的主要资金供应者之一。财产和灾害保险公司的资金运用以流动性为目标，主要投资于货币市场上的金融工具，还有一部分投资于安全性较高的政府债券、高级别的企业债券等。

2. 养老基金

养老基金是一种类似于人寿保险公司的专门金融组织，其资金来源是公众为退休后生活所准备的储蓄金，通常由资方和劳方共同缴纳，也有单独由资方缴纳的。养老金的缴纳一般由政府立法加以规定，因此，其资金来源是有保证的。与人寿保险公司一样，养老基金也能较精确地估计未来若干年它们应支付的养老金，因此，其资金主要投资于长期公司债券、质地较好的股票以及用于发放长期贷款。养老基金也是金融市场上的主要资金供应者之一。

3. 投资银行

投资银行是资本市场上从事证券的发行、买卖及相关业务的一种金融机构。最初的投资银行产生于长期证券的发行及推销需求，随着资本市场的发展，投资银行的业务范围也越来越广泛。目前，投资银行业务除了证券承销外，还涉及证券的自营买卖、公司理财、企业购并、咨询服务、基金管理和风险资本管理等。一方面，投资银行为需要资金的单位（包括企业和政府部门）提供筹集资金的服务；另一方面，投资银行充当投资者买卖证券的经纪人和交易商。在当今世界，投资银行已成为资本市场上最重要的金融中介机构，无论是在一级市场还是二级市场上都发挥着重要作用。投资银行在不同的国家有不同的称呼，在美国称为投资银行或公司，在英国称为商人银行，在日本称为证券公司，等等。在我国，目前一些比较规范的证券公司就是我国的投资银行。

4. 投资基金

投资基金是向公众出售其股份或收益凭证募集资金，并将所获资金分散投资于多样化证券组合的金融中介机构。投资基金的当事人有四个：委托人是基金的发起人；受托人是基金经理公司即代理投资机构，经营基金所募资金；受益人是投资者，即持有基金份额的人，基金份额的持有者可以按其持有比例分享基金的投资收益或资产净值；信托人负责基金资产的保管，一般由投资银行、信托公司和商业银行等大型金融机构充当。投资基金可以按多种方式分类，最常见的是按基金份额的变现方式划分为开放式基金和封闭式基金。

2.1.3 金融业

金融业是指经营金融商品的特殊行业，包括银行业、证券业、保险业、信托业和租赁业。金融业在国民经济中处于牵一发而动全身的地位，关系到经济发展和社会稳定，所以各国政府都非常重视本国金融业的发展。经过十几年改革，我国金融业以空前未有的速度和规模在成长。随着经济的稳步增长和经济、金融体制改革的深入，我国的金融业有着美好的发展前景。

2.1.4 金融业的特点

金融业具有指标性、垄断性、高风险性、效益依赖性和高负债经营性的特点。

（1）指标性是指金融的指标数据从各个角度反映了国民经济的整体和个体状况，金融业是国民经济发展的晴雨表。

（2）垄断性一方面是指金融业是政府严格控制的行业，未经中央银行审批，任何单位和个人都不允许随意开设金融机构；另一方面是指具体金融业务的相对垄断性。例如，在我国，信贷业务主要集中在四大商业银行，证券业务主要集中在中信、海通、招商等全国性证券公司，保险业务主要集中在人保、平保和太保等保险公司。

（3）高风险性是指金融业是巨额资金的集散中心，涉及国民经济各部门、单位和个人，其任何经营决策的失误都可能导致"多米诺骨牌效应"。

（4）效益依赖性是指金融效益取决于国民经济总体效益，受政策影响很大。

（5）高负债经营性是指相对于一般工商企业而言，其自有资金比率较低。

2.1.5　金融业的作用

(1) 金融在现代经济中的核心地位，是由其自身的特殊性质和作用所决定的。现代经济是市场经济，市场经济从本质上讲就是发达的货币信用经济或金融经济，它的运行表现为价值流导向实物流、货币资金运动导向物质资源运动。金融运行得正常有效，则货币资金的筹集、融通和使用充分而有效，社会资源的配置也就合理，对国民经济走向良性循环所起的作用也就明显。

(2) 金融是现代经济中调节宏观经济的重要杠杆。现代经济是由市场机制对资源配置起基础性作用的经济，其显著特征之一是宏观调控的间接化，而金融在建立和完善国家宏观调控体系中具有十分重要的地位。金融业是联结国民经济各方面的纽带，它能够比较深入、全面地反映成千上万个企业事业单位的经济活动，同时，利率、汇率、信贷、结算等金融手段又对微观经济主体有着直接的影响，国家可以根据宏观经济政策的需求，通过中央银行制定货币政策，运用各种金融调控手段，适时地调控货币供应的数量、结构和利率，从而调节经济发展的规模、速度和结构，在稳定物价的基础上，促进经济发展。

(3) 在现代经济生活中，货币资金作为重要的经济资源和财富，成为沟通整个社会经济生活的命脉和媒介。现代社会一切经济活动几乎都离不开货币资金的运动。从国内来看，金融连接着各部门、各行业、各单位的生产经营，联系着每个社会成员和千家万户，成为国家管理、监督和调控国民经济运行的重要杠杆和手段；从国际来看，金融成为国际政治经济文化交往，实现国际贸易、引进外资、加强国际间经济技术合作的纽带。

2.1.6　金融业的发展现状

2.1.6.1　货币市场

2014年我国货币市场交易规模已经突破300万亿元，10年来年均增长30%左右。就交易品种而言，银行间债券回购交易居于主导地位，同业拆借市场和票据贴现市场的份额占比相对较低，但总体上则在逐步增长。从货币市场交易的期限结构来看，货币市场交易的短期化非常明显，无论是质押式回购还是同业拆借，隔夜交易和七天交易的占比之和都超过了90%。除这两类短期交易外，其他期限的占比都非常小。

2.1.6.2　债券市场

从存量规模来看，截至2015年4月11日，我国债券市场存量为37万亿元，政府债和金融债分别为10.6万亿元和12.5万亿元，信用债中企业债和中期票据分别为3万亿元和3.4万亿元。从债券市场发行量来看，近10年来，我国债券市场的发行量增长了两倍，2014年我国债券总发行超过了12万亿元，净融资超过6万亿元。从投资者结构来看，银行间债券市场最主要的投资者仍然是商业银行，尤其是全国性商业银行，占据了半壁江山以上，基金和保险则分别位列第二位和第三位。

2.1.6.3　股票市场

从市场规模来看，到2014年我国股票市场总市值已经接近40万亿元，跟债券市场规模接近,境内上市公司数量也已经超过2500个,同时从交易规模来看,2014年我国股票市场日均交易规模已经达到2000亿元以上。得益于股权分置改革的推进并逐渐完成,流通市值占总市值的比例也越来越高。

2.1.6.4 期货及衍生品市场

从市场交易规模来看,我国已经是全球最大的商品期货市场,金融期货交易也已经起步。到2014年底,我国期货市场年交易金额将近300万亿元,日均交易金额为1.5万亿元。期货品种体系日益完善,除原油之外,其他重要的大宗商品期货在我国都有交易,已经上市的金融期货包括股指期货和国债期货。期货中介机构的整体实力和服务水平进一步提升,经营范围有所扩大,从传统的只能从事经纪业务,发展到现在还可以经营投资咨询业务和资产管理业务。

2.1.7 金融业的发展趋势

2.1.7.1 资产证券化

所谓资产证券化(asset securitization),是指把流动性较差的资产,如金融机构的一些长期固定利率贷款或企业的应收账款等通过商业银行或投资银行的集中及重新组合,以这些资产作抵押来发行证券,实现相关债权的流动化。

当前,受益于金融管制的放松和金融创新的发展,西方国家资产证券化的趋势正深入到金融活动的各个方面。不仅仅是传统银行贷款的证券化,而且经济中以证券形式持有的资产占全部金融资产的比例也越来越大。社会资产金融资产化、融资非中介化都是这种趋势的反映。

2.1.7.2 金融全球化

金融市场的全球化已成为当今世界的一种重要趋势。20世纪70年代末期以来,西方国家兴起的金融自由化浪潮,使各国政府纷纷放宽对金融业活动的管制。随着外汇、信贷及利率等方面管制的放松,资本在国家间能够自由流动,国际利率开始趋同。目前,国际金融市场正在形成一个密切联系的整体市场,在全球各地的任何一个主要市场上都可以进行相同品种的金融交易,并且由于时差的原因,由伦敦、纽约、东京和新加坡等国际金融中心组成的市场可以实现24小时不间断的金融交易。世界上任何一个局部市场的波动都可能马上传递到全球的其他市场上。这就是金融的全球化。

金融全球化具体包括两个方面:一是市场交易的全球化,即国际货币市场、资本市场及外汇市场交易的全球化;二是市场参与者的全球化。金融全球化促进了国际资本的流动,有利于稀缺资源在国际范围内的合理配置,促进世界经济的共同增长,但也给国际金融风险防范、货币政策执行与金融监管增加了难度。

2.1.7.3 金融自由化

金融自由化的趋势是指20世纪70年代中期以来,无论是过去管制较严的国家还是管制较为宽松的国家,都出现了一种逐渐放松甚至取消对金融活动的一些管制措施的过程。金融自由化主要表现为:减少或取消国与国之间对金融机构活动范围的限制;对外汇管制的放松或解除;放宽金融机构业务活动范围的限制,允许金融机构之间的业务适当交叉;放宽或取消对银行的利率管制;对金融创新活动的鼓励,对新金融工具交易的支持与放任。

2.1.7.4 金融工程化

所谓金融工程，是指将工程思维引入金融领域，综合采用各种工程技术方法（主要有数学建模、数值计算、网络图解、仿真模拟等）设计、开发新型的金融产品，创造性地解决金融问题。这里的新型和创造性指的是金融领域中思想的跃进、对已有观念的重新理解与运用，或者是对已有的金融产品进行分解和重新组合。金融工程化趋势的动力主要源于两方面：社会经济制度变革导致汇率、利率、商品价格波动加大，形成了对风险管理技术的需求；电信网络的发展与电子计算机技术的进步为金融工程化提供了现实可能性。

2.2 金融服务外包的定义与分类

2.2.1 金融服务外包的定义

根据国际《金融服务外包》（巴塞尔委员会联合论坛 2005 年 2 月发布）文件的相关规定，金融服务外包被界定为"受监管实体持续地利用外包服务商（为集团内的附属实体或集团以外的实体）来完成以前由自身承担的业务活动"。因此，金融服务外包是金融服务的一种服务提供模式——由银行、证券、保险等金融机构，把 IT 服务和业务流程等非核心业务甚至部分核心业务，以合同形式发包给专业的服务提供商，以提高核心业务的竞争力，降低企业成本，分散经营风险。

金融服务外包通常主要包括以下两种类型的参与实体：发包者（金融机构）和接包者（外包服务商）。其中，发包者是指银行、证券、保险等领域的金融企业；接包者是指承担金融服务外包业务的实体企业和机构。

2.2.2 金融服务外包的分类

2.2.2.1 根据业务内容分

金融服务外包根据业务内容可以分为以下三类：

1. 金融信息技术外包

金融信息技术外包是指以长期合同的方式，由大型的金融机构委托信息技术服务商向金融企业提供部分或全部的信息技术服务，主要包括应用软件开发与服务、嵌入式软件开发与服务以及其他相关的信息技术服务等。

2. 金融业务流程外包

金融业务流程外包是指金融企业将非核心业务流程和部分核心流程委托给专业服务提供商来完成，主要包括呼叫中心、财务技术支持、消费者服务支持、运营流程外包等，还包括评估研究、投资研究和技术研究等。金融业务流程外包主要表现为金融机构将其公司业务运营过程中耗费大量人力的企业服务及操作中间环节，外包到商务成本比较低的国家和地区。该模式在欧美甚为流行，当下印度已成为全球著名的业务流程外包国家。

3. 金融知识流程外包

金融知识流程外包是指金融企业将部分知识流程外包给专业服务提供商来完成,主要包括数据挖掘与数据分析等服务。

2.2.2.2 根据地理分布状况分

金融服务外包根据地理分布状况可以分为以下两类:

1. 在岸金融服务外包(又称为境内金融服务外包)

在岸金融服务外包是指金融服务的发包方与金融服务提供商来自同一国家,外包工作在境内完成。当前,我国在岸金融服务外包发包主体涵盖银行、证券、保险、信托、租赁、财务公司等金融业各个领域,其中主要集中在银行业和保险业。随着我国金融业快速成长以及金融业前后台业务分离趋势的不断深入,大量金融服务外包需求将被释放,在岸金融服务外包还有巨大市场空间。

2. 离岸金融服务外包

离岸金融服务外包是金融服务外包的另一种重要服务提供模式。发包方源自各大跨国金融集团。这种服务模式涉及金融机构、境外服务提供商和服务的最终用户三方当事人,服务以电子交付为主,采用跨境的方式来实现。外包服务涉及两大类的服务领域:核心业务(如基金管理业及保险业中的投资管理、基金单位定价及托管、核保与索赔支付)与非核心业务(如信息技术、后台业务操作、客户服务等附属业务)。

当前,在金融自由化背景之下,全球金融服务业新一轮的产业转移正在进行。出于战略规划、成本控制、增强核心竞争力等多种因素的考虑,大型的国际银行、证券、保险等领域的金融机构纷纷将非核心业务进行剥离,外包给成本较低、服务提供能力较强的其他国家。随着国际金融市场竞争的不断加剧,分离出的服务外包业务种类不断增加,发包规模不断拓展,形成离岸外包产业。按照我国加入 WTO 时在服务贸易领域的承诺,2006 年底我国的金融市场已全面对外开放。离岸金融服务外包作为金融领域的新兴业务,在我国金融服务市场上呈现出飞速发展的态势。

2.2.2.3 根据发包业务的特点分

金融服务外包根据发包业务特点可以分为以下三类:

1. 金融后台类外包

金融后台类外包包括人力资源管理、工资管理、档案管理、客户管理等后勤辅助类外包业务。

2. 金融专业类外包

金融专业类外包包括财务管理、业务审计、法律事务、信息技术等专有技术性外包业务。

3. 金融服务流程外包

金融服务流程外包包括金融服务结算、财务数据录入等操作性环节外包业务。

其中,后台外包与流程外包是发包方提高运营效率、降低运营成本的重要方式。专业类外包由于其业务性质具有技术上的特殊要求,利用专业类的外包商可以提高服务产品的质量。

2.3 金融服务运营的外包模式及外包收益

2.3.1 外包模式

如果以对业务运营中心的所有权为标准,可以将目前中国市场的金融业务运营模式分为三种主要类型,如表2-1所示。

表2-1 中国市场金融业务运营模式

	优 势	风险/劣势
完全自营模式	对资产、人员、流程的控制最强; 资产所有权完整; 知识产权和信息安全的风险最低; 对企业自身业务的了解最好; 最容易复制企业的业务流程; 与企业整体战略的契合度良好; 商业化(出售、盈利)的潜力	成本偏高的风险(如固定资产购置、薪水上涨、人员冗余、管理成本等); 人才管理的挑战:职业发展空间有限,人才的获取不易,流失率可能较高; 流程和操作的标准化与效率受企业自身经验的限制; 对于前台业务量的波动,不容易快速扩张或收缩后台交付处理能力
完全外包模式	能够更有效地降低运营成本; 避免不必要的前期/固定资产投入; 行业标准化的流程和专业的服务人员带来效率和服务质量的提升,据统计,外包商的效率比自营平均高30%; 有利于企业专注于核心业务技能; 灵活的扩张或收缩后台处理能力; 更优化的成本结构与技能组合有利于推出新的产品和服务	对流程、人员等控制程度较低; 外包出去的后台运营与企业整体战略的契合度较低; 服务商专业技能和规模的局限性; 信息安全与知识产权的潜在风险; 额外的服务商与外包合同的管理,以及未来变更带来的风险; 外包导致的人事变动带来的风险
混合运营模式	因地制宜,在金融机构自身的集中化还未完成时,运营模式由各地区事业部根据自身情况选择自营或外包; 根据在业务链各环节上的自身能力差异选择外包或者自营; 按照自身未来战略定位、业务发展模式和对核心业务的定义,有策略地决定选择部分业务外包; 可以充分利用服务商在特定地区和业务领域的经验与知识	成本和治理的复杂度较高,透明度较低; 合作伙伴退出导致的风险; 不合适的合资带来的企业形象风险; 与企业整体战略的契合度较低

2.3.1.1 完全自营模式

在这种模式下,几乎所有的业务操作都由金融机构内部力量完成。这类模式目前在银行、保险和信用卡中心都存在典型案例。这些金融机构选择完全自营模式,既有对外包尚存担忧的主观原因,也有目前尚不能找到完全合格(包括规模和服务能力)的外包服务提供商的客观限制。其中,金融机构对外包服务提供商能力的担心,大多集中在服务提供商能否对信息安全提供有效保障上。一旦客户信息流失,金融机构受到的损失不仅仅是眼前的经济利益,更重要的是企业的声誉以及由于在客户面前失去信用而造成的未来更大价值的业务流失和经济利益损害。在这样的情况下,为了避免风险,金融机构通常选择将所有业务保持自营。

2.3.1.2 完全外包模式

在这种模式下,金融机构在自身可接受的范围内,将业务完全外包给合格的服务提供商。相对较小的金融机构多使用这类模式,尤其是刚刚进入中国的外资金融机构。这类模式可以帮助小型金融机构利用服务提供商的规模效应有效地降低成本,从而将其有限的资源集中在核心业务上。这一模式成功的关键在于,这类小型金融机构必须设立较完善的风险控制和定期审核机制,以确保外包业务完成的质量及外包业务过程中服务提供商的行为合规。

2.3.1.3 混合运营模式

在这种模式下,自营模式和外包模式同时存在。混合模式形成的原因有多种,有的是因为金融机构自身的集中化还未完成,运营模式由各地区或各事业部自身决定,选择的结果会因为各地区或各事业部自身情况而各异。有的金融机构虽然自身业务集中化已经完成,但其在各个业务链上的能力各不相同,这时就会根据各业务链环节的具体需要选择外包或者自营。还有的金融机构则是在自身业务集中化已经完成后,按照自身未来战略定位、业务发展模式和对核心业务的定义,有策略地决定选择混合运营模式。混合运营模式是当前中国金融机构中较为普遍的模式,且由于金融机构集中化的路程还将继续,服务提供商的能力提高也需要时间,这一模式可能在很长一段时间内是主导模式。

2.3.2 金融服务外包的利益

通过金融服务外包,金融机构可以获得以下外包利益。

2.3.2.1 降低成本,提高收益

金融机构最初将服务外包出去的主要动因就是为了降低成本。金融机构将自己不擅长的业务外包出去,集中精力做自己最擅长的业务,这样就可以直接降低成本,获得更多收益。与金融机构内部的 IT 部门相比,外包商提供的服务成本更低,且由外包商承担服务的提供,成本更易预测、更好控制。

2.3.2.2 充分利用前沿技术和技能

在信息、网络技术迅速发展的时代,金融机构要想掌握所有先进技术往往难度很大或成本很高。因此,金融机构要么大量投资于这些新技术,但成本和风险都极大,要么在竞争中被淘汰。而把这些服务外包出去就可以很好地解决这个矛盾。

2.3.2.3 转移风险

金融机构和服务外包商之间是一种战略合作伙伴关系，是风险共同体，而不是单纯的雇佣关系。因此，金融机构在外包服务的同时也把一些风险转移给了服务外包商，这使金融机构能更好地应对迅速变化的外部市场环境和顾客需求。

2.4 国际金融服务外包发展趋势与市场结构

2.4.1 国际金融服务外包的发展趋势

2.4.1.1 外包分工持续纵深化

1. 金融服务外包的价值重新定位

由制造业外包发展到现在服务业领域的外包，正是经济全球化不断推进的发展结果。在服务外包发展初期，企业主要是将数据录入等文件管理低端服务转移出去进行外包。现在的发展趋势则是将风险管理、金融分析、研究开发等技术含量高、附加值高的业务进行转移。总体上，目前全球外包涉及的范围已由传统的信息技术外包和业务流程外包拓展到金融、保险、会计、人力资源管理等多元化领域。

从金融服务外包的业务种类来看，早期的金融服务外包主要是数据录入、IT运行维护等基本的后台业务处理，种类极为有限。随着服务外包市场的不断发展，种类逐步拓展到职能型外包业务领域和金融服务等较为高端的前台领域，包括风险评估、业务决策、财务管理、人力管理、市场研究和咨询分析等。

从金融服务外包发包商和服务提供商的业务关系来看，接包企业已由最初的"补缺"定位，逐步成为发包商的战略合作伙伴，并纳入发包方的长期发展战略之中。在实践中，国际金融服务外包市场出现了越来越多的战略合作者，尤其是资质较好的外包服务商，早已成为国际上大型金融机构的联盟者。双方互利合作、协调运营，共同规划并不断优化其全球运营服务支持体系。

2. 金融服务外包的蓝海战略兴起，最大限度满足差异化需求

从发包方角度来看，由于金融服务市场需求的多元化，金融机构也在不断推出多元化的金融产品。在服务外包领域，直接表现为发包方的业务不断呈现出多样化的需求状态，发包方需要服务外包企业能够提供更加符合自身需求的外包服务。从接包商的角度来看，目前由于参与接包的国家较多，各有比较优势，促使全球外包市场的竞争日趋激烈，接包商都在不断强化专业技术创新，努力维持高运营效率，为发包方提供更加专业的服务，针对客户的不同需求提供更优质的外包服务。

2.4.1.2 发包规模不断扩大

1. 地域规模日益宽广

服务外包发包市场的整体特点是发达国家占据发包主体，主要集中在美国、欧洲、日本等；发展中国家占据接包主体，如中国、印度、菲律宾、爱尔兰等。目前，在国际服务外包市场中，参与接包的国家不断增多。更多低工资发展中国家积极加入到国际金

融服务外包市场中，从不断增长的全球服务外包市场中获利。

从目前服务外包市场的分布来看，北美、欧洲和日本仍旧是主要的金融业务外包发包地区，以中国为代表的国家和地区在金融服务外包特色领域，积极承接国际金融服务外包业务，逐渐形成以软件与信息服务外包为主的成熟接包市场。

2. 发包量持续拓展

目前，主要发包市场仍集中在美国、日本、欧盟等发达国家和地区，其发包量占全球发包总量的85%。其中美国是全球最大的服务外包输出国，占有世界发包总量的50%。印度是全球金融服务外包最大的受益者，主要承接来自美国等发达国家的金融高端外包业务。

3. 可持续的成长潜力

在实践中，出于发展战略、优化流程、控制成本、提升效率、获取竞争优势等多重因素的考虑，世界范围内大型跨国银行、证券、保险等金融机构纷纷把其非核心业务外包。具体表现为核心业务与非核心业务、前台业务与后台业务、标准流程业务和非标准流程业务不断分离。

2.4.1.3 接包区域持续动态化

发展中国家应积极顺应新一轮产业转移的趋势，承接服务外包，推进自身服务经济发展的进程。以中国与印度为核心的发展中国家目前是亚太地区承接金融服务外包的主要区域。全球金融服务外包的接包中心也在不断向此区域转移，呈现出动态的变化性。

整体服务外包市场中，金融服务外包的业务量占比接近50%。从产业发展历程来看，中国一直是世界制造业的外包大国。从最初的"蓝领外包"开始起步，中国以稳定的政治局面、良好的基础设施、低廉的人工成本、庞大的内需市场，吸引了世界制造业领域的外包业务，长期以来承担了生产环节的外包业务，即制造业的业务流程外包（BPO）。随着制造业产业链不断向上下游延伸、拓展，设计、研发和采购部门也逐渐向中国转移。在全球服务经济起引领作用的大环境下，随着科技的推动，中国外包产业开始向服务业转移，并不断向服务外包中具有更高附加价值的白领外包升级。但由于起步比印度晚了10年，中国的金融服务外包业务主要来自地缘优势较为明显的日本以及国际金融服务外包中的转包业务，加上本土金融机构的部分外包业务。在诸多的发达国家发包阵营中，美国作为全球最大的金融服务外包发包国，仍然是首选印度作为合作伙伴。

2.4.1.4 产业发展趋势不可逆转

首先，源于全球化的总体发展趋势不可逆转。国内有学者指出，当前的全球化出现了从全球制造业到全球服务业转变的新进展，即服务全球化的趋势。

其次，金融服务外包是经济全球化浪潮下出现的新型产业转移模式。全球金融服务外包的转移浪潮，为发展中国家带来了巨大的产业契机。2009—2012年，全球服务外包仍然集中在美国、西欧、日本，转移的服务外包市场总量占全球的95%左右。

从2011年全球服务外包的宏观层面分析，一方面，全球IT服务外包市场仍在飞速发展，占据整体服务外包产业的主导地位。另一方面，全球业务流程外包（BPO）市场的发展也呈现出快速增长的趋势，预计未来几年内，全球BPO市场规模将达到1万亿美元。从业务量上,主要集中在北美、西欧和亚太地区。其中,以美国为代表的北美BPO市场总量最大,西欧的BPO市场有较快的增长,亚太地区的BPO市场增长最快。

2.4.2 国际金融服务外包的市场结构

2.4.2.1 竞争格局呈现两极化

在国际金融服务外包市场中,全球竞争格局出现了两极化的发展态势。其一,接包市场地域出现了两极化:一极是以爱尔兰为代表的西方阵营。爱尔兰是一个西欧国家,也是北美通向欧洲的通道,地缘优势显著。爱尔兰完全西式的国家文化加上自身英语语言的有利因素,使其极具区位优势。爱尔兰是世界服务外包强国,具有较强的国际竞争力,尤其是在为跨国金融机构提供国际BPO业务方面极具特色。

接包市场的另一极集中在远东地区,主要是指以亚洲的中国和印度为代表的亚太地区。目前,印度已经成为世界最大的服务外包承接国(其中,金融服务外包承接的业务量占世界首位,其服务外包有70%属于金融服务外包的业务),领先优势极其显著。中国发展金融服务外包的产业基础、产业结构、人力资源禀赋与印度类似,也在积极把握金融服务外包的国际化发展契机,积极布局、承接金融服务外包业务,致力于金融服务外包产业化发展,积极提高金融服务外包的国际竞争力,逐步改革本国国际贸易的出口结构。

目前,美国的发包业务中有近70%的离岸外包业务发包给印度。在此发包规模中,金融服务外包的占比达到50%。由于市场定位准确、业务发展方向清晰,印度凭借其明确的产业发展战略,迅速超越爱尔兰,成为世界上接包规模最大的国家,同时也是世界上通过服务外包创汇最多的国家。中国作为亚太地区的另一个发展中大国,正在积极学习印度经验,以承接基础外包起步,逐步参与高端外包的金融后台市场竞争。尤其是中国的一线大城市,如北京、上海等,都明确定位为打造离岸金融服务后台中心。

2.4.2.2 需求结构出现转换性

首先,发包方利用服务外包推动业务转型升级。发包方希望通过与接包方建立合作伙伴的方式,不断优化业务流程,从而实现服务效率的不断提升,最终实现真正的业务变革。

其次,发包方利用服务外包提高业务的市场渗透率。以金融服务外包为例,目前,在整体的外包市场领域,来自金融领域的业务外包规模居于服务业第一位,规模仅仅小于制造业的外包。

金融服务外包最初始于20世纪70年代,主要集中在IT领域。其在20世纪90年代得到了高速发展,逐渐集中在金融后台服务领域,主要表现为跨国金融机构全球化业务的渗透度越来越高以及发包规模日益扩大,当前全球最大的15家金融服务企业已经全部将信息技术项目进行外包。

2.4.2.3 外包种类日益多元化

在实践中,第一个发包阶段是最初的IT业务外包,IT外包仅仅是为发包方提供一般软件的配套服务,属于非核心业务,即次要业务的外包模式。第二阶段是运营外包BPO,实质是BPO+IT的外包模式,在此过程中,运营与IT技术出现了融合,形成了一个更加完整的金融服务外包供应链。第三阶段是提供金融服务的专业化解决方案，以满足消费者对高质量的金融服务需求。第四阶段是基于整体金融服务环节的点对点（end to end）商业链外包，这种外包模式包括 IT 服务在内的一揽子服务，是金融服务提供商由简单的服务业务与发包方上升到战略合作层面。

在实践中，金融服务外包领域的 BPO 业务的需求也出现不断变化的趋势。最初的 BPO 外包业务主要集中在财务外包领域，此后逐渐向金融后台服务拓展，延伸至其他领域，如应付账款、支票服务、借贷、客户呼叫中心、ATM 服务、e-banking 服务、数据管理等。尤其是现代意义上的 BPO 外包业务已经发展到金融机构将其核心业务外包的时期。表 2-2 列出了基于发包金融机构需求的服务业务种类。

表 2-2　基于发包金融机构需求的金融服务外包业务种类

发包金融机构的需求	对应的发包金融服务业务种类
降低生产成本（费用）	IT 外包——这种技术外包是非核心业务外包，可以使发包企业更加专注核心业务，降低生产费用
提升运营效率	BPO 外包——可以不断优化服务流程，提高金融服务产品的质量
提升利润空间	专业化解决方案——可以满足消费者对高质量的金融服务需求
完善、优化企业战略	商业链外包——属于全方位的业务合作，从金融外包服务提供商发展到金融战略合作伙伴，是更高层次的外包模式

2.4.2.4　接包主体日趋集中化

接包主体日趋集中化表现形式之一是出现了寡头垄断趋势。这种趋势具体体现在两个方面，一是以印度为代表的亚太国家垄断了全球金融服务外包的绝大部分市场份额。印度处于世界金融服务外包金字塔顶端，其金融服务外包产业已经步入成熟阶段，国际市场占有率已达 80%。二是在印度本土出现了大型服务外包跨国企业和集团，垄断了全球大量的服务外包市场。印度 90% 以上的接包业务被印度的服务外包大型企业（印度软件四强）所垄断，接包主体的集中度越来越高。

接包主体日趋集中化表现形式之二是服务外包的产业集群效应日益显著。目前，世界最大的服务外包接包集中地——印度和中国，都已经成功构建了承接服务外包的产业集群。印度的服务外包产业主要集中在孟买等大城市。与印度的发展布局相似，中国的金融服务外包产业集群主要有两个特征：一是向大城市的区域集中；二是向大城市中的服务外包产业园集中。以北京为例，其服务外包产业集聚度较高，集群效应极其显著。坐落于北京海淀区的中关村软件园，不但已经成为北京服务外包的主体，而且是国内最大的接包网络。

2.5　国内金融服务外包发展趋势与市场结构

2.5.1　国内金融服务外包发展趋势

2.5.1.1　金融服务外包的总体概况

1. 朝阳产业，迅速增长

从2000年以来，国家对包括金融服务外包在内的服务外包产业的关注和支持进一步提升，在"十一五"规划纲要中，国家确立了服务外包产业的发展战略，提出要在全国建设若干个服务外包基地，有序承接国际服务业转移，从政府层面上积极推动中国服务外包产业的发展，并在财政税收、专利产权保护、资金融通等方面给予一系列政策支持。

为进一步促进金融服务外包业的发展，鼓励金融机构把握住产业发展的有利机遇，政府不断出台对产业发展有支撑力的指导政策，增加了对金融服务外包业的金融政策支持。如出台了《关于金融支持服务外包产业发展的若干意见》(中国人民银行、商务部、银监会、证监会、保监会、外汇局等部门于2009年9月联合发布)，此政策的宗旨是促进服务外包业的调整升级，推动服务外包业从基础的事务性外包转变成战略性外包。随后，又出台了《进一步鼓励软件产业和集成电路产业发展的若干政策》(国务院于2011年发布)，继续从财税政策、投融资政策、进出口政策、人才政策等诸多方面对软件产业发展提供强有力的政策支持。产业政策的大力支持必将推动行业的长远发展。

从市场结构看，金融服务外包形式逐渐多元化，ITO在金融服务外包中仍占主导地位，KPO知识流程外包快速发展，逐渐成为BPO发展的一大亮点。在金融服务外包市场主体中，外资跨国金融机构一直是中国境内金融服务外包的引领者和先行军。但由于产业尚处于萌芽阶段，无论是规模还是整个金融外包占金融行业运营支出的比例，与国际相比都有很大的差距。

2. 大城市抢滩金融后台服务外包

2006年，商务部启动了承接服务外包的"千百十"工程，确定的首批五个服务外包基地城市分别是大连、西安、成都、上海、深圳；2007年初，天津、北京、南京、杭州、武汉和济南被认定为第二批"中国服务外包基地城市"。金融服务外包依托大城市的"外包基地"概念，实现了飞速发展。以上海为例，上海目前被视为我国承接国际金融服务外包潜在竞争力最强的区域之一。从综合环境和产业发展的成熟度而言，上海在金融信息服务的基地建设、企业集聚、后台服务、产业环境建设等方面均走在全国前列。

2003年开始开发建设的上海市金融信息服务基地是全国首个以金融机构后台服务部门为主要服务对象的金融信息服务机构集聚区，目前已集聚了众多金融机构后台服务部门，如中国人民银行支付系统上海中心、中国银联产业发展基地、中国平安保险全国客户服务及后援中心、招商银行信用卡中心等。但总体来说，国内的金融后台服务外包起步较晚，社会制度和法制环境近期仍不能顺利对接，存在人才瓶颈、知名度不高、国内竞争激烈等现状，但发展速度较快，发展定位明确，产业布局良好。

2.5.1.2 产业供需状况

在金融服务外包需求方面，主要涉及境内金融机构（以入驻中国本土的跨国金融集团为主导）之间的业务集中处理，以及跨境业务外包（即离岸外包）。并且，在我国的金融服务外包领域，发包主体目前主要是大型银行集团，随着保险业和证券业的逐渐开放，外资保险机构和证券机构也逐步加入到外包业务中。在具体实践中，源于国内银行业的金融服务外包涉及信用卡发放、客户信用评级、信用调查等等。总体来讲，国内四大商业银行的发包意识较弱，其他银行的发包规模和发包业务范围也较为有限，发包业务主要集中在 IT 业。除此之外，一些保险公司将其保险业务中的保单印制等基础业务也适当地外包，但发包规模更是小之又小。

2.5.1.3 市场需求变化

当前，越来越多的外资银行纷纷将其在中国分行的贸易融资等业务的后台对账、汇款结算及财务管理部门、信贷管理部门的部分业务外包给专门负责外包服务的其他分支机构集中处理。中国金融服务外包市场结构主要以金融后台外包和金融 IT 外包为主流，表现形式为各种研发中心、呼叫中心、清算中心、数据录入中心、银行卡发卡中心、IT 运行维护等。

2.5.1.4 行业前景

未来金融服务外包将发展为一个新的产业，创造更多的就业机会。作为 20 世纪末引进中国的最后一个国外的成熟产业，金融服务外包在我国仍是一个新兴行业，同时也是一个朝阳产业，有很大的发展前景。从业务多元化来看，关注中小企业信贷业务方面的外包将成为未来金融外包业务的潜在增长点。对于金融企业特别是要实现低成本快速扩张的中小金融企业，这无疑是很好的选择。未来 10 年将是中国金融行业变革发展最集中的一段时期，金融服务外包业将会有极大的发展潜力。与此同时，我国政府已把发展金融服务外包业务作为做大做强现代服务业的核心战略之一。中国在市场、成本、劳动力供给等方面具有的优势超过印度，产业的成长壮大未来可期。国际银行家协会主席伊安·穆伦（2009）认为：在整个全球的新金融格局中，中国会扮演更重要的角色，未来的全球金融业和外包重镇将会在中国。

2.5.2 国内金融服务外包市场结构

2.5.2.1 梯次竞争格局日益加深

我国承接金融服务外包的区域布局特征是地域集中度较高，外包市场主要集中在北京、上海和大连等城市，业务规模占整体服务外包市场的 50% 以上。第一梯队是综合情况占优势且战略地位显要的北京和上海；第二梯队是国际地缘优势明显和产业经验丰富的大连、深圳和广州；第三梯队是达到质量和成本最佳平衡的杭州、南京、天津等；第四梯队是成本优势明显的西安、成都、武汉等。

2.5.2.2 高端外包业务占比日增

金融服务外包有三大类：其一是基础业务外包，这类外包仅需要较低的人力资源和健全的基础设施；其二是流程外包(外包解决方案)，此类外包需要接包服务商有流程建设的能力和相关的行业经验；其三是知识产权外包，要求接包商具备提供咨询服务的能力。目前，以金融服务外包为主业的外包公司，均处于高速扩张期，年业务增长率可以高达80%～100%。目前，中国金融服务外包企业的接包业务逐步趋向高端化。在实践中主要表现为以承接流程外包为核心的金融后台建设在全国范围内广泛开展起来。金融后台服务中心是服务外包高端化的一种服务模式，它具有人力资本高端化、技术含量密集化、就业容量扩大化等突出特征。

2.5.2.3 现代产业价值日益凸显

国家"十二五"规划指出，产业升级调整的基本思路是发展科技创新与高端、低耗、环保产业，加快经济增长转型，发展扩大内需与现代服务业为主体的包容性、可持续增长经济。金融服务外包作为现代服务业的一种服务提供模式，其产业化发展可以成为经济发展的新支柱、经济增长的引擎、产业升级的推动力，而且在吸纳就业等方面都有着积极的促进作用，对经济结构与贸易结构的调整意义深远，现代服务业的产业价值极为明显。

本章小结

本章介绍金融服务外包相关知识，主要包括以下内容：

1. 金融业是指经营金融商品的特殊行业，它包括银行业、证券业、保险业、信托业和租赁业。伴随着经济不断成长，我国金融业获得了长足的发展，并显示出资产证券化、金融全球化、金融自由化、金融工程化的发展趋势。

2. 金融服务外包是金融服务的一种服务提供模式——金融机构把非核心业务甚至部分核心业务，以合同形式发包给专业的服务提供商，以提高核心业务的竞争力，降低企业成本，分散经营风险。

3. 根据业务内容，金融服务外包可分为金融信息技术外包(ITO)、金融业务流程外包(BPO)和金融知识流程外包(KPO)。根据地理分布状况，金融服务外包可分为在岸金融服务外包与离岸金融服务外包。根据发包业务的特点，金融服务外包可分为金融后台类外包、金融专业类外包和金融服务流程外包。

4. 国际金融服务外包呈现外包分工持续纵深化、发包规模持续扩大、接包区域持续动态化等特点。国内金融服务外包市场规模成长迅速，外包形式逐渐多元化，并仍有巨大的市场空间。

3 银行业金融服务外包

【学习目标】

1. 了解银行业的功能；
2. 了解银行业主要机构的类型；
3. 理解商业银行的相关内容；
4. 掌握银行业服务外包相关内容；
5. 熟悉银行业主要业务和服务外包类型。

【引入案例】

2014 年银行业服务外包交流会：智绘金融·创新服务

"2014年银行业服务外包交流会暨产品推广会"在广州无线电集团成功举行。作为银行业外包服务领域高端、创新的交流平台，本次交流会以"智绘金融·创新服务"为主题，探讨了广州乃至中国金融服务外包行业的发展之路，展示了当前广州金融外包领域各种领先的智能系统与创新服务产品。据悉，本次交流会由我国最大的ATM厂商广电运通控股子公司、中国首家综合性ATM金融外包服务商广州穗通金融服务有限公司所举办，当日活动吸引了工、农、中、建等20多家银行的高管及业务运作部门管理人员到场，同时也邀请到市公安局内保领导参会。

当前，随着中国经济进入一个新的发展阶段，银行业的发展面临新的挑战和机遇，各种形态的金融创新正以一种朝气蓬勃的生态体系改变着传统银行的发展格局和行业动态，各家银行也在积极展开新一轮的创新与变革。为响应银行业的变革趋势，以广州穗通为代表的金融外包企业都在积极思考和探讨如何在自助渠道的建设、管理和服务上，加大创新力度，为银行提供更安全、高效的一体化运营管理及各种创新服务，为广大持卡人营造一个更加安全便利的自助服务环境。

广州穗通总经理陈振光先生谈到，在过去的五年里，服务外包以其特有的产业特征和资源配置方式，在中国银行业的高速发展中引导着新一轮的创新。自成立以来，广州穗通致力于为银行客户提供围绕自助渠道建设及运营管理、银行现金物流及清分处理的专业化服务解决方案。通过将技术和安全进行创新融合，广州穗通将各家银行独立、分离且资源耗费大及安全风险高的离行、在行自动柜员机通过物联网和移动互联网等网络信息创新技术，实现了可视化和智能化的集中管控，并提供了电子化业务流程的全外包服务。

本次交流会上，通过专业人员的讲解介绍，来自广州金融界的与会嘉宾全方位了解了广州穗通展示的一系列代表我国金融外包服务行业先进水平的全流程电子化的智能系统与创新服务产品。比如保障银行网点安全，具有事前预防、事中控制、事后取证功能的智能视频监控系统；实现后台对加钞现金冠字号记录，从清分到配箱、加钞全程定位的冠字号定位追踪系统；实现钞票从金库到网点双向全流程智能定位跟踪和查询的智能金库管理系统；为杜绝银行 ATM 后台加钞密码泄露、钥匙复制等安全隐患而研发的高安全动态电子密码锁系统等。

（海外网）

案例思考：
（1）推动银行业服务外包发展的因素有哪些？
（2）银行业服务外包有哪些类型？
（3）银行业服务外包过程中要注意哪些风险？

3.1 银行业概述

3.1.1 银行业的功能

银行是经营货币和信用业务的金融机构，是发行信用货币、管理货币流通、调剂资金供求、办理货币存贷与结算、充当信用的中介机构。银行业是指以银行机构为核心而建立起来的金融行业，它是金融体系重要的组成部分，也是现代服务业的典型代表。银行业作为现代金融的主体，是国民经济运行的枢纽，对整个社会间接融资起到了关键作用。间接融资如图 3-1 所示。

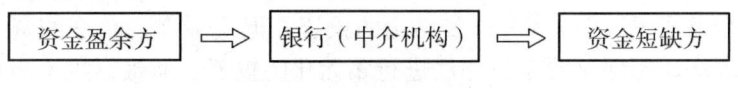

图 3-1 间接融资图

在间接融资中，资金盈缺双方不是直接达成交易，而是分别同银行机构发生独立的交易，此时银行机构既是债权人又是债务人。银行通过资产负债运作，吸收并分配这些资金。它把盈余者的资产转变为自己的负债，以负债为基础，创造金融产品，这样就可以把零散的、期限不同的负债转变为期限更灵活的贷款，从而可以很好地满足盈缺双方的需求，而这一转变过程中的风险很大部分都转移到银行部门。

实际上，我们知道借贷双方的资产组合偏好往往是不匹配的，包括资金的使用期限、资金额、风险的厌恶程度等方面，再加上获取有效信息的困难和直接交易的代价，借贷双方直接交易的成本过大。如果没有银行机构扮演的中介角色，资金盈缺双方想要满足自己的需求往往会无所适从。银行机构在帮助解决这一问题时，还会由于提供了金融产品及服务而赚取利润。在解决资金盈缺双方的偏好、冲突时，由于银行机构可以根据储蓄者的需要制定产品,提供不同的金融工具,所以起到了鼓励储蓄的功能。同时,银行机构因为其规模效应可以很好地收集信息、化解风险,选择最有潜力的资金需求方,为其提供资金支持,可以说银行业又起到了鼓励投资的作用。

银行业在整个社会经济发展中,所发挥的主要功能概括如下。

3.1.1.1 资产转化

银行机构可以续短为长,发放长期贷款;可以把由于受时间、空间限制而无法交易的资金盈缺双方通过银行机构自身的营运而联系起来。如果没有银行机构,那些有小额盈余的个人或企业会由于没有投资的机会或是回报率不高而失去储蓄的动力,而银行机构却可以汇少成多,将小额的储蓄汇集起来提供给资金需求方,从而获得盈利。银行的存款虽然时存时取,但流入的存款与流出的存款会有一定的抵消,且银行机构可以通过调节利率来应对,所以实际上存取交替后会形成相对稳定的余额,成为发放长期贷款的来源。对于银行机构而言,这一过程就是它将负债转化为资产的过程。同时,由于储户往往偏好流动性强的资产,而借款人又往往更喜欢可使用期限较长的资金,银行机构通过存贷款管理,可以满足两方的需求,既提供给储户具流动性的资产,又可发放期限较长的贷款。

3.1.1.2 形成规模经济

银行机构由于它的业务量巨大而能有效地节约资源,扩大盈利空间。规模经济的来源包括可以大量减少直接融资时收集信息的费用与交易的费用。同时,银行机构拥有广泛的分支网络,包括网上银行、自动取款机等能大量减少人力成本的手段。银行机构的专业优势,比如信息处理、金融、经济、管理与法律的相关知识也能够带来有效的成本缩减。一些固定性的投入,比如固定资产、计算机系统与通信系统的花费会由于大量的业务而被分摊。除此之外,银行机构还可以通过将业务流程标准化来压缩成本。甚至,由于银行机构的公众认可度,还可以有效地降低对借贷方的搜寻成本。

3.1.1.3 降低风险

银行机构可以有效地帮助降低资产的风险。投资中分散风险的理论认为,不应"将鸡蛋放在同一个篮子里",应该进行多样化的投资。但实际上,单个的资金盈余者往往会由于资金量太小,不便于或是没办法进行多元化的投资。而银行机构面对的是分散的大量资金需求者,所以它可以把单个盈余者的资金汇集起来投入不同的领域,形成多样化的投资组合。另一方面,相对于单个的盈余者,银行机构在发放贷款时也具有显著的优势。由于专业从事放款业务,拥有专业化的员工和良好配备,银行机构可以建立娴熟、有效的信用评估技术;又因为银行机构与资金需求方很可能存在先期的接触,使得银行机构对潜在贷款人的真实情况了解得更多。

综上所述,银行机构可以续短为长发放长期贷款,可以有效地减少交易成本、降低金融风险,还能够更好地应对信息不对称的问题。

同时,银行机构还可以激励储蓄、刺激投资。银行机构对整个经济体的促进作用应该包括两个方面。首先,作为经济体的重要组成部分,当银行机构的产值增加时就会直接使经济达到增长的效果。其次,由于银行业的以上功能,使得银行业可以通过刺激储蓄、有效分配资金、方便交易和管理风险等途径间接地促进经济的发展。但是,要做到促进经济增长,前提是银行机构能够有效地运行,这是一种理想的状态。

3.1.2 银行业主要机构

3.1.2.1 中央银行

中央银行是国家最高的货币金融管理组织机构,在各国金融体系中居于主导地位。国家赋予其制定和执行货币政策、对国民经济进行宏观调控、对其他金融机构乃至整个金融业进行监督管理的权限,地位非常特殊。

中国人民银行(简称央行或人行)是我国中央银行,于1948年12月1日在河北省石家庄市正式宣告成立,总部位于北京,同时设立上海总部。央行是国务院组成部门之一。依照法律规定,央行在国务院领导下依法独立执行货币政策,履行职责,开展相关业务,不受地方政府部门、社会团体和个人干涉。

1. 中央银行主要职能

中央银行的职能主是制定、执行货币政策,对金融机构活动进行领导、管理和监督。它是一个"管理金融活动的银行",同时,还有以下职能。

(1)发行的银行。中央银行是发行的银行,这是指中央银行垄断货币发行权,是一国或某一货币联盟唯一授权的货币发行机构。中央银行集中与垄断货币发行权的必要性如下:

首先,统一货币发行与流通是货币正常有序流通和币值稳定的保证。在实行金本位制的条件下,货币的发行权主要是指银行券的发行权。要保证银行券的信誉和货币金融的稳定,银行券必须能够随时兑换为金币,且存款货币能够顺利地转化为银行券。为此,中央银行须以黄金储备作为支撑银行券发行与流通的信用基础,黄金储备数量成为银行券发行数量的制约因素。银行券的发行量与黄金储备量之间的规定比例成为银行券发行保证制度的最主要内容。进入20世纪之后,金本位制解体,各国的货币流通均转化为不兑现的纸币流通。不兑现的纸币成为纯粹意义上的国家信用货币。在信用货币流通情况下,中央银行凭借国家授权,以国家信用为基础而成为垄断货币发行的机构,中央银行按照经济发展的客观需要和货币流通及其管理的要求发行货币。

其次,统一货币发行是中央银行根据一定时期的经济发展情况调节货币供应量、保持币值稳定的需要。币值稳定是社会经济健康运行的基本条件,若存在多家货币发行银行,中央银行在调节货币供求总量时可能出现因难以协调各发行银行而无法适时调节银根的状况。

再次,统一货币发行是中央银行实施货币政策的基础。统一货币发行使中央银行通过对发行货币量的控制来调节流通中的基础货币量,并以此调控商业银行创造信用的能力。独占货币发行权是中央银行实施金融宏观调控的必要条件。

(2)银行的银行。银行的银行职能是指中央银行充当商业银行和其他金融机构的最后贷款人。银行的银行这一职能体现了中央银行是特殊金融机构的性质,是中央银行作为金融体系核心的基本条件。中央银行通过这一职能对商业银行和其他金融机构的活动施加影响,以达到调控宏观经济的目的。中央银行作为银行的银行需履行的职责如下:

首先,集中管理商业银行的存款准备金。第一,为保障存款人的资金安全,以法律的形式规定商业银行和其他存款机构必须按存款的一定比例向中央银行交存存款准备金,以保证商业银行和其他金融机构具备最低限度的支付能力。第二,有助于中央银行控制商业银行的信用创造能力,从而控制货币供应量。第三,强化中央银行的资金实力,存款准备金是中央银行主要资金来源之一。第四,为商业银行之间进行非现金清算创造条件。

其次,充当银行业的最后贷款人。最后贷款人指商业银行无法进行即期支付而面临倒闭时,中央银行及时向商业银行提供贷款支持以增强商业银行的流动性。

中央银行主要通过以下两种途径为商业银行充当最后贷款人:①票据再贴现,即商业银行将持有的票据转贴给中央银行以获取资金;②票据再抵押,即商业银行将持有的票据抵押给中央银行获取贷款。

再次,创建全国银行间清算业务平台。商业银行按规定在中央银行开立存款账户交存存款准备金,各金融机构之间可利用在中央银行的存款账户进行资金清算,这加快了资金流转速度,节约了货币流通成本。于是,中央银行成为银行业的清算中心。

最后,外汇头寸调节。中央银行根据外汇供求状况进行外汇买卖,调节商业银行外汇头寸,为商业银行提供外汇资金融通便利,并由此监控国际收支状况。

(3)政府的银行。政府的银行职能是指中央银行为政府提供服务,是政府管理国家金融的专门机构,具体体现在以下几个方面:

第一,代理国库。国家财政收支一般不另设机构经办具体业务,而是交由中央银行代理,主要包括按国家预算要求代收国库库款、拨付财政支出、向财政部门反映预算收支执行情况等。

第二,代理发行政府债券。中央银行代理发行政府债券,办理债券到期还本付息。

第三,为政府融通资金。在政府财政收支出现失衡、收不抵支时,中央银行具有为政府融通资金以解决政府临时资金需要的义务。

中央银行对政府融资的方式主要有两种:

第一种,为弥补财政收支暂时不平衡或财政长期赤字的情况,直接向政府提供贷款。为防止财政赤字过度扩大造成恶性通货膨胀,许多国家明确规定,应尽量避免发行货币来弥补财政赤字。

第二种,中央银行直接在一级市场上购买政府债券。

(4)为国家持有和经营管理国际储备。国际储备包括外汇、黄金、在国际货币基金组织中的储备头寸、国际货币基金组织分配的尚未动用的特别提款权等。具体体现在以下方面:

第一,对储备资金总量进行调控,使之与国内货币发行和国际贸易等所需的支付需要相适应;

第二,对储备资产结构特别是外汇资产结构进行调节;

第三,对储备资产进行经营和管理,负责储备资产的保值增值;

第四,保持国际收支平衡和汇率基本稳定。

(5)代表政府参加国际金融活动,进行金融事务的协调与磋商,积极促进国际金融领域的合作与发展。参与国际金融重大决策,代表本国政府与外国中央银行进行两国金融、贸易事项的谈判、协调与磋商,代表政府签订国际金融协定,管理与本国有关的国际资本流动,办理政府间的金融事务往来及清算,办理外汇收支清算和拨付等国际金融事务。

(6)为政府提供经济金融情报和决策建议,向社会公众发布经济金融信息。中央银行处于社会资金运动的核心,能够掌握全国经济金融活动的基本信息,为政府的经济决策提供支持。

2. 中央银行在金融监管中的地位

(1)20世纪80年代以前,大多数国家的中央银行是银行业或整个金融业的监管者。

(2)中央银行作为金融监管的唯一主体,已无法适应新的金融格局。这是因为银行在金融体系中的传统作用正受到挑战,金融市场在经济发展中的作用越来越大,于是许多国家通过另设监管机构来监管越来越多的非银行金融机构,如银监会、证监会、保监会等。

(3)从各国金融监管的实践来看,监管体制可分为四类:分业经营且分业监管,如法国和中国;分业经营且混业监管,如韩国;混业经营且分业监管,如美国和中国香港地区;混业经营且混业监管,如英国和日本等。是否由中央银行担当监管重任也有不同情形,有中央银行仍负责全面监管的;有中央银行只负责对银行业监管的;也有在中央银行外另设新机构,专司所有金融监管的。

3.1.2.2 商业银行

1. 概述

商业银行(commercial bank)是市场经济的产物,它是为了适应市场经济发展和社会化大生产需要而形成的一种金融组织。商业银行经过几百年的发展演变,现在已经成为世界各国经济活动中最主要的资金集散机构,其对经济活动的影响力居于各国各类银行与非银行金融机构之首。

商业银行的概念有别于中央银行和投资银行,它是一个以营利为目的,以多种金融工具筹集资金、多种金融资产为经营对象,具有信用创造功能的金融机构。

一般的商业银行没有货币的发行权,传统的商业银行的业务主要集中在经营存款和贷款(放款)业务,即以较低的利率借入存款,以较高的利率放出贷款,存贷款之间的利差就是商业银行的主要利润。

商业银行的主要业务范围包括吸收公众、企业及机构的存款、发放贷款、票据贴现及中间业务等。它是储蓄机构而不是投资机构。盈利是商业银行生产和经营的基本前提,也是商业银行发展的内在动力。据中国银行业监督管理委员会2014年年报,截至2014年底,我国商业银行体系主要有5家大型国有商业银行和12家全国性中小型股份制商业银行,其余还有133多家城市商业银行和665家农村商业银行,以及中国邮政储蓄银行。其中,我国主要商业银行如表3-1所示。

表3-1 我国主要商业银行

国有商业银行	中国工商银行、中国农业银行、中国银行、中国建设银行、交通银行
股份制商业银行	招商银行、浦发银行、中信银行、中国光大银行、华夏银行、中国民生银行、广发银行、兴业银行、平安银行、恒丰银行、浙商银行、渤海银行等

2. 商业银行的法律性质

第一，商业银行的成立实行特许制。商业银行由国家特许成立，发放银行经营许可证的部门是中国人民银行。特许审批过程主要是：首先由申请人提出申请，然后由中国人民银行予以审查。形式审查要弄清各种申请文件、资料是否齐全，是否符合法律规定；实质审查要弄清被审查人是否符合各项经营商业银行业务的条件。审查通过后，由申请人将填写的正式申请表和法律要求的其他文件、资料报中国人民银行特许批准并获得经营许可证。值得一提的是，特许批准权力完全属于国家，符合成立商业银行的各项条件也并不意味着一定能取得经营许可证。

第二，商业银行是企业法人。商业银行具有企业性质，拥有法人地位。企业是经济组织，以营利为目的；法人也是组织，但其范围不仅包括企业而且包括非企业组织和团体。企业法人可以作为复合词对待，它本身也是法人的一种分类。我国1986年的《民法通则》有企业法人和非企业法人的分类。企业法人是从事生产、经营，以创造社会财富、扩大社会积累为目的，实行经济核算制的法人。1993年12月29日通过的《中华人民共和国公司法》(简称《公司法》)将企业法人分为两大类三种形式。第一类是有限责任公司，包括由若干股东共同投资组成的有限责任公司和国有独资的有限责任公司两种形式；第二类是股份有限公司，这类公司的股份公开发行并且可以以股票形式上市流通。商业银行的组织形式和机构设置都应符合《公司法》的规定。因此我国商业银行的法律性质是特许成立的企业法人。

3. 商业银行的特征

从上述商业银行法律性质可以看出，商业银行有如下特征：

第一，商业银行必须依法设立。设立的依据是我国《商业银行法》及《公司法》等有关规定。

第二，商业银行的主要业务是吸收存款和发放贷款，并经营其他中间业务，如结算业务。其他非银行金融机构，如保险公司、财务公司，由于它们不办理存款和贷款业务，所以不属于商业银行范畴。

第三，商业银行与一般的工商企业一样，是以营利为目的的企业。商业银行具有从事业务经营所需要的自有资本，它依法自主经营、自负盈亏，以利润为目标，并以其全部法人财产对外承担责任。商业银行以利润最大化为自己的目的。它对利润的追求表现为：创立或经营商业银行带来盈利；是否办理某一笔业务或接纳某一位顾客，也要看其能否为银行带来利润。

第四，商业银行是不同于一般工商企业的特殊企业。其特殊性具体表现为经营对象的差异。工商企业经营的是具有一定使用价值的商品，从事商品生产和流通；而商业银行经营的是特殊商品——货币。因此，商业银行是一种与工商企业有所区别的特殊企业——金融企业。

第五，商业银行也不同于专业银行和其他金融机构。专业银行只集中经营指定范围内的业务和提供专门服务。其他金融机构，如信托公司、租赁公司，其业务范围更为狭窄，不同于商业银行。商业银行的业务具有综合性，既有负债业务，如存款、发行金融债券；也有资产业务，如贷款、进行证券投资；还有中间业务，如办理结算。因此，商业银行的功能比专业银行和其他金融机构业务更全面,可以为客户提供除了信托投资和股票业务以外的所有金融服务。

4. 商业银行的基本类型

商业银行可以依据两种标准进行分类。依据职能类型,可以划分为职能分工型和全能型两种。依据组织架构,可以划分为单一银行制、分支银行制和集团银行制以及连锁银行制。

1)职能分工型和全能型

(1)职能分工型,也称分业型商业银行,主要存在于实行分业经营体制的国家。其基本特点是法律规定银行业务与证券、信托业务分离,商业银行不得兼营证券业务和信托业务,不能直接参与工商企业的投资。

(2)全能型,也称综合型商业银行。其基本特点是法律允许商业银行可以混业经营,即可经营一切金融业务,没有职能分工的限制。这种类型的商业银行,不仅可以经营工商业存款、短期抵押贷款、贴现、办理转账结算、汇兑、现金出纳等传统业务,而且可以涉及多种金融业务领域,如信托、租赁、代客买卖有价证券、代收账款、咨询、现金管理、自动化服务等,因此被称为"金融百货公司"或"金融超级市场"。

2)单一银行制、分支银行制和集团银行制以及连锁银行制

(1)单一银行制是指不设立分行,全部业务由各个相对独立的商业银行独自进行的一种银行组织形式,这一体制主要集中在美国。

单一制的优点:首先,可以限制银行业的兼并和垄断,有利于自由竞争;其次,有利于协调银行与地方政府的关系,使银行更好地为地区经济发展服务;此外,由于单一银行制富于独立性和自主性,内部层次较少,因而其业务经营的灵活性较大,管理起来也较容易。

单一制的缺点:首先,单一制银行规模较小,经营成本较高,难以取得规模效益;其次,单一银行制与经济的外向发展存在矛盾,人为地造成资本的迂回流动,削弱了银行的竞争力;再次,单一制银行的业务相对集中,风险较大。随着电子计算机推广应用的普及,单一制限制银行业务发展和金融创新的弊端也愈加明显。

(2)分支银行制又称总分行制。实行这一制度的商业银行可以在总行以外普遍设立分支机构,分支银行的各项业务统一遵照总行的指示办理。分支银行制按管理方式不同,又可进一步划分为总行制和总管理处制。总行制即总行除了领导和管理分支银行以外,本身也对外营业;而总管理处制即总行只负责管理和控制分支银行,本身不对外营业,在总行所在地另设分支银行或营业部开展业务活动。

分支银行制的优点:实行这一制度的商业银行规模巨大,分支机构众多,便于银行拓展业务范围,降低经营风险;在总行与分行之间,可以实行专业化分工,大幅度地提高银行工作效率,分支银行之间的资金调拨十分方便;易于采用先进的计算机设备,广泛开展金融服务,取得规模效益。

分支银行制的缺点:容易加速垄断的形成,实行这一制度的银行规模大,内部层次多,从而增加了银行管理的难度。但就总体而言,分支银行制更能适应现代化经济发展的需要,因而受到各国银行界的普遍认可,已成为当代商业银行的主要组织形式。

（3）集团银行制又称为银行控股公司制，是指由少数大企业或大财团设立控股公司，再由控股公司控制或收购若干家商业银行。

银行控股公司分为两种类型：非银行性控股公司，它是通过企业集团控制某一银行的主要股份组织起来的，该种类型的控股公司在持有一家银行股票的同时，还可以持有多家非银行企业的股票。银行性控股公司，是指大银行直接控制一个控股公司，并持有若干小银行的股份。

（4）连锁银行制又称为联合制。它是指某一集团或某一人购买若干独立银行的多数股票，从而控制这些银行的体制。在这种体制下，各银行在法律地位上是独立的，但实质上也是受某一集团或某一人所控制。

5. 商业银行的职能

（1）调节经济。调节经济是指商业银行通过其信用中介活动，调剂社会各部门的资金短缺，同时在央行货币政策和其他国家宏观政策的指引下，实现经济结构、消费投资比例、产业结构等方面的调整。此外，商业银行通过其在国际市场上的融资活动还可以调节本国的国际收支状况。

商业银行因其广泛的职能，使得它对整个社会经济活动的影响十分显著，在整个金融体系乃至国民经济中位居特殊而重要的地位。随着市场经济的发展和全球经济一体化的发展，2012年以后的商业银行已经凸现其职能多元化的发展趋势。

（2）信用创造。商业银行在信用中介职能和支付中介职能的基础上，产生了信用创造职能。商业银行能够吸收各种存款，用其所吸收的各种存款发放贷款，在支票流通和转账结算的基础上，贷款又派生为存款，在这种存款不提取现金或不完全提现的基础上，就增加了商业银行的资金来源，最后在整个银行体系形成数倍于原始存款的派生存款。

长期以来，商业银行是各种金融机构中唯一能吸收活期存款、开设支票存款账户的机构，在此基础上产生了转账和支票流通。商业银行通过自己的信贷活动创造和收缩活期存款，如果没有足够的贷款需求，存款贷不出去，就谈不上创造，因为有贷款才会派生存款；相反，如果归还贷款，就会相应地收缩派生存款，收缩程度与派生程度相一致。因此，对商业银行来说，吸收存款在其经营中占有十分重要的地位。

（3）信用中介。信用中介是商业银行最基本、最能反映其经营活动特征的职能。这一职能的实质是通过银行的负债业务，把社会上的各种闲散货币集中到银行里来，再通过资产业务，把它投向经济各部门；商业银行是作为货币资本的贷出者与借入者的中介人或代表，来实现资本的融通，并从吸收资金的成本与发放贷款利息收入、投资收益的差额中获取利益收入，形成银行利润。商业银行成为买卖"资本商品"的"大商人"。

商业银行通过信用中介的职能实现资本盈余和短缺之间的融通，并不改变货币资本的所有权，改变的只是货币资本的使用权。

（4）支付中介。商业银行除了作为信用中介，融通货币资本以外，还执行着货币经营的职能。通过存款在账户上的转移，代理客户支付，在存款的基础上，为客户兑付现款等，成为工商企业、团体和个人的货币保管者、出纳者和支付代理人。以商业银行为中心，形成经济过程中无始无终的支付链条和债权债务关系。

（5）金融服务。随着经济的发展，工商企业的业务经营环境日益复杂，银行间的业务竞争也日益剧烈化，银行由于联系面广，信息比较灵通，特别是电子计算机在银行业务中的广泛应用，使其具备了为客户提供信息服务的条件。咨询服务、对企业"决策支援"等服务应运而生，工商企业生产和流通专业化的发展，又要求把许多原来的属于企业自身的货币业务转交给银行代为办理，如发放工资、代理支付其他费用等。

个人消费也由原来的单纯钱物交易，发展为转账结算。现代化的社会生活，从多方面给商业银行提出了金融服务的要求。

在激烈的业务竞争压力下，各商业银行不断开拓服务领域，通过金融服务业务的发展，进一步促进资产负债业务的扩大，并把资产负债业务与金融服务结合起来，开拓新业务领域。在现代经济生活中，金融服务已成为商业银行的重要职能。

3.1.2.3 政策性银行

政策性银行是指由政府发起、出资成立，为贯彻和配合政府特定经济政策和意图而进行融资和信用活动的金融机构。政策性银行不以营利为目的，专门为贯彻、配合政府社会经济政策或意图，在特定的业务领域内，直接或间接地从事政策性融资活动，充当政府发展经济、促进社会进步、进行宏观经济管理的工具。

目前，我国设有国家开发银行、中国进出口银行、中国农业发展银行等三大政策性银行，它们均直属国务院领导。

1. 设立政策性银行的目的

第一，补充和完善市场融资机制。政策性银行的融资对象一般限制在那些社会发展需要而商业性金融机构又不愿意提供资金的银行或项目，因此可以补充商业性融资的缺陷，完善金融体系的功能。

第二，引导和牵制商业性资金流向。一是政策性银行通过自身的先行投资行为，为商业性金融机构指出国家经济政策的导向和支持重心，从而消除商业性金融机构的疑虑，带动商业性资金参与；二是政策性银行通过提供低息或贴息贷款可以部分弥补项目投资利润低而又无保证的不足，从而吸引商业性资金的参与；三是政策性银行通过对基础行业或新兴行业的投入，打开经济发展的瓶颈或开辟新的市场，促使商业性资金的后续跟进。

第三，提供专业性的金融服务。政策性银行一般为特定的行业或者领域提供金融服务，具有很强的专业性，积累了丰富的实践经验和专业技能，聚集了一大批精通业务的技术人员，可以为这些领域提供专业化的金融服务。

2. 政策性银行的特征

政策性银行不同于政府的中央银行，也不同于其他商业银行，它的重要作用在于弥补商业银行在资金配置上的缺陷，从而健全与优化国家金融体系的整体功能。与其他银行相比，政策性银行具有如下特点：

第一，从资本金性质看，政策性银行一般由政府财政拨款出资或政府参股设立，由政府控股，与政府保持着密切关系。如德国《复兴开发银行法》规定，复兴开发银行为政府所有，其中联邦政府占80%的股份，各州政府占20%的股份。法国的对外贸易银行是由法国的中央银行持股24.5%，信托储蓄银行持股24.5%，以及其他大商业银行投资组成。

第二，从经营宗旨上看，政策性银行不以营利为目标，而以贯彻执行国家的社会经济政策为己任。其主要功能是为国家重点建设和按照国家产业政策重点扶持的行业及区域的发展提供资金融通。一般包括支持农业开发贷款，农副产品收购贷款，交通、能源等基础设施和基础产业贷款，进出口贸易贷款等。但是，不以营利为目标并不意味着政策性银行都不盈利，或是都无视效益性，而仅仅是从经营的目标角度来讲，不追求盈利或利润最大化。

第三，从业务范围看，政策性银行不能吸收活期存款和公众存款，其主要资金来源是政府提供的资本金、各种借入资金和发行政策性金融债券筹措的资金，其资金运用多为长期贷款和资本贷款。政策性银行收入的存款也不作转账使用，贷款一般为专款专用，不会直接转化为储蓄存款和定期存款，所以，不会像商业银行那样具备存款和信用创造职能。政策性银行有自己特定的服务领域，不与商业银行产生竞争。它一般服务于那些对国民经济发展、社会稳定具有重要意义，且投资规模大、周期长、经济效益低、资金回收慢的项目领域，如农业开发、重要基础设施建设、进出口贸易、中小企业、经济技术开发等领域。

第四，从融资原则看，政策性银行有其特殊的融资原则。在融资条件或资格上，要求其融资对象必须是从其他金融机构不易得到所需的融通资金，才有从政策性银行获得资金的资格，且提供的全部是中长期信贷资金，贷款利率明显低于商业银行同期同类贷款利率，有的甚至低于筹资成本，但要求按期还本付息。

第五，从信用创造能力看，政策性银行一般不参与信用的创造过程，资金的派生能力较弱。因为政策性银行的资金来源主要不是吸收存款，而往往是由政府提供，且政策性银行的贷款主要是专款专用，正常情况下不会增加货币供给。

3. 我国政策性银行简介

（1）国家开发银行。国家开发银行（China Development Bank）于1994年3月成立，直属国务院领导，目前在全国设有32家分行和4家代表处。成立以来，开行始终认真贯彻国家宏观经济政策，筹集和引导社会资金，缓解社会经济发展的瓶颈制约，致力于以融资推动市场建设和规划先行，支持国家基础设施、基础产业、支柱产业和高新技术等领域的发展和国家重点项目建设；向城镇化、中小企业、"三农"、教育、医疗卫生和环境保护等社会发展瓶颈领域提供资金支持，促进科学发展与和谐社会的建设；配合国家"走出去"战略，积极拓展国际合作业务。

（2）中国农业发展银行。中国农业发展银行成立于1994年4月19日，是直属国务院领导的国有政策性银行，也是我国唯一的一家农业政策性银行。其主要职责是按照国家的法律、法规和方针、政策，以国家信用为基础，筹集资金，承担国家规定的农业政策性金融业务，代理财政支农资金的拨付，为农业和农村经济发展服务。全系统共有31个省级分行、300多个二级分行和1 800多个营业机构，服务网络遍布全国。

随着社会主义新农村建设的全面推进和农村金融体制改革的不断深化，中国农业发展银行进入重要发展机遇期。站在新起点，面对新机遇，中国农业发展银行将一如既往，把贯彻执行党和国家政策放在首位，进一步发挥政策性银行在服务国家宏观调控、促进"三农"发展中的职能作用，努力做政府的银行；将一如既往地坚持改革创新，积极配合中国农业发展银行外部配套改革，按照发展空间合理、治理结构科学、体制机制健全、经营管理规范、操作手段先进、具有可持续发展能力的要求，完善体制机制，强化经营管理，努力打造现代农业政策性银行；将一如既往地以支持国家粮棉购销储业务为主体，以支持农业产业化经营、农业农村基础设施建设和生态农业建设为重点，努力培育"建设新农村的银行"的品牌形象，做支持新农村建设的银行。

（3）中国进出口银行。中国进出口银行成立于1994年，是直属国务院领导的、政府全资拥有的国家银行，其国际信用评级与国家主权评级一致。中国进出口银行总部设在北京，截至目前，在国内设有22家营业性分支机构；在境外设有巴黎分行、东南非代表处和圣彼得堡代表处；与1000多家银行的总分支机构建立了代理行关系。中国进出口银行是中国外经贸支持体系的重要力量和金融体系的重要组成部分。

中国进出口银行的主要职责是贯彻执行国家产业政策、对外经贸政策、金融政策和外交政策，为扩大中国机电产品、成套设备和高新技术产品出口，推动有比较优势的企业开展对外承包工程和境外投资，促进对外关系发展和国际经贸合作，提供政策性金融支持。外国政府贷款转贷是一项政策性很强的工作，进出口银行作为国家政策性银行，在办理转贷业务方面具有自身的独特优势。

3.1.2.4　监管机构——中国银监会

中国银行业监督管理委员会（简称中国银监会）是我国银行业唯一的监管机构，成立于2003年4月25日，是国务院直属正部级事业单位。根据国务院授权，银监会统一监督管理银行、金融资产管理公司、信托投资公司及其他存款类金融机构，维护银行业合法、稳健运行。中国银监会在全国31个省（直辖市、自治区）和5个计划单列市设立了36家银监局，在306个地区（地级市、自治州、盟）设立了银监分局，在1730个县（县级市、自治县、旗、自治旗）设立了监管办事处。中国银监会对各派出机构实行垂直领导。

3.1.2.5　中国银行业协会

中国银行业协会是我国银行业的协会组织，成立于2000年，是由我国境内注册的各商业银行、政策性银行自愿结成的非营利性社会团体，经中国人民银行批准并在民政部门登记注册，是我国银行业的自律组织。该协会及其业务接受中国人民银行的指导、监督和民政部的管理。

凡经中国银监会批准设立的、具有独立法人资格的银行业金融机构（含在华外资银行业金融机构）以及经相关监管机构批准、具有独立法人资格、在民政部门登记注册的各省（自治区、直辖市、计划单列市）银行业协会均可申请加入中国银行业协会成为会员单位。经相关监管机构批准设立的、非法人外资银行分行和在华代表处等，承认《中国银行业协会章程》，均可申请加入中国银行业协会成为观察员单位。《中国银行业协会章程》明确规定了中国银行业协会的职责、组织机构、资产管理和使用原则，以及章程的修改程序、终止程序及终止后的财产处理程序等。

3.1.3 我国银行业发展现状

银行业是我国金融体系的主体,据中国银行业监督管理委员会2014年年报,截至2014年末,中国银行业共有法人机构4091家,从业人员376万人。根据我国银行业协会连续5年发布的中国银行发展报告、中国银行家调查报告等行业基础数据,截至2015年9月,我国银行业金融机构资产总额187.8758万亿元,同比增长15.0%。对实体经济发放的人民币贷款余额占同期社会融资规模存量的66.9%,同比高出1.11个百分点。总负债为173.4636万亿元,同比增长14.2%。2015年上半年,各项贷款余额96.66万亿元,各项存款余额123.97万亿元。流动性比率为46.18%,核心一级资本净额达97062亿元,资产收益率(ROA)为1.23%,净资产收益率(ROE)为17.26%。

当前我国经济处在稳定增长区间,我国银行业众多经营指标ROA、ROE、不良贷款率及税前利润增长率等指标仍领先于国际大型银行,例如,ROA高于2015年英国《银行家》杂志社选出的前100家银行平均值的0.04%,ROE高出3.73%。

在我国银行业稳步增长的同时,行业所面临的环境也在发生巨大变化。

首先,外资银行加速进入。自2006年以来,我国已对外资银行取消所有的地域和客户限制,并逐步放宽外资银行进入门槛,提高外资银行展业的便利性,进一步促进外资银行参与我国市场的有效竞争。截至2014年底,共有50多个国家和地区的银行在华设立外资银行法人机构、外国银行分行和代表处。随着外资银行越来越多地涉足中国银行业的各个领域,我国银行业将面临严峻的挑战。

其次,自2012年以来,我国加快推进利率市场化改革。长期以来,我国银行业存在着严重的同质化竞争问题,其收入仍然严重依赖存贷利差,利率市场化带来融资成本的增加和贷款利息的下降,将减少银行的利润。利率市场化将对银行业产生深远影响,要求银行管理更精细化,倒逼银行加速业务结构调整,实现混业经营。

最后,随着计算机技术和网络技术迅速发展,互联网金融逐渐兴起,倒逼银行加大电子银行投入,对传统的存、贷、汇业务实现电子数据处理,不断推出新的金融服务产品,使得银行业务从处理各种纸质凭证、票据为主转向处理、加工信息为主,银行向客户提供的服务不再仅仅局限于资金的借贷和结算,而是能提供以信息为主要资源的各类信息服务和信息咨询等。

总体上看,外资银行的加速进入、利率市场化及互联网金融的冲击,商业银行精细化管理、风险控制能力和服务水平等更高竞争要求迫使银行改变粗放式经营模式,致力于股份制改造、管理模式创新、新产品开发、新营销与服务渠道构建,以提高银行核心竞争能力,而信息系统作为银行产品创新、服务创新、渠道创新的重要依托,也越来越受到重视。

3.1.4 我国银行业发展的未来趋势

"十三五"规划期间,我国银行业将继续推进深化改革和创新发展,处于重要的战略机遇期,也面临不少风险挑战,银行业发展将呈现出新趋势。

3.1.4.1 银行业发展进入新常态

经济新常态下,我国银行业经过不懈努力,保持稳健运行。同时,正由过去十余年规模、利润高速增长的扩张期进入规模、利润中高速增长的"新常态"。一是资产规模保持增长。2015年三季度末,我国银行业金融机构总资产187.875 8万亿元,同比增长15%,增幅较去年同期上升了1.4%;总负债173.463 6万亿元,同比增长14.2%。二是净利润增速明显放缓。2015年上半年,商业银行累计实现净利润8715亿元,同比增长1.53%,增速下降显著,大型国有银行的利润增速下降到了1%左右。三是资产质量下降但可控。受实体经济持续下行的影响,2016年上半年,我国银行业不良贷款余额1.76万亿元,新增不良贷款3222亿元,不良贷款率1.82%(商业银行不良贷款率1.5%);拨备覆盖率171.76%(商业银行拨备覆盖率198.39%);虽不良资产水平较去年同期有所上升,但总体在1.5%的平均线上下浮动,仍然可控。银行业面对当前各类风险,加大了不良贷款的拨备及核销力度。银行业贷款损失准备金3万亿元,比年初增加2 668.3亿元,贷款拨备率达到3.12%,比年初上升0.05%。

3.1.4.2 银行业运行出现新的亮点

根据中国银行业发展报告(2015)显示,我国银行业总体保持平稳的经营态势,也出现不少亮点:一是资产结构调整。银行业调整生息资产结构,发展投资类和交易类资产,如债券投资、股票投资、基金投资等。二是收入结构优化。中间业务收入占比显著提高,银行业盈利来源不断丰富,资产托管和收付委托等投资银行业务,以及各类理财等业务,正成为重要的收入增长点。2014年,16家上市银行共实现手续费及佣金收入6520.22亿元,同比增长14.40%。三是发力"互联网+"。银行系互联网金融产品和业务种类日益丰富,不仅仅局限于支付、结算等基础银行业务的互联网化,更是涉及小微信贷、供应链金融等各项业务。根据中国银行业服务改进报告,2014年银行业网上银行交易额1248.93万亿元,同比增加17.05%;手机银行交易额31.74万亿元,同比增加149.12%。四是综合化经营提速。五大行基本形成以银行业务为主,基金、信托、保险等非银行业务为辅的综合化经营架构,各类银行也纷纷紧随,综合化经营盈利增长的拉动作用开始显现。

3.1.4.3 银行业转型迎来新变化

面对国际国内经济金融发展格局的持续深刻变化,中国银行业积极推动战略转型,并取得重大进展和成效,差异化经营特征日渐显著,同时也迎来了一些新的变化:一是服务实体经济能力得到增强。2015年上半年,银行业投向战略性新兴产业的贷款较年初增加1527亿元;投向小微企业的贷款余额达22.1万亿元,同比增长15.53%,高于同期各项贷款,增速3.05%;民生消费领域金融支持力度加大,租赁与商务服务业贷款余额4万亿元,同比增长22%,高于同期各项贷款,增速9.52%。二是加快互联网与银行的融合进程。作为助推国家"互联网+"行动计划的主要金融力量,商业银行越来越重视互联网与银行的融合进程,充分运用新一代信息技术,加大创新力度,全面打造服务互联网生活、互联网制造和互联网贸易的数字化银行。2014年下半年,直销银行在互联网的推动下获得了爆发式增长。截至2015年3月,我国已经有超过20家银行开展了直销银行业务。三是"走出去"效益进一步提升。2015年上半年,境外营业收入同比增长 11.59%，比境内营业收入增速高 2.2%，海外收入增幅高于境内业务收入增幅，"走出去"效益进一步提升。

3.1.4.4　银行业管理将面临新重点

银行新常态对银行家如何管理银行提出了新的课题，在适应银行改革发展需求的背景下，如何转变思想，充分认识银行新常态的特征，成为银行业管理新重点。

一是探索推动混合所有制改革。2015 年 6 月，交通银行成为混合所有制改革的首家试点银行，推出了探索引入民资、探索高管层和员工持股的混改方案，标志着银行混合所有制改革的探索已经拉开序幕。

二是积极推动提高银行专营化水平。深化事业部制改革，促进"部门银行"向"流程银行"转变；推进专营部门改革，实现业务合理集成，缩短经营链条，缩小管理半径；探索部分业务板块子公司制改革。

三是进一步完善公司治理。根据银行家调查报告（2014），银行家们关注现代化的公司治理模式，尤为关注加强董事会运作和高管人员的激励机制。分别有 35.9% 和 34.7% 的银行家认为商业银行的公司治理问题主要集中在独立董事和外部监事制度有效性不高和"三会一层"的完善程度不足。同时，有 61.4% 和 61.1% 的银行家认为"强化商业银行战略规划和资本管理"以及"对建立科学的激励机制、有效的问责机制和透明度建设提出明确要求"是银行机构公司治理最需要改善的方面。对此，银行业协会专门开展了"深化社会主义国有银行家激励约束机制改革"的专题调研，其成果得到了银监会、人保部的肯定。

3.1.4.5　银行业服务迎来新机遇

按照"十三五"规划重点，我国银行业主动将业务发展与国家战略实施相结合，在更好地服务社会经济发展、助推国家战略顺利实施的同时，抓住蕴含的新机遇。

一是重视普惠金融的发展，积极落实小微企业、"三农"和特殊群体等薄弱领域的金融服务支持，促进服务小微企业和"三农"发展，加大金融支持"双创""四众"，创新发展战略力度，为科创企业提供有针对性、持续性和体系化的金融服务。

二是全面推进绿色信贷。大力支持绿色、循环、低碳经济发展，积极开展能效融资、碳排放权融资、绿色信贷资产证券化等新的金融业务，推动金融服务绿色化。根据银行业协会最新发布的 2014 年度中国银行业服务改进情况报告，2014 年信贷投放中，小微企业贷款余额 15.46 万亿元，同比增长 15.5%，比各项贷款增速高 1.9%；"三农"贷款余额 30.91 万亿元，同比增长 14.65%；21 家主要银行业金融机构绿色信贷项目贷款余额 5.8 万亿元，新增 0.6 万亿元，同比增长 11.54%。

三是积极落实"一带一路"国家战略，不断强化在沿线国家和地区的金融服务。截至 2015 年 6 月末，共有 11 家中资银行在"一带一路"沿线 23 个国家设立了 55 家一级分支机构。中国银行业协会行业发展研究委员会为了配合银行业积极落实"一带一路"国家战略，积极组织会员银行展开相关课题研究。

3.2 商业银行主要业务

根据《中华人民共和国商业银行法》的规定，中国商业银行可以经营下列业务：吸收公众存款，发放贷款；办理国内外结算、票据贴现、发行金融债券；代理发行、兑付、承销政府债券，买卖政府债券；从事同业拆借；买卖、代理买卖外汇；提供信用证服务及担保；代理收付款及代理保险业务等。按照规定，商业银行不得从事政府债券以外的证券业务和非银行金融业务。

尽管各国商业银行的组织形式、名称、经营内容和重点各异，但就其经营的主要业务来说，一般分为负债业务、资产业务以及表外业务。随着银行业国际化的发展，国内相关业务可延伸为国际业务。

3.2.1 负债业务

负债业务是形成商业银行资金来源的业务，是商业银行资产业务的前提和条件。归纳起来，广义的商业银行负债业务主要包括自有资本、各类存款和各种借款三大部分。

3.2.1.1 商业银行自有资本

商业银行的自有资本是其开展各项业务活动的初始资金，简单来说，就是其业务活动的本钱，主要有成立时发行股票所筹集的股份资本、公积金以及未分配的利润。自有资本一般只占其全部负债的很小一部分。银行自有资本的大小，体现了银行的实力和信誉，也是银行吸收外来资金的基础，此外自有资本的多少还体现了银行资本实力对债权人的保障程度。具体来说，银行资本主要包括股本、盈余、债务资本和其他资金来源。

3.2.1.2 商业银行各类存款

按照传统的存款划分方法，商业银行存款主要有三种，即活期存款、定期存款和储蓄存款。

1. 活期存款

活期存款主要是指可由存款户随时存取和转让的存款，它没有确切的期限规定，银行也无权要求客户取款时做事先的书面通知。持有活期存款账户的存款者可以用各种方式提取存款，如开出支票、本票、汇票、电话转账、使用自动柜员机或其他各种方式。

由于各种经济交易包括信用卡商业零售等都是通过活期存款账户进行的，所以在国外又把活期存款称为交易账户。作为商业银行主要资金来源的活期存款有以下几个特点：

一是具有很强的派生能力。在非现金结算的情况下，银行将吸收的原始存款中的超额准备金用于发放贷款，客户在取得贷款后，若不立即提现，而是转入活期存款账户的话，银行一方面增加了贷款，另一方面增加了活期存款，创造出派生存款。

二是流动性大、存取频繁、手续复杂、风险较大。由于活期存款存取频繁，且要提供多种服务，因此活期存款成本较高，利息较少或不支付利息。

三是活期存款相对稳定部分可以用于发放贷款。尽管活期存款流动性大，但在银行的诸多储户中，总有一些余额可用于对外放款。

四是活期存款是密切银行与客户关系的桥梁。商业银行通过与客户频繁的活期存款业务建立密切的业务往来，从而争取更多的客户，扩大业务规模。

2. 定期存款

定期存款是指客户与银行预先约定存款期限的存款。存款期限通常为 3 个月、6 个月和 1 年不等，期限最长的可达 5 年或 10 年。利率根据期限的长短而存在差异，但都高于活期存款。定期存款的存单可以作为抵押品取得银行贷款。

定期存款具有以下特点：

一是定期存款带有投资性。由于定期存款利率高，并且风险小，因而是一种风险最小的投资方式。对于银行来说，由于期限较长，按规定一般不能提前支取，因而是银行稳定的资金来源。

二是定期存款所要求的存款准备金率低于活期存款。因为定期存款有期限的约束，有较高的稳定性，所以定期存款要求的准备金率就可以低一些。

三是手续简单，费用较低，风险性小。由于定期存款的存取是一次性办理，在存款期间不必有其他服务，因此除了利息以外没有其他的费用，因而费用低。同时，定期存款较高的稳定性使其风险性较小。

3. 储蓄存款

储蓄存款主要是指个人为了积蓄货币和取得一定的利息收入而开立的存款。储蓄存款也可分为活期存款和定期存款。储蓄存款具有两个特点：一是储蓄存款多数是个人为了积蓄购买力而进行的存款。二是金融监管当局对经营储蓄业务的商业银行有严格的规定。

因为储蓄存款多数属于个人，分散于社会上的各家各户，为了保障储户的利益，各国对经营储蓄存款业务的商业银行都有严格的管理规定，并要求银行对储蓄存款负有无限清偿责任。

除上述各种传统的存款业务以外，为了吸收更多存款，打破有关法规限制，西方国家商业银行在存款工具上有许多创新。如可转让支付命令账户、自动转账账户、货币市场存款账户、大额定期存单等等。

3.2.1.3 商业银行对外借款

根据时间不同，商业银行对外借款可分为短期借款和长期借款。

1. 短期借款

短期借款是指期限在一年以内的债务，包括同业借款、向中央银行借款和其他渠道的短期借款。同业借款是指金融机构之间的短期资金融通，主要用于支持日常性的资金周转，它是商业银行为解决短期余缺、调剂法定准备金头寸而融通资金的重要渠道。由于同业拆借一般是通过中央银行的存款账户进行的，实际上是超额准备金的调剂，因此又称为中央银行基金，在美国则称为联邦基金。

中央银行借款是中央银行向商业银行提供的信用，主要有两种形式：一是再贴现，二是再贷款。再贴现是中央银行通过买进商业银行持有的已贴现但尚未到期的商业汇票，向商业银行提供融资支持的行为，也叫间接借款。再贷款是中央银行向商业银行提供的信用放款，也叫直接借款。

再贷款和再贴现不仅是商业银行筹措短期资金的重要渠道，同时也是中央银行重要的货币政策工具。其他渠道的短期借款有转贴现、回购协议、大额定期存单和欧洲货币市场借款等。

商业银行的短期借款主要有以下特征：

一是对时间和金额上的流动性需要十分明确。短期借款在时间和金额上都有明确的契约规定，借款的偿还期约定明确，商业银行对于短期借款的流动性需要在时间和金额上既可事先精确掌握，又可有计划地加以控制，为负债管理提供方便。

二是对流动性的需要相对集中。短期借款不像存款对象那样分散，无论是在时间上还是在金额上都比存款相对集中。

三是存在较高的利率风险。在正常情况下，短期借款的利率一般要高于同期存款，尤其是短期借款的利率与市场的资金供求状况密切相关，导致短期借款的利率变化因素很多，因而风险较高。

四是短期借款主要用于短期头寸不足的需要。

2. 长期借款

长期借款是指偿还期限在一年以上的借款。商业银行长期借款主要采取发行金融债券的形式。金融债券可分为资本性债券、一般性金融债券和国际金融债券。

发行金融债券与存款相比有以下特点：

第一，筹资的目的不同。吸收存款是为了扩大银行资金来源总量，而发行金融债券是为了增加长期资金来源和满足特定用途的资金需要。

第二，筹资的机制不同。吸收存款是经常性的、无限额的，而金融债券的发行是集中、有限额的，吸收存款是被动型负债，而发行金融债券是银行的主动型负债。

第三，筹资的效率不同。由于金融债券的利率一般要高于同期存款的利率，对客户有较强的吸引力，因而其筹资效率要高于存款。

第四，所吸收的资金稳定性不同。金融债券有明确的偿还期，一般不用提前还本付息，有很高的稳定性，而存款的期限有一定弹性，稳定性要差些。

第五，资金的流动性不同。一般情况下，存款关系基本固定在银行与存户之间，不能转让；而金融债券一般不记名，有较好的流通市场，具有比存款更高的转让性。

3.2.2 资产业务

商业银行的资产业务是指其资金运用业务，主要分为放款业务和投资业务两大类。资产业务也是商业银行收入的主要来源。商业银行吸收的存款除了留存部分准备金以外，全部可以用来贷款和进行各种投资活动。

3.2.2.1 商业银行的贷款业务

贷款是商业银行作为贷款人，按照一定的贷款原则和政策，以还本付息为条件，将一定数量的货币资金提供给借款人使用的一种借贷行为。贷款是商业银行最大的资产业务，大致要占其全部资产业务的60%。贷款业务按照不同的标准，有以下几种分类方法。

一是按贷款期限划分，可分为活期贷款、定期贷款和透支贷款三类。

二是按贷款的保障条件分类，可分为信用放款、担保放款和票据贴现。

三是按贷款用途划分，非常复杂，若按行业划分，有工业贷款、商业贷款、农业贷款、科技贷款和消费贷款；按具体用途划分有流动资金贷款和固定资金贷款。

四是按贷款的偿还方式划分，可分为一次性偿还和分期偿还。

五是按贷款质量划分有正常贷款、关注贷款、次级贷款、可疑贷款和损失贷款等。

对于任何一笔贷款，都必须遵循以下基本程序，即贷款的申请、贷款的调查、对借款人的信用评估、贷款的审批、借款合同的签订和担保、贷款发放、贷款检查、贷款收回。

3.2.2.2 商业银行的证券投资业务

商业银行的证券投资业务是商业银行将资金用于购买有价证券的活动。主要是通过证券市场买卖股票、债券进行投资的一种方式。商业银行的证券投资业务有分散风险、保持流动性、合理避税和提高收益等意义。商业银行投资业务的主要对象是各种证券，包括国库券、中长期国债、政府机构债券、市政债券或地方政府债券以及公司债券。

3.2.3 中间业务

中间业务也称表外业务，是指商业银行从事的按会计准则不列入资产负债表内、不影响其资产负债总额，但能影响银行当期损益、改变银行资产报酬率的经营活动。

3.2.3.1 中间业务的涵义

中间业务有狭义和广义之分。狭义的中间业务指那些没有列入资产负债表，但同资产业务和负债业务关系密切，并在一定条件下会转为资产业务和负债业务的经营活动。广义的中间业务则除了狭义的中间业务外，还包括结算、代理、咨询等无风险的经营活动，所以广义的中间业务是指商业银行从事的所有不在资产负债表内反映的业务。

按照《巴塞尔协议》提出的要求，广义的中间业务可分为两大类：一是或有债权业务，即狭义的中间业务，包括贷款承诺、担保、金融衍生工具和投资银行业务。二是金融服务类业务，包括信托与咨询服务、支付与结算、代理人服务、与贷款有关的服务以及进出口服务等。20世纪70年代以来，在金融自由化的形势下，国际商业银行在生存压力与发展需求的推动下，纷纷利用自己的优势大量经营中间业务，以获取更多的非利息收入。随着中间业务的大量增加，商业银行的非利息收入迅速增加。

3.2.3.2 商业银行中间业务的主要类别

根据《巴塞尔协议》的有关规定，商业银行所经营的中间业务主要有两种类型：担保和类似的或有负债、承诺，以及与利率或汇率有关的或有项目。

担保和类似的或有负债包括担保、备用信用证、跟单信用证、承兑票据等。这类表外业务有一个共同的特征，就是由某银行向交易活动中的第三者的现行债务提供担保，并且承担现行的风险。其中，承诺可以分为两类：一是不可撤销的承诺，即在任何情况下，即使在潜在借款者的信用质量下降或完全恶化的条件下，银行也必须履行事先允诺的义务；二是可撤销的承诺，即在某种情况下，特别是在借款者的信用质量下降或完全恶化的条件下，银行可以收回原先允诺的义务而不会受到任何金融方面的制裁或惩罚。

与利率或汇率有关的或有项目是指20世纪80年代以来与利率或汇率有关的金融创新工具，主要有金融期货、期权、互换和远期利率协议等工具。

3.3 银行业服务外包

3.3.1 银行业服务外包产生的背景和必然性

3.3.1.1 银行业服务外包产生的背景

在目前国内的银行业竞争中，呈现金融产品和服务同质化、渠道建设和目标客户的类似化，各股份制商业银行及外资银行日益增多，产业边界明晰而确定。当市场空间变得拥挤、市场份额成为主要绩效标准时，利润增长前景日益黯淡，各银行间的竞争也日趋激烈。

一方面，网点是银行最好的营销渠道，但低端客户挤占银行宝贵的网点资源，网点资源利用不尽理想；自助渠道和网银虽然分流了大量的业务，但目前又不能完全提供大额现金和个性化等服务；随着自助渠道和网点规模的不断增加，银行由于自身的资源有限，服务能力受到了严重的制约，譬如 IT 系统改造和升级、银行卡营销、ATM 运营与管理、业务后台的运营等需要大量的资源配置。因此，银行业务拓展面临瓶颈，客户投诉日益增多。

另一方面，银行的客户价值已经从产品感知型向服务体验型转变，体验创造价值，需要提供更好的金融专业服务。再者，据 IBM 商业价值研究院的测算，银行网点是商业银行最为昂贵的渠道，如果将网点渠道成本设为 100% 的话，ATM 成本约为 60%，网上银行、电话银行的渠道成本仅为网点成本的 1/7 左右。因此，最大限度地发挥银行各种渠道在业务发展中的优势，提高渠道的服务能力，在面临同业竞争的今天，服务资源的整合显得尤其重要。然而，银行的资源有限，市场也有限，投入也不可能无止境。谁先整合利用资源，谁就可能获得市场先机。

1. 各种业务的快速发展造成了银行内部资源不足

随着我国经济的飞速发展，金融产品创新不断涌现，交易量猛增，业务规模不断创新。以 ATM 渠道为例，该设备现已经达到 26 万多台，发卡量达到 24 亿张，其中信用卡 2 亿多张。不但台均笔数不断上升，且其交易总量是 5 年前的 10 倍左右。庞大的设备规模和日益增加的交易量，使得现金配送和设备的专业化服务能力明显不足。虽然银行加大了考核的力度，对内部资源也进行了整合，但此模式下，运营规模无法长期无限扩大，服务半径受制于资源的规模和成本。譬如，银行对银行卡业务越发重视，发卡规模越来越大，银行卡的营销和管理占用银行大量资源，由此引发的资源有限是各家银行都必须面临的问题。

2. 银行内部管理的部门化现象严重，业务拓展效率有待提高

虽然银行在内部流程改造中有了长足的发展，但由于绩效的要求，经营规模不断扩大，效率低下，客户满意度下降，需要更完善的流程改造和内部资源整合。2005 年 10 月，银监会主席刘明康指出：当前几乎所有中资银行业务流程都存在重大弊端，即仍只是"部门银行"，而不是"流程银行"。这导致针对客户需求的服务、创新和风险防范等

受到人为限制，出了问题部门间相互推卸责任，难以查处。

作为银行业监管部门的最高层，刘明康主席一针见血地指出了中国国有商业银行的痼疾。那就是银行不是按业务流程设计部门，而是按现有的部门设计流程。在实践中存在业务流程管理层次多、决策滞后、风险集中等问题，难以满足客户不断变化的金融需求，市场竞争能力差。

解决银行内部的顽疾，创建一流的"流程银行"，非核心业务的外包是解决"部门银行"问题的很好途径。以花旗银行为例，业务流程再造后花旗银行组织架构精简为十个部门，分别为批发银行部、零售银行部、新兴市场部三个业务部门和七个辅助部门。在管理上花旗银行实行矩阵式结构管理模式，管理部门一条线，业务部门为另一条线。流程再造后，人工智能标准化参与传统的信用交易评价，人力资源节约了2/3，业务效率提高了63%。

3. 非核心业务占用了银行的大量资源，成本相对高

从样本的数据采集情况看，30%是现金成本（含押运成本），30%是人力、维护、线路、设备等成本，15%是监控等投入成本，20%是房租和装修成本。大量被占用的资源不能在业内复用，造成资源利用的低效。

3.3.1.2 银行业发展服务外包的必然性

从国内范围看，金融机构为提高其核心竞争力，更有效地分配资源，将非核心业务外包成为不可避免的趋势，某些中小型商业银行业务流程已实行了部分外包。可以说，银行业实行服务外包是一种必然趋势，有以下必然性：

1. 政府对业务流程外包（BPO）大力支持

商务部和各省市人民政府都已明确了发展服务外包的战略，陆续出台了鼓励服务外包产业发展的政策。开拓金融BPO外包业务，对调整产业结构，做大做强第三产业规模，大规模增加就业机会等都具有不可估量的促进作用。

2. 我国的BPO及其优势

虽然我国在外包业务方面落后印度5至10年，但目前我国具有语言、文化、市场、成本等优势。尽管印度劳动力比过去更便宜，但其大学毕业生、工程师和程序员薪资上涨很快。

3. 我国的金融外包业务

我国的金融外包业务除了可以使银行降低运营成本，专注于发展核心业务外，还可以让银行的市场和业务的风险得到有效的控制、轻资产经营可以更从容地应对市场。更重要的是社会资源的复用，对于原来资源投入多的银行，会带来更多的相关业务的收益。譬如小行的寄库业务、票据业务、配送业务等，可以通过向大行外包的业务模式实现，实现小行低成本运营，同时增加大行的业务收益，降低服务外包商的运营成本，增加其业务量。因此是一个多赢和共赢的商业模式。

3.3.2 银行业服务外包的类型

银行业中，各种类型的银行都有可能成为发包方。银行业服务外包包括IT外包、业务流程外包、业务营销外包、后勤性事务外包、专业服务外包等类型，覆盖客户服

务、后台业务、IT 服务、财务会计、人力资源服务、数据分析与知识管理 6 大领域。从理论上来讲，凡是非核心业务，银行都可以实行外包。比如：①凭证影像化处理人员外包(也包括信用卡、历史档案的凭证影像化扫描和补录人员外包)；②业务集中处理人员外包；③个人贷款助理人员外包；④电话银行呼叫中心人员外包；⑤软件开发人员外包；⑥安保人员外包(包括保安、监控中心值守人员外包)；⑦现金清分、整点人员外包；⑧ATM 机清机加钞人员外包；⑨清算人员外包(包括同城票据交换等人员外包)；⑩大堂经理、大堂助理、大堂引导员人员外包；⑪信用卡销售人员外包。目前，我国银行业服务外包主要集中在 IT 业务外包、灾难备份和灾难恢复服务外包、银行卡业务外包和客户服务外包四个方面。

3.3.2.1 银行业 IT 业务外包

目前外资银行的 IT 业务外包已经比较普遍，而国内银行的 IT 外包释放显得相对滞后。我国四大国有商业银行还是以自主研发为主，工行、农行、建行都有自己庞大的 IT 部门，甚至达到上万人的规模，财务系统、人力资源系统都是自己研发，并且基于政策因素、风险管理、文化因素等，这些大银行即使有外包业务都倾向于将业务外包给 IBM、HP 等国际性的跨国 IT 公司，而股份制银行及各地商业银行等中小型银行受资金和人才等因素制约，在 IT 业务外包方面相对积极一些，如国家开发银行、光大银行、招商银行、中信银行等，这些银行都开始了 IT 业务外包。

3.3.2.2 灾难备份和灾难恢复服务外包

灾难备份和灾难恢复服务外包是近年来我国发展非常快速的领域，尤其是汶川大地震后，越来越多的银行加强了风险防范，银行的系统风险相对集中，一旦数据中心发生灾难，将给银行带来不可估算的损失，甚至会造成系统停运以及银行倒闭的危险。如深圳发展银行将灾难备份外包给万国数据服务有限公司；中国进出口银行、广东发展银行通过外包方式组建了自己的灾难备份中心。

3.3.2.3 银行卡业务外包

目前，银行卡业务外包是银行服务外包发展最重要的一个领域。尤其是信用卡业务的外包，因其独特的业务处理流程、信用评级体系和售后服务体系，使其相对独立作业，流程自成体系，具有实施外包的先天优势。目前，我国的服务外包提供商已经可以提供全流程的银行卡外包服务，从申办筹建、设计产品、市场营销、交易和处理客户信息，到客户服务、客户数据分析和市场定位全部覆盖。2003 年，我国的信用卡仅 100 万张，而到了 2014 年末，信用卡数量达将近 5 亿张。信用卡业务的广泛外包是信用卡发卡量激增的主要推手。

3.3.2.4 客户服务外包

呼叫中心在银行业的运用十分普及，四大国有银行都自建了呼叫中心，如工商银行的 95588、中国银行的 95566、建设银行的 95533、农业银行的 95599。除了自建外，股份制商业银行也开始了外包呼叫中心，如广东发展银行、中信实业银行对呼叫中心进行了外包。

3.3.3 我国银行业服务外包现状

3.3.3.1 信息技术外包领域迅速发展

由于计算机技术特别是互联网技术飞速发展，使得IT技术越来越深入到各类企业核心，并逐渐成为其核心业务，影响到企业的战略制定和组织发展。尤其是银行类企业对IT支持系统可靠性、可用性和适应性提出了越来越高的要求，依靠自身来提供这些服务需要投入大量资金、人员，还要集中大量风险，所以银行越来越倾向于把这些相关业务外包出去。常见的信息技术外包主要包括：应用系统开发和维护、灾难备份系统、核心业务处理系统、自助服务业务处理系统、呼叫中心业务处理系统、网上银行业务处理系统、数据分析系统、办公自动化系统等。我国部分银行的信息技术外包状况见表3-2。

表3-2 我国部分银行信息技术外包状况

发包方	发包业务	外包时间	接包方
中国银行	区域性ATM服务外包		广州穗通金融服务有限公司
中国工商银行	区域性ATM服务外包		广州穗通金融服务有限公司
中国交通银行	区域性ATM服务外包		广州穗通金融服务有限公司
光大银行	区域性ATM服务外包		广州穗通金融服务有限公司
光大银行	防病毒外包服务	2007年	趋势科技
光大银行	核心业务和管理会计系统的开发	2003年	联想IT服务
光大银行	信用卡IT系统服务	2003年	美国第一数据集团
农业发展银行	客户化改造的CM2006系统	2007年	中国工商银行
深圳发展银行	灾难备份和灾难恢复	2002年	万国数据
国家开发银行	PC等设备	2002年	惠普公司
国家开发银行	设备管理和IT服务管理	2007年	中国惠普
国家开发银行	IT软硬件系统的维护	2004年	惠普公司
国家开发银行	战略性IT外包服务	2004年	中国惠普
招商银行	软件开发	2002年	融博
招商银行	区域性ATM服务外包		广州穗通金融服务有限公司
招商银行	IT外包		IBM
上海银行	基于IP网络的视频会议系统	2002年	UNIHUB公司
上海银行	核心银行金融服务系统的集成和实施服务	2004年	惠普公司
上海银行	核心业务与管理会计系统建设与咨询	2005年	联想
上海浦东发展银行	区域性ATM服务外包		广州穗通金融服务有限公司
华夏银行	区域性ATM服务外包		广州穗通金融服务有限公司
汉口银行	IT技术支持		联想集团
济南商行	核心业务系统		神州数码

3.3.3.2 业务流程服务外包领域有了较大程度的发展

目前,我国银行业的业务流程外包主要集中在银行卡、呼叫中心、数据录入与处理、人力资源、贷款催收、后勤等领域。比如兴业银行、民生银行等20多家银行把银行卡业务外包给银联数据公司;广东发展银行等把呼叫中心业务外包给中国电信广州分公司;多家银行将银行会计业务的对公业务录入、对公业务审核、储蓄开户信息录入等业务,以及信用卡申请表受理及录入、信息核实、小微贷款申请资料处理等业务外包给华道数据;很多地区的银行把其经营网点的日常款项押运工作外包给了专门从事押运服务的公司,如北京振远护卫中心主要承担北京地区范围内大多数中资银行经营网点的日常款项押运工作;还有北京外企人力资源服务有限公司为我国金融机构提供专业化人才,从事招聘、派遣、员工福利外包、财务外包等多领域服务。我国部分银行的业务流程外包状况见表3-3。

表3-3 我国部分银行业务流程外包状况

发包方	发包业务	外包时间	接包方
中国银行	信用卡营销	1997年	北京天马信达信息网络公司
	个人授信业务催收		中国电子进出口总公司
中国农业银行	国际汇款金融服务	2003年	西联公司
	后台中心业务外包	2012年	三泰电子
	电话营销外包	2012年	北京北方信息技术有限公司 北京东方般若科技发展有限公司
	信用卡	2004年	美国第一资讯公司
中信实业银行	呼叫中心		金融联公司
广东发展银行	信用卡呼叫中心		中国电信广州分公司
中信银行重庆分行	部分个人贷款业务		重庆融众信用担保有限公司
中国银联	国际汇款业务	2003年	西联公司
广东发展银行、上海浦东发展银行等	数据信息录入与处理		华道数据

3.3.4 我国银行业服务外包存在的问题

目前,我国银行业服务外包正处于起步发展阶段,还存在不少问题,这些问题来自外部环境、发包方以及接包方。

3.3.4.1 来自外部环境的问题

从外部环境来看,由于金融服务外包在我国发展的历史不长,缺乏相应的制度建设。金融服务外包存在诸多风险,要保证外包市场健康有序地发展,制度建设是非常重要的。当前,我国关于银行业金融服务外包的监管制度仅有2010年银监会发布的《银行业金融机构外包风险管理指引》;法律中缺乏完善的知识产权保护制度,在金融服务外包实践中会涉及较多的知识产权问题。比如，发包方在发包过程中会有部分知识产权的移交使用，因此为保证自身的权益，发包方需选择知识产权制度体系较为完善的国家和地区；法律制度中缺乏相应的外包纠纷处理机制，在出现外包业务处理纠纷时，相应的发包商和接包商只能援引《合同法》《民事诉讼法》等一般性法律规定来处理相应纠纷；信用制度中缺乏外包行业的信用评级制度和外包服务商的资格审查制度。

3.3.4.2 来自发包方的问题

从发包方来看，我国银行业的发包内容主要集中在IT外包、灾难备份外包和操作简单、重复性强的低端业务流程外包，而国际银行服务外包的内容已从传统的IT外包和一些低端业务流程外包，扩展到抵押贷款外包、市场营销外包、咨询业务外包等核心业务和高端业务。从发包模式来看，我国银行业的外包以混合运营模式为主，即建立自营中心和完全外包给第三方两种模式同时存在，而国际银行服务外包的模式则以完全外包给第三方为主。从发包方和接包方的关系来看，我国银行等金融机构和外包服务提供商只是简单的合作关系，二者还未形成长期的战略合作伙伴关系，以实现流程优化、业务创新以及改善运营模式等长期目标；而许多大型国际银行，已经把优质外包服务提供商定位为其全球的长期战略合作伙伴。当然，出现上述问题的原因，一方面是因为我国还没有较为完善的制度环境，导致银行等金融机构对于外包心存顾虑；另一方面，也说明银行等金融机构对外包的认识不足，思想意识比较滞后，缺乏对外包业务的具体规划。

3.3.4.3 来自接包方的问题

从接包方来看，我国银行业服务外包的提供商主要以本土企业为主，少数为大型跨国服务外包企业。之所以如此，一是因为我国银行业的发包内容比较低端，本土企业就可以完成。二是因为我国本土银行外包的隐形成本较高，主要表现为IT技术系统等本土化成本较高。进入21世纪以来，虽然以华道数据、万国数据、银联数据、远洋数据、中金数据等为代表的本土金融服务外包提供商迅速成长起来，但多数本土企业的规模较小，缺乏来自第三方服务领域的权威认证和较大客户群体的认可，服务环节处于发包企业价值链中的低端环节，在资质、技术能力和风险控制等方面与跨国服务外包提供商相比存在较大差距。

3.3.5 促进我国银行业服务外包发展的对策

3.3.5.1 完善外部制度环境

借鉴发达国家或地区金融服务外包成熟的监管经验，优化促进我国金融服务外包发展的监管环境；加快金融服务外包法制环境建设，明确金融服务外包的范围、外包合同的规范性要求、外包承接方和发包方的权利与义务、知识产权保护、客户资料信息保密、外包纠纷的处理程序和机制等内容；成立金融服务外包行业协会和产业认证机构，建立规范的行业信用评级制度和外包服务商资格审查制度。

3.3.5.2 发包方应合理确定外包需求，做好风险管理

一般而言，银行业服务外包应包括以下基本步骤：银行竞争力分析和战略分析、识别最适合自身外包的金融服务、制定外包需求、外包商评估与确定、协商与签约、项目

执行与过渡、关系管理及终止契约。以上环节中，合理确定外包需求是至关重要的，一方面，金融服务外包是有风险的，所以外包业务一定要在银行风险可控的范围之内；但另一方面，银行也不能因为外包有风险就故步自封，任何业务活动都亲力亲为，导致银行组织管理和经营效率低下。同时，银行作为发包方，要对上述外包全过程进行有效的风险控制与管理，建立必要的应急机制，针对应急突发情况采取应急措施，如承包商发生破产、承包商遇到不可抗力而导致无法完成合同规定的外包事务、承包商因内部技术人员变动而不能及时完成合同义务等。

3.3.5.3　培育本土金融服务外包品牌企业

学习和借鉴国际知名金融服务外包提供商的先进经验、技术和管理模式，鼓励本土企业通过并购、合作、重组等方式组建大型的服务外包企业集团，积极跟进国家产业规划，配合国家产业政策，构造新型产业价值链，加紧推行全球性的标准化、一致化管理模式，提升自身服务水平，与发包方建立广泛深入的战略合作伙伴关系，实现互利共赢，推动我国金融服务外包业的进一步发展。

3.3.5.4　大力培养和引进专业化银行业服务外包接包人才

商业银行服务外包对银行积极作用的大小与银行业服务外包的质量密切相关。要通过外包这一形式降低银行经营成本、提升核心竞争力以及增强安全稳定性，还必须努力提升商业银行服务外包的质量，这就需要依赖于选择优质外包服务商以及外包服务商对职责的严格履行。目前，我国本土金融服务外包技术人才的缺乏问题已显得日益突出，对此，除了期待相关部门积极培育复合型专业服务商，银行还可以将目光放得长远，通过离岸外包形式，在风险可控的前提下，增加离岸外包比重，利用外国先进技术。

3.4　我国银行业服务外包案例及分析

3.4.1　我国银行业服务外包案例

3.4.1.1　光大银行银行卡外包案例

银行卡外包是银行服务外包除IT外包以外的一个重要领域。目前，发达国家在银行卡产业链的各个环节均引入服务外包机制，发卡部门工作重心主要在其核心环节，如产品的研发及账户管理等；利用专业化外包服务公司来完成收单、制卡、发卡、催收账款、开发维护系统等工作。有关资料显示，美国商业银行68%的银行卡处理工作由外包服务公司承担。外包可以节省经营成本，提高处理效率。

2003年，光大银行将信用卡业务全面外包给美国第一资讯公司（FDC），签订了中国首份信用卡全面外包协议。基于合作协议，FDC向光大银行提供三类服务：①咨询服务，即向光大银行全面介绍西方及亚太国家信用卡运作的成熟经验；②培训服务，即为光大银行培养信用卡业务团队；③数据业务托管服务，即通过上海数据中心为光大银行承担信用卡数据处理工作。通过此项业务外包，光大银行从中获益。一方面，信用卡业务外包节约时间，无需等待，直接获得发达国家信用卡运作的经验和技术，增强了与其他银行的竞争力；另一方面，信用卡业务外包成本低于其自建资金，不仅节约了成本，而且降低了先期巨额投资的风险。

3.4.1.2 深圳发展银行灾难备份外包案例

伴随着银行业数据大集中的发展，银行的系统风险也相对集中。灾难备份和灾难恢复外包逐渐成为国际银行业的一种趋势。在我国，大型商业银行大多自建灾难备份中心，中小型银行则选择外包模式建设灾难备份中心。深圳发展银行自2001年开始正式启用新一代综合业务系统，这种大集中模式对系统稳定性提出了更高的要求。为了提高银行抵御风险和应对突发事件的能力，维护银行核心业务系统的数据安全，确保业务能够连续运作，深圳发展银行将灾难备份服务外包给万国数据服务有限公司。接包方为银行新一代核心业务系统建立了同城零数据丢失应用级灾难备份中心，该项服务协议为期五年。2007年，深圳发展银行再次选择万国数据作为新一期灾难备份系统外包提供商，实现其新一期两地三中心的灾难备份体系架构。通过外包，深圳发展银行不仅节省了大量必须投入的运行管理成本及人员管理成本，同时也借助专业公司的行业经验为新一代业务系统提供了长期可靠、有效的灾难备份服务，使银行专注自身业务的创新和发展。

3.4.1.3 广东发展银行呼叫中心外包案例

呼叫中心在银行业已经十分普及，四大国有银行均自建呼叫中心，各股份制商业银行也逐步建立自己的呼叫中心。虽然国外银行呼叫中心大都采取外包方式，但国内银行主要采取自建呼叫中心的方式。2004年，广东发展银行将信用卡呼叫中心外包给中国电信广州分公司，成为国内银行业外包呼叫中心的首个案例。广发卡呼叫中心外包后成效显著，2006年7月，广发卡呼叫中心业务量同比增加73%。在2005年广东省最佳客户评选与2006年中国最佳客户服务评选中，广发卡呼叫中心均获得"最佳客户服务中心奖"。通过"设备外包、人员自组"的外包模式，广东发展银行实现了大幅节省开支、延长服务时间、扩大服务渠道和提高服务质量的目的。

3.4.2 银行业服务外包风险控制案例分析

3.4.2.1 案例简介

国家开发银行是直属国务院领导的国家级政策性银行。随着员工数量、分支机构数量和设备的日益增长，桌面环境的管理变得日趋复杂，国家开发银行内部对IT服务质量和可用性的要求不断提高。在通盘考虑自身需求特点，并借鉴国外同业成功实践的基础上，国家开发银行决定将其IT系统包括软硬件的运营维护和管理等外包给专业的服务提供商。2002年，通过招标，国家开发银行将银行电子设备外包给了惠普公司。2004年2月，国家开发银行与惠普公司在北京首次签署了战略性外包服务合同，将其系统包括软硬件的运营维护和管理等外包给惠普公司。2006年6月，又与惠普公司签署了一份为期三年的长期战略性外包合同。国家开发银行与惠普公司的外包协议成为国内金融界首家整体外包案例，也创下了国内金融机构外包合同期限最长的纪录。

3.4.2.2 案例中应用的风险管理措施

国家开发银行在此项服务外包中，从以下几个方面采取了恰当措施。

第一，确定外包范围。国家开发银行充分借鉴了美国商业银行的电子化发展经验和摩根公司M框架理论，在进行信息技术外包的过程中，将M1、M2层外包，然后再逐步过渡到M3层，这种稳健的外包方式有效预防了风险的产生。

第二，选择付款方式。2003年8月之后，虽然双方的运维外包协议每年只签署一次，但付款却是每3个月做一次评估后再付款，这大大减少了可能产生的风险。

第三，外包商的选择。2002年，国家开发银行通过公开招标的方式将银行电子设备外包给惠普公司。在选择外包商时国家开发银行充分意识到外包商规模、信誉的重要性，这在一定程度上注定了本次外包的成功。如上述3个月的付款方式实际上给国家开发银行和惠普公司双方都带来了相当大的工作量，如果在服务到期后，国家开发银行的服务款项未及时打入惠普，从法律意义上讲，双方的合作期就意味着暂停，而一旦国家开发银行的系统出现问题，服务商即使不及时响应，也没有法律责任。但实际上出现这种概率的可能性极低，因为合作双方谁也不愿因自己的一时疏忽，毁掉了双方合作与信任的基础。此外，为了做好外包服务工作，惠普公司派驻了十几名工作人员常驻国家开发银行，他们的办公室就设在国家开发银行总行，拥有国家开发银行总行的出入证，俨然已是国家开发银行的一员。并且惠普外包服务组对所有问题的解决工作都做到了在4小时之内响应，并实现了全程跟踪，一直到维修结束、客户签字确认为止，并有详细的过程记录。可见，选择一个规模大、发展前景良好的服务外包公司至关重要。

第四，合同期限的选择。一般而言，一台电脑的更新换代周期是3年。至于软件，企业购买的本身就是使用权，并不具有产权。因此，国家开发银行选定3年为一个租赁合同周期。另外，从2003年8月双方达成运维外包合作协议后，双方的协议每年签署一次，这样无疑增加了合同的灵活性，减少了对外包商的依赖。

第五，外包实施和监理。2005年4月，《国家开发银行电子设备外包服务管理办法》正式施行。这是国家开发银行营运中心起草的一部内部规章。这部管理办法前后修改了26稿，借鉴了国外银行的外包经验及国家开发银行的服务实践，并邀请一家国家咨询公司作了修改和完善。按照《国家开发银行电子设备外包服务管理办法》，服务承包商应于每季度初5个工作日内，及时向营运中心提供有关的外包服务工作计划，由其对该计划进行审核、确认。外包服务工作计划获得审核通过后，服务承包商依照审核后的工作计划开展服务工作。外包服务工作计划执行完毕后，在每季度末，营运中心对服务承包商本季度工作计划的执行情况进行总结和评价。

第六，对外包商的考核和评价。国家开发银行对外包服务商的评价有具体的量化指标。一般而言，会有经常性的内部的民意测试。如果测试的分数低于某一个标准，就会扣减服务商的费用。

另外，依照外包服务合同附件"服务保障措施"和"服务满意度控制"中相关条款的约定，营运中心将采取定期服务报告、审核会议、用户满意度调查、服务投诉统计等方式，对服务承包商所提供的外包服务进行监督和考核，每3个月对服务商水平进行一次评估，并且营运中心还根据签订的服务条款建立优质服务通告版，显示对外包服务商服务周期的评估结果，实现外包服务水平的跟踪评价，供管理层了解与参考。

本章小结

1. 银行业的功能主要包括资产转化、形成规模经济、降低风险。
2. 银行业主要机构有中央银行、商业银行、政策性银行、中国银监会、中国银行业协会。
3. 中央银行具有三个职能：发行的银行、银行的银行、政府的银行。
4. 商业银行是市场经济的产物，我国商业银行主要包括大型国有商业银行、股份制商业银行、城市商业银行、农村商业银行、邮政储蓄银行等。
5. 商业银行依据职能类型可以划分为职能分工型和全能型；依据组织架构，可以划分为单一银行制、分支银行制和集团银行制以及连锁银行制。
6. 商业银行的职能包括：①调节经济；②信用创造；③信用中介；④支付中介；⑤金融服务。
7. 商业银行的主要业务有：①负债业务，包括商业银行自有资本、各类存款、各种对外借款；②资产业务，包括商业银行的贷款业务和证券投资业务；③中间业务。
8. 我国银行业服务外包类型主要有：①银行业IT业务外包；②灾难备份和灾难恢复服务外包；③银行卡业务外包；④客户服务外包。
9. 我国银行业服务外包现状：①信息技术外包领域迅速发展；②业务流程外包领域有了较大程度的发展。
10. 促进我国银行业服务外包发展的对策：①完善外部制度环境；②发包方应合理确定外包需求，做好风险管理；③培育本土金融服务外包品牌企业；④大力培养和引进专业化银行业服务外包接包人才。

4 证券业金融服务外包

【学习目标】
1. 了解证券业的构成；
2. 了解证券业在金融体系中的作用；
3. 理解证券业的类型和主要业务；
4. 掌握证券业服务外包的主要内容。

【引入案例1】

券商抢食私募基金外包托管业务　谋划两融纳入其中

"我们正从其他部门调派人手，为新业务做准备。"一位券商人士说。他所说的新业务，简称为私募基金综合托管业务，即券商向私募基金提供产品设计、份额登记、净值计算、交易经纪、清算、资产托管等一揽子服务。

2016年3月17日，中国基金业协会公示首批获得私募基金管理资格的私募基金机构，这意味着这批私募基金可无需借助其他金融机构通道，直接作为投资管理人自行发行私募基金产品，券商可以向这些基金提供上述一揽子服务。

同日，由上海重阳投资管理公司（下称"重阳投资"）担任投资管理人、招商证券担任资产托管人的"重阳A股阿尔法对冲基金"正式成立，成为《新基金法》和《私募投资基金管理人登记和基金备案办法（试行）》实施背景下发行的首款真正法律意义上的私募证券基金和对冲基金。

21世纪经济报道记者独家获悉，当前仅有招商证券、国信证券、海通证券等券商获得私募基金综合托管资格，其他券商也开始厉兵秣马，抢占这块新业务市场份额。

"基于向私募基金提供经纪与净值估算服务的操作经验，有些券商认为这并不是一项新业务。"上述券商人士直言，在他看来，综合托管业务无非是增加了募资与资金托管功能。

而券商更大的算盘，则是将融资融券业务纳入私募基金综合托管业务，为私募基金开启杠杆投资时代的同时，将融资融券业务打造成券商的新利润"奶牛"。

围绕私募基金综合托管业务的定位，各家券商意见不一。相比招商证券单独设立一个部门，有的大型券商干脆将其划入融资融券部门。

随着私募基金综合托管业务迅速增长，银行资金托管与信托公司阳光私募产品业务，都将面临不小的冲击。

双重备案操作难点

一位了解重阳A股阿尔法对冲基金产品设计过程的知情人士透露，2012年招商证券获得私募基金综合托管资格,就与重阳投资开始酝酿这款产品,但考虑到合规操作问题迟迟未能推出。期间双方曾讨论由重阳投资作为投资顾问,借道券商资管计划发行这款产品。

所谓的合规操作问题,一是私募基金当时不能作为金融机构发行产品,二是此前金融市场也没有私募基金作为投资管理人发行私募基金产品的先例。

随着《私募投资基金管理人登记和基金备案办法(试行)》的实施,私募投资基金有了正规的身份认定,即"开展私募证券投资的金融机构",由私募基金作为投资管理人直接发行私募基金产品变得有法可依。

上述知情人士指出,这款私募基金最大的特点是,重阳投资无需银行提供资金托管,也无需信托公司做产品设计并提供证券交易账户,由招商证券提供一揽子的资金托管、产品设计、交易、净值估算等业务。

长期以来,由于私募基金发行产品需要借助其他金融机构的通道,往往导致产品发行费用偏高、交易指令下单偏慢、突发问题沟通效率较低等问题。

仅产品费用一项,若需信托公司设计阳光私募产品,需要花费 80 万~100 万元购买一个信托公司证券交易账户;而银行每年收取的资金托管费通常在 0.1%。现在私募基金可向券商提出一揽子服务的整体费用。

上述知情人士表示,重阳投资与招商证券按照此款产品所需的服务内容进行"打包定价",整体费用较阳光私募产品更低。

相比产品定价谈判,他直言更难的操作环节是相关私募产品需通过证监会相关部门双重备案才能成立。所谓双重备案,一是私募基金管理公司先在中国基金业协会完成私募基金管理资格备案;二是私募基金产品在完成募集后,还需通过私募基金登记备案系统的备案,不排除期间相关部门要求调整私募基金产品的相关条款。

"这主要是针对投资操作的合规性与可行性。"上述知情人士说。比如重阳A股阿尔法对冲基金的投资策略是做多A股、做空股指期货,相关部门会评估重阳投资是否对这项投资组合配置专业合规的基金管理团队。

一位私募基金主管直言,即便首款私募基金产品已诞生,也还有某些操作细节有待明确,比如私募基金产品出资人的税收缴付方式。相比阳光私募信托产品,这类私募基金无需为出资人代扣代缴 25% 个人所得税,令出资人可以自主做税务筹划。这类私募基金如何明确出资人税收缴付方式,还需要相关部门出台操作细则。

记者了解到,参与《新基金法》修订的人士曾打算给予私募基金非纳税主体的法律地位,即私募基金只要完成证监会备案注册,将以基金产品的形式,在证监会与税务部门联网的信息系统备案登记。由于基金产品在投资环节不产生税收,由此避免私募基金向出资人返还收益环节出现的重复征税问题。

向私募基金提供融资融券业务

券商抢食私募基金综合托管业务的另一层打算,是将融资融券业务纳入其中,扩充该项业务收入来源。

2015 年以来,融资融券业务发展迅猛,成为券商盈利的核心部门之一。中国证券业协会公布的证券公司 2013 年度经营数据(未经审计)显示,115 家证券公司全年实现融资融券业务利息收入184.62亿元，较2012年增加132.02亿元。

但是，目前券商的融资融券对象主要是个人投资者与资产管理机构。由于阳光信托产品无法参与融资融券业务，众多私募基金机构与这项业务失之交臂。

究其原因，融资融券业务能帮助对冲基金进行杠杆投资，与现行的阳光信托产品规定不符。期间有私募机构尝试使用有限合伙制基金模式开展融资融券业务，但相关券商基于无操作先例与风险控制，不大敢允许有限合伙制私募基金产品参与融资融券放大杠杆投资倍数。

上述券商人士认为，随着券商获准开展一揽子的私募基金综合托管业务，券商向私募基金提供融资融券业务理论上是可行的。

21世纪经济报道记者多方了解到，一家大型券商已决定将私募基金综合托管外包业务先划入融资融券业务部门。

目前，由中国证监会负责起草的《私募投资基金管理暂行条例》及其立法说明已上报至国务院，其中条款是否允许券商为私募基金开展融资融券业务，还需相关部门做出决定。

"如果面向私募基金的融资融券业务暂时无法开展，我们会将综合托管业务重心转向股权投资基金(PE)份额转让。"上述券商人士直言。

(21世纪经济报道)

【引入案例2】

政策红利激发私募基金外包需求

2014年3月下旬，私募基金迎来三大政策"礼包"。一是3月25日召开的国务院常务会议明确提出，要培育私募市场，鼓励和引导创业投资基金支持中小微企业，创新科技金融产品和服务，促进战略性新兴产业发展。二是3月25日中国证券登记结算有限责任公司发布了《关于私募投资基金开户和结算有关问题的通知》。这意味着从即日起，私募投资基金可以开户入市。三是继3月17日首批50家私募基金获得中国基金业协会登记证书后，25日又有50家私募基金获得该登记证书。这意味着100家私募基金今后可不必再借助信托等渠道发行产品。三大"礼包"为私募基金带来巨大发展空间，其业务扩展速度也将加快。基金公司通常人员少而精，这就大大激发了其将中后台业务进行外包的需求，同时也为券商等机构带来了更多的接包机会。"证券公司会更积极地与私募公司展开合作，大家都想在这个业务上分一杯羹。"格上理财私募研究员刘豫在接受国际商报记者采访时表示。

外包需求潜力凸显

刘豫表示："一些私募公司已经开始与券商探讨合作，开发不通过信托渠道的新产品。"据了解，重阳投资是首批完成登记的私募基金之一，其在获批当天就发行了阿尔法对冲产品，并将估值业务外包给了招商证券。"估值清算不仅需要配备专职的工作人员，还需要专业化的系统作为支撑。私募公司自己进行清算并不是'很划算'。"招商证券相关人士称。目前，券商可为私募公司提供托管、估值、交易风控和技术支持等服务。

重阳投资相关负责人在接受国际商报记者采访时表示，私募基金将非核心业务外包出去，可以将更多精力集中在具有核心竞争力的投资方面。不仅是重阳投资，国内另一家私募基金负责人在接受国际商报记者采访时也称，公司目前正在与一些券商进行接洽，券商也都表现得非常积极热情。他认为，我国私募公司有好几百家，大部分还是以中小企业模式存在，一个公司一般只有几人到二十几人，精力有限，因此外包需求很大。

业务外包将有效降低私募机构成本。刘豫表示，过去，私募发行产品要通过信托渠道，一只产品每年要花费300万元，同时还要缴纳银行资金托管费等。而目前已经有部分证券公司可以为私募基金提供从资金托管、到估值、再到产品申购赎回等一站式服务，这样整体打包的服务模式，将为私募机构节省不少成本。

合作模式待摸索

2013年我国私募基金管理规模达2000多亿元，这一数值相较公募基金上百万亿元的规模还非常小，私募基金发展尚处于初级阶段。政策出台后，会有很多私募基金愿意尝试外包模式。"但是很多东西还不确定。同时，能胜任的接包方也比较少，亟待加强。"刘豫说。

"因为刚刚起步，很多企业还处于观望状态，具体怎么运作，还需要摸索。"一家私募公司的负责人在接受国际商报记者采访时称。他还表示，私募公司更希望接包方能够提供与客户沟通的附加服务，为企业带来更多客户。

刘豫相信，在政策利好推动下，私募基金的公信力将会得到提升，其业务外包也将会成为常态。国外私募机构发展比较成熟，第三方行政管理服务商除可提供资金托管、估值、申购和赎回外，还可提供投资月报等投研类服务。

另有业内人士介绍，美国基金业务外包很普遍，国外托管行的职能包括会计结算、现金管理等，托管费率也比较低。

（国际商报）

案例思考：
（1）证券业开展服务外包的原因有哪些？
（2）当前我国证券业开展服务外包需要克服哪些问题？
（3）证券业开展服务外包可能存在哪些风险？

4.1 证券业概述

4.1.1 证券相关概念

4.1.1.1 证券

证券是多种经济权益凭证的统称，是用来证明券票持有人享有某种特定权益的法律凭证。股票、债券、基金、支票、汇票、保险单、存款单、提货单等都是广义上的证券种类。证券按其性质不同，可以分为无价证券和有价证券两大类。无价证券包括证据证券和凭证证券，是指证券本身不能使持券人或第三者取得一定收入的证券。

（1）证据证券只是单纯地证明一种事实的书面证明文件，如信用证、证据、提单等。

（2）凭证证券是指认定持证人是某种合法权利者和持证人所履行的义务的有效书面证明文件，如存款单等。

（3）有价证券是指在市场上可以自由流通转让、具有一定票面金额、证明持有人有权如期取得一定收入的凭证，具体包括股票、债券、基金、期货、期权、权证等，人们平时谈论的证券主要指有价证券，其区别于无价证券的主要特征是可以让渡。

4.1.1.2 证券类型

有价证券是市场经济最主要的证券形式，依据不同的分类方法，可以分为多种类型。

1. 按照证券发行主体不同，可以划分为政府证券、金融证券、公司证券

政府证券 也称为政府债券，是指政府为筹措财政资金或建设资金，凭借其信誉，采用信用方式，按照一定的程序向投资者出具的一种债权债务凭证。政府债券又分为中央政府债券（即通常所称的"国债"）和地方政府债券。

金融证券 是指商业银行或者其他金融机构所发行的证券，主要包括金融债券、大额可转让定期存单等，其中以金融债券为主。

公司证券 是指上市公司等主体筹集资金所发行的证券，包括的范围很广泛，内容比较复杂，主要有普通股、优先股、可转换债券、权证等。

2. 按照是否上市，可以划分为上市证券和非上市证券

上市证券 又称为挂牌证券，是指经证券主管部门批准，在证券交易所注册登记，获得在证券交易所内公开买卖资格的证券。

非上市证券 也称非挂牌证券，是指未申请上市或不符合在证券交易所挂牌交易条件的证券。非上市证券不允许在交易所内交易，但可以在其他证券交易场所进行交易。

3. 按照证券发行方式的不同，可以分为公募证券和私募证券

公募证券 是指发行人通过中介机构，向不特定的社会公众投资者公开发行的证券。公募证券涉及众多的投资者，其社会责任和影响都很大，因而有关部门对其审核非常严格。公募证券一般可以上市流通，具有很高的流动性。

私募证券 是指发行人仅向特定投资者发行的证券。私募证券对投资者的数量有一定的限制，一般不允许上市流通，为非上市证券。

4. 按照证券收益是否固定，可以分为固定收益证券和变动收益证券

固定收益证券 是指证券持有人可以在特定的时间内获得固定的收益，不存在风险和不确定性，如固定利率政府债券。一般来说，固定收益证券风险系数和收益率都较低。

变动收益证券 是指证券持有人在特定时期内所获得的收益是可以变动的。如普通股票，其股息随着公司的效益变动而变动。一般来说，变动收益证券风险系数较高，收益率也较高，即所谓"高风险、高收益"。

4.1.1.3 证券的特征

证券记载着持有人的权利,代表着一定的财产所有权,拥有证券就意味着享有财产的占有、使用、收益和处置的权利。在现代经济社会里,财产权利与证券密不可分,两者融为一体,证券已经成为财产权利的一般形式。虽然证券持有人并不实际占有财产,但可以通过持有证券,在法律上拥有相关财产的所有权。总而言之,证券具有以下三方面特征:

1. 收益性

收益性是指证券持有者凭借证券能够获得一定的回报,包括资本利得和当前收益。资本利得是指证券价格波动所带来的收益,也称为差价收益;当前收益是指利息、股息、红利等收益。

2. 流动性

流动性也称为变现能力,是指证券可以随时出售以获得现金回笼的能力。例如,投资者持有股票就意味着拥有股东身份,作为公司的所有者,投资者不能退股,但是可以通过二级市场卖出股票,从而获得现金回笼,这就是流动性的一种体现。

3. 风险性

风险性是指因为某些风险因素的存在导致投资者可能承担一定的亏损。证券风险性与收益性是相对的客观存在。投资者承担的风险因素主要包括系统性风险和非系统性风险。系统性风险是指由于政治、经济及社会环境的变动所带来的影响证券市场的风险,主要包括市场风险、利率风险和购买力风险等,不可通过分散投资规避;非系统性风险是指由于市场、行业和企业自身等因素影响个别行业、企业证券价格的风险,主要包括行业风险、经营风险等,可以通过优化组合、分散投资进行规避。

4.1.2 证券业与金融体系

金融业是一个国家经济发达程度的衡量标志,金融体系的发展直接影响着国家经济发展效率。证券业作为整个金融体系的重要组成部门,对整个金融体系的运转发挥着关键作用,可以说证券业是衔接实体经济与虚拟经济最重要的环节。随着经济的发展以及金融创新的不断演进,现代证券业越来越复杂,业务逐步趋向专业化、精细化。

4.1.2.1 金融体系

简单地讲,金融就是资金融通,指资金盈余单位与资金短缺单位之间所发生的资金使用权转移。在一个社会中,总有一些个体产生资金盈余,而另一些个体出现资金短缺,两者之间为了提高资金的周转效率,实现共赢,资金融通随即产生,所以金融伴随着经济的发展而出现,不仅仅是现代市场经济的产物。资金融通最简单的方式就是资金盈余者和资金短缺者之间直接发生关系,不需要中间机构参与,另一种方式就是借助中间机构辅助完成,以上两种方式被称为直接融资和间接融资。

从专业的角度来讲,直接融资是指资金短缺单位直接在金融市场向盈余单位出售债券、股票等凭证来获得资金,包括债权融资和股权融资,其中以债券为工具的直接融资称为债权融资,以股票为工具的直接融资称为股权融资。直接融资过程中,盈余单位持有这些凭证在未来获得一定数额的利息,以作为资金盈余者让渡资金使用权的基本回报。间接融资是指盈余单位把资金存放到银行等金融中介机构获得利息等收益，中介机构再以贷款或其他形式将资金转移给短缺单位。直接融资和间接融资是金融的两种渠道，两者相互并存、相互弥补。一般来讲，对发达国家而言，直接融资是主要方式，而在发展中国家当中，间接融资是主要方式。

金融体系包括金融工具、金融市场、金融机构三个基本要素。金融工具指那些标准化的、在金融市场上具有可转让性和流通性的金融资产或有价证券，比如国债、股票。金融工具作为资金融通的工具，是资金使用权转移的证明，资金短缺者通过金融工具获得资金使用权，而资金盈余者通过持有金融工具获得收益。金融市场是金融工具发行与流通的场所，为证券的分配和交易提供便利。金融机构作为金融体系中介，在资金盈余者和短缺者之间发挥桥梁作用，能够提高资金的流动性和安全性。

4.1.2.2 证券业的功能

简单地讲，证券业是指从事证券发行和交易服务的专门行业，是金融市场基本组成要素之一，主要由证券交易所、证券公司、证券协会及相关金融监管机构组成。证券业能够促使证券有效发行与流通，为证券买卖双方交易提供服务，并维持证券市场的运行秩序。

为了更好地理解证券业，以上对金融体系进行了简单介绍，可以看出证券业与金融业的基本关系。与金融体系密切相关的行业就是金融业，它是一个非常大的范畴，涵盖了所有与金融相关的行业，包括银行业、保险业、证券业、信托业、租赁业等。可以说，证券业是金融业的重要部分，金融工具中的股票发行与流通、金融市场中的资本市场、金融机构中的证券公司、基金公司等，都属于证券业的范畴。

证券业与国家经济发展是相互影响和相互促进的关系。一方面，经济发展使得国民收入水平提高，资本的供给与需求不断增长，从而促进资本市场和证券业的发展；另一方面，证券业的发展将会促进社会闲置资金的有效利用。作为虚拟经济，证券业将为实体经济注入更多的闲置资金。概括起来，证券业在一国经济发展中至少发挥着以下四方面作用：

1. 直接融资功能

融资功能是证券业最基本的功能，也是最主要的功能，失去融资功能的证券业对国家经济发展毫无意义。融资功能使得证券业成为经济运行的血液和经济发展的资本源泉。证券业主要提供直接融资方式，能够迅速、广泛地筹集资金，有效地解决企业扩大投资问题。相比其他融资方式，证券融资具有以下优势：

首先，资金来源稳定，形成长期资金。在证券融资条件下，证券持有者可根据需要在证券市场自由卖出证券，使其变现，这并不影响证券融资形成的资金总量，而且若以股票形式融资，股份公司不允许退股，融资者便获得了稳定的、长期的可用资金。

其次，具有较高效率。证券市场中，证券价格不断变化，投资者可以自由选择有前景的公司，无形当中对资源的优化配置起到了推动作用。

2. 资源配置功能

证券业的资源配置功能提高了整个经济的运作效率。证券业赖以发展的物质基础——股份制企业，其产权可以在市场上自由转让和买卖，而这种产权转移完全是以证券形式进行的。也就是说，在现代市场经济条件下，股份制企业占主导，因而证券业发挥着资源配置的功能。证券业配置资源有以下优势：

第一，打破了资产的凝固状态，盘活了资产的使用状态，有利于有效地利用和配置资源。

第二，证券价格的波动，在一定程度上反映了企业经营的好坏，这促使企业不断改善经营管理，提高经济效益。

第三，证券业配置资源有利于及时调整经济结构、产业结构，有利于促进经济升级。

3. 分散和转让风险功能

证券业的分散和转让风险的功能发挥着类似于保险业的作用。证券投资是一种风险和收益并存的金融活动，由于信息不对称和投资策略不同等因素，风险会在不同的投资主体之间进行转让，同时发生收益转移。

4. 信息传播与发现功能

证券业信息传播和价值发现功能强化了市场经济的横向沟通与联系。在市场经济条件下，证券市场是各种信息产生和传播的重要场所，传播的信息主要包括：

第一，整个经济运行中的资金供求情况。当资金紧张、出现供不应求的情况时，人们会抛售证券，换回现金，证券价格会下跌。如果资金充裕，则可能出现相反的结果。

第二，证券发行主体的经营状况及前景。证券价格受到公司潜在价值的影响，同时直接由供求关系决定。有潜力的公司，其证券往往受到投资者的青睐，需求上升，推动证券价格进一步上扬，相应的公司也可以因此获得更多的融资。

4.1.3 证券业主要机构

与证券发行和流通有关的各个环节构成了整个证券业，包括相应的金融工具、证券机构以及证券市场，各个组成部分相互影响，共同维护着整个证券业的有序运作。本节主要对相关证券机构进行介绍。

4.1.3.1 证券公司

证券公司是指依照公司法规定并经国务院证券监督管理机构审查批准而设立的专门经营证券业务、具有独立法人地位的金融机构。证券公司是证券业最主要的机构，承担着证券发行和流通的大部分工作，是整个证券业运行的中转站。

证券公司包括证券经营公司和证券登记公司。狭义的证券公司是指证券经营公司，是经主管机关批准并到有关工商行政管理局领取营业执照后专门经营证券业务的机构。它具有证券交易所的会员资格，可以承销发行、自营买卖或自营兼代理买卖证券。普通投资人可以通过证券公司进行证券买卖。

从功能角度划分，证券经营公司可以分为证券经纪商、证券自营商和证券承销商。

（1）证券经纪商。即证券经纪公司，代理买卖证券的证券机构，接受投资人委托，代为买卖证券，并收取一定手续费，如江海证券经纪公司。

（2）证券自营商。即综合型证券公司，除了拥有证券经纪公司权限外，还可以自行买卖证券的证券机构，它们资金雄厚，可直接进入交易所为自己买卖证券，如国泰君安证券公司。

(3)证券承销商。以包销或代销形式帮助发行人发售证券的机构。

实际上,许多证券公司都兼营这三种业务。按照各国现行的做法,证券交易所的会员公司均可在交易市场进行自营买卖,但专门以自营买卖为主的证券公司为数极少。

另外,一些经过认证的创新型证券公司,还具有创设权证的权限,如中信证券。

证券登记公司是证券集中登记过户的服务机构。它是证券交易不可缺少的部分,并兼有行政管理性质。它须经主管机关审核方可设立。

随着金融创新的发展以及模式的成熟,几乎所有的证券公司都是综合型、多功能机构,很少有经营单一业务的证券公司。证券公司经营的业务比较广泛,主要包括投行业务、经纪业务、自营业务、资产管理业务、投资咨询业务、融资融券业务、新三板业务等,下节将对这些业务进行详细介绍。

根据中证协数据统计,截至2015年3季度,我国证券公司大概有124家,其中上市证券公司24家。国内比较有影响力的证券公司有中信证券、海通证券、招商证券、广发证券、国信证券、申万宏源、长江证券、国元证券、兴业证券等。中国证券业协会对我国所有证券公司2015年3季度经营数据进行了统计。证券公司未经审计财务报表显示,124家证券公司前三季度实现营业收入4 380.43亿元,各主营业务收入分别为代理买卖证券业务净收入2 192.95亿元、证券承销与保荐业务净收入242.38亿元、财务顾问业务净收入76.48亿元、投资咨询业务净收入29.46亿元、受托客户资产管理业务净收入178.17亿元、证券投资收益(含公允价值变动)1 029.41亿元、利息净收入490.67亿元,前三季度累计实现净利润1 924.65亿元,119家公司实现盈利。

据统计,截至2015年9月30日,124家证券公司总资产为6.71万亿元,净资产为1.35万亿元,净资本为1.16万亿元,客户交易结算资金余额2.32万亿元,托管证券市值27.1万亿元,受托管理资金本金总额为10.97万亿元。

4.1.3.2 基金管理公司

基金管理公司是证券业另一重要机构,是资本市场主要的机构投资者,资金数额巨大,投资理念相对稳定,对证券业二级市场的运行至关重要。

基金管理公司是负责基金发起设立与经营管理的专业性机构,不仅负责基金的投资管理,而且承担着产品设计、基金营销、基金注册登记、基金估值、会计核算和客户服务等多方面的职责,在整个基金的运作中起着核心作用。基金管理费是基金管理公司的主要收入来源。基金管理公司只有以投资者的利益为重,不断为投资者取得满意的投资回报,才能在竞争中立于不败之地。

基金管理公司通常由证券公司、信托投资公司或其他机构发起设立,具有独立法人地位。由于基金份额持有人通常是人数众多的中小投资者,为了保护这些投资者的利益,我国对基金管理公司实行市场准入管理。设立基金管理公司须经国务院证券监督管理机构批准,并符合《证券投资基金法》规定的一系列条件。

目前,我国基金管理公司的业务主要包括证券投资基金业务、受托资产管理业务和投资咨询业务;此外,基金管理公司还可以作为投资管理人从事社保基金管理和企业年金管理业务、QDII业务等。基金管理公司已有向综合资产管理机构发展的趋势。

至2016年10月底,我国境内共有基金管理公司107家,其中中外合资公司44家,内资公司63家。以上机构管理的公募基金资产合计8.74万亿元。2016年年末，平均管理规模靠前的有天弘、工银瑞信、华夏、易方达、南方、汇添富、嘉实等公募基金管理公司。

4.1.3.3 交易监管机构

1. 证监会

中国证券监督管理委员会简称"证监会"，是我国证券业唯一的监管机构。中国证监会为国务院直属正部级事业单位，依照法律、法规和国务院授权，统一监督管理全国证券期货市场，维护证券期货市场秩序，保障其合法运行。

根据《证券法》第14条规定，中国证监会还设有股票发行审核委员会，委员由中国证监会专业人员和所聘请的会外有关专家担任。中国证监会在省、自治区、直辖市和计划单列市设立36个证券监管局，以及上海、深圳证券监管专员办事处。

国务院在《期货交易管理条例》中规定，"中国证监会对期货市场实行集中统一的监督管理"。显然，中国证监会是经政府授权的法定监管部门，履行的是法定监管职责。

在中国证监会内部，专门设有期货监管部，该部门是中国证监会对期货市场进行监督管理的职能部门。

期货监管部下设综合处、交易所监管处、期货公司监管处、境外期货监管处和市场分析五个处。证监会主要职能包括：

第一，建立统一的证券期货监管体系，按规定对证券期货监管机构实行垂直管理。

第二，加强对证券期货业的监管，强化对证券期货交易所、上市公司、证券期货经营机构、证券投资基金管理公司、证券期货投资咨询机构和从事证券期货中介业务的其他机构的监管，提高信息披露质量。

第三，加强对证券期货市场金融风险的防范和化解工作。

第四，负责组织拟订有关证券市场的法律、法规草案，研究制定有关证券市场的方针、政策和规章；制定证券市场发展规划和年度计划；指导、协调、监督和检查各地区、各有关部门与证券市场有关的事项；对期货市场试点工作进行指导、规划和协调。

第五，统一监管证券业。

2. 证券交易所

证券交易所是依据国家有关法律，经政府证券主管机关批准设立的集中进行证券交易的有形场所。目前，我国国内有上海证券交易所和深圳证券交易所。

1）证券交易所分类

证券交易所分为公司制和会员制两种。这两种证券交易所均可以是政府或公共团体出资经营的（称为公营制证券交易所），也可以是私人出资经营的（称为民营制证券交易所），还可以是政府与私人共同出资经营的（称为公私合营的证券交易所）。

（1）公司制证券交易所。公司制证券交易所是以营利为目的，提供交易场所和服务人员，以便利证券商的交易与交割的证券交易所。从股票交易实践可以看出，这种证券交易所要收取发行公司的上市费与证券成交的佣金，其主要收入来自买卖成交额的一定比例。而且，经营这种交易所的人员不能参与证券买卖，从而在一定程度上可以保证交易的公平。

在公司制证券交易所中，总经理向董事会负责，负责证券交易所的日常事务。董事会的职责是：核定重要章程及业务、财务方针；拟定预算决算及盈余分配计划；核定投资；核定参加股票交易的证券商名单；核定证券商应缴纳营业保证金、买卖经手费及其他款项的数额；核议上市股票的登记、变更、撤销、停业及上市费的征收；审定向股东大会提出的议案及报告；决定经理人员和评价委员会成员的选聘、解聘及核定其他项目。监事会的职责包括审查年度决算报告及监察业务、检查一切账目等。

（2）会员制证券交易所。会员制证券交易所是不以营利为目的，由会员自治自律、互相约束，参与经营的会员可以参加股票交易中的股票买卖与交割的证券交易所。这种证券交易所的佣金和上市费用较低，从而在一定程度上可以放置上市股票的场外交易。但是，由于经营交易所的会员本身就是股票交易的参加者，因而在股票交易中难免出现交易的不公正性。同时，因为参与交易的买卖方只限于证券交易所的会员，新会员的加入一般要经过原会员的一致同意，这就形成了一种事实上的垄断，不利于提高服务质量和降低收费标准。

在会员制证券交易所中，理事会的职责主要有：决定政策，并由总经理负责编制预算，送请成员大会审定；维持会员纪律，对违反规章的会员处以罚款，停止营业与除名处分；批准新会员进入；核定新股票上市；决定如何将上市股票分配到交易厅专柜；等等。我国采取会员制交易所制度。

2）上海证券交易所

上海证券交易所成立于1990年11月26日，同年12月19日开业，为不以营利为目的的法人，归属中国证监会直接管理。秉承"法制、监管、自律、规范"的八字方针，上海证券交易所致力于创造透明、开放、安全、高效的市场环境，切实保护投资者权益，其主要职能包括：提供证券交易的场所和设施；制定证券交易所的业务规则；接受上市申请，安排证券上市；组织、监督证券交易；对会员、上市公司进行监管；管理和公布市场信息。

上海证券交易所于1990年12月19日在上海黄浦路15号浦江饭店开业。1993年1月27日在上海浦东新区奠基建造上海证券大厦；上海证券大厦竣工后，上海证券交易所搬迁至上海证券大厦内营运。全国各地1.3亿的股民，从遍布祖国五湖四海的证券营业部下单，通过网络汇总于这座大楼交易中心撮合成交。上海证券交易所是国际证监会组织、亚洲暨大洋洲交易所联合会、世界交易所联合会的成员。经过多年的持续发展，上海证券交易所已成为中国内地首屈一指的证券市场，上市公司数、上市股票数、市价总值、流通市值、证券成交总额、股票成交金额和国债成交金额等各项指标均居首位。截至2013年3月11日，上证所拥有954家上市公司，上市证券数2214个，股票市价总值160 750.71亿元。上市公司累计筹资达25万亿元；一大批国民经济支柱企业、重点企业、基础行业企业和高新科技企业通过上市，既筹集了发展资金，又转换了经营机制。

3）深圳证券交易所

深圳证券交易所成立于1990年12月1日，于1991年7月3日正式开业，由中国证监会直接监督管理。深交所致力于多层次证券市场的建设，努力创造公开、公平、公正的市场环境。其主要职能包括：提供证券交易的场所和设施；制定本所业务规则；接受上市申请、安排证券上市；组织、监督证券交易；对会员和上市公司进行监管；管理和公布市场信息；中国证监会许可的其他职能。2004年9月6日，实施《上市公司股权分置改革业务操作指引》。

作为中国两大证券交易所之一，深交所与中国证券市场共同成长。16年来，深交所借助现代技术条件，成功地在一个新兴城市建成了辐射全国的证券市场。15年间，深交所累计为国民经济筹资4 000多亿元，对建立现代企业制度、推动经济结构调整、优化资源配置、传播市场经济知识，起到了十分重要的促进作用。

深交所以建设中国多层次资本市场体系为使命，全力支持中国中小企业发展，推进国家自主创新战略实施。2004年5月，中小企业板正式推出；2006年1月，中关村科技园区非上市公司股份报价转让开始试点；2009年10月，创业板正式启动，多层次资本市场体系架构基本确立。

深交所坚持以提高市场透明度为根本理念，贯彻"监管、创新、培育、服务"八字方针，努力营造公开、公平、公正的市场环境。

4.1.3.4 行业协会

1. 中国证券业协会

中国证券业协会成立于1991年8月28日，是依据《中华人民共和国证券法》和《社会团体登记管理条例》的有关规定设立的证券业自律性组织，属于非营利性社会团体法人，接受中国证监会和国家民政部的业务指导和监督管理。

中国证券业协会的最高权力机构是由全体会员组成的会员大会，理事会为其执行机构。中国证券业协会实行会长负责制。截至2013年底，协会共有会员727家，其中，法定会员115家，普通会员540家，特别会员72家。

协会的宗旨是：在国家对证券业实行集中统一监督管理的前提下，进行证券业自律管理；发挥政府与证券行业间的桥梁和纽带作用；为会员服务，维护会员的合法权益；维持证券业的正当竞争秩序，促进证券市场的公开、公平、公正，推动证券市场的健康稳定发展。

2. 中国证券投资基金协会

中国证券投资基金业协会（以下简称基金业协会）成立于2012年6月6日，是基金行业相关机构自愿结成的全国性、行业性、非营利性社会组织。会员包括基金管理公司、基金托管银行、基金销售机构、基金评级机构及其他资产管理机构、相关服务机构。协会秉承"服务、自律、创新"理念，自觉接受会员大会和理事会的监督，严格按照国家有关法律规定和协会章程开展工作。截至2013年11月1日，基金业协会的会员共有555家。

2016年2月5日，基金业协会发布了《关于进一步规范私募基金管理人登记若干事项的公告》（以下简称《公告》），对私募基金管理人的登记备案提出更严要求，同时规定了注销私募基金管理人登记的三种情况。第一，新登记的私募基金管理人在办结登记手续之日起6个月内，仍未备案首只私募基金产品的；第二，已登记满12个月，且尚未备案首只私募基金产品的私募基金管理人，在2016年5月1日前仍未备案私募基金产品的;第三,已登记不满 12 个月且尚未备案首只私募基金产品的私募基金管理人,在 2016 年 8 月 1 日前仍未备案私募基金产品的。

基金业协会的职责范围包括以下内容:

(1)依法维护会员合法权益,向监管机构、政府部门及其他相关机构反映会员的建议和要求。

(2)为会员提供服务,组织投资者教育,开展行业研究、行业宣传、会员交流、国际交流与合作,推动行业创新发展。

(3)制定和实施行业自律规则,监督、检查会员执业行为,维护行业秩序,调解会员之间、会员与投资者之间的业务纠纷,推动行业诚信建设、树立合规经营理念,对违反法律法规或者本团体章程的,按照规定给予纪律处分。

(4)受监管机构委托制定执业标准和业务规范,对从业人员实施资格考试和资格管理,组织业务培训。

(5)根据法律法规和中国证监会授权开展相关工作。

基金业协会主要宗旨是:提供行业服务,促进行业交流和创新,提升行业执业素质,提高行业竞争力;发挥行业与政府间桥梁与纽带作用,维护行业合法权益,促进公众对行业的理解,提升行业声誉;履行行业自律管理,促进会员合规经营,维持行业的正当经营秩序;促进会员忠实履行受托义务和社会责任,推动行业持续稳定健康发展。

4.1.4 我国证券业现状及存在的问题

我国证券业经过 20 多年的发展,既遵循了国外证券业演变的一般规律,同时也因为国内政策以及市场环境不同,表现出自身特色。近年来,我国证券业出现了一些发展新趋势和新特点。

4.1.4.1 我国证券业发展现状

1. 证券行业更加重视对中小企业的融资服务

过去因为资本市场垄断、市场能力有限以及政策导向等原因,使得融资渠道一般倾向于行业中的大企业或者垄断行业,从而使得真正需要大力发展的中小企业融资受阻。随着中国资本市场不断发展,整个资本市场的竞争更加激烈。在有限的行业中的大企业或者垄断行业等优势资源被开发殆尽之后,资本市场瞄准了新的市场发展方向,即长期被忽视的中小企业。为了同资本市场中银行业、信托业等行业进行竞争,在新兴的融资平台上,依托对中小企业新的扶持政策,证券公司纷纷进军中小企业的融资市场。

2. 证券业务结构仍比较单一,同时也有加快拓宽其他业务渠道和模式的趋势

当前,经纪业务收入仍然占证券业营业收入的一半左右。而相对于国外成熟的证券业,如美国,经纪业务佣金收入占其收入总额的比例就降至 20% 左右,可见我国证券业务结构与国外发达国家证券业务结构还有很大的差距,我国证券业盈利渠道仍然以经纪业务为主,抗市场风险较差。近年证券业在国家行业政策的指引下,对其他业务的拓展取得了很大的成效。如《证券投资顾问业务暂行规定》使证券公司的投资顾问业务跨入规范发展的起点,极大地促进了投资顾问业务的发展。自从证监会正式发布了关于融资融券业务的规定及协议后,一系列的政策使得融资融券这项新业务得到了证券公司的

重视。另外，证监会公布的《证券公司客户资产管理业务管理办法》极大地放宽了证券公司传统资产管理业务的范围，刺激了全行业对资产管理业务的发展。

3. 国内证券公司与国外证券公司的接触不断加深

一方面，国外证券公司看好中国经济的发展潜力，近年来积极通过各种方式取得资格，以便能够"走进来"。如瑞银、高盛等大型国际证券公司均在中国设立了合资公司。国外证券公司一般具有雄厚的实力、先进的管理经验和高素质的人才团队，它们的加入使我国本土证券公司面临新的竞争压力，对我国证券行业形成了不小的冲击。另一方面，国内证券公司配合国内大型企业在海外市场的扩张，同时为了抢先打入国际市场，也在不断探索"走出去"的战略发展道路。目前，我国已有包括中金公司、中信证券、国泰君安、海通证券等在内的证券公司在香港设立了分公司或子公司。除了香港市场外，我国证券公司也在美国、欧洲、新加坡等发达资本市场设立了分支机构，开始探索向巴西、日本、韩国、迪拜等市场拓展业务。

经过多年的发展，我国证券业取得了不少突破，比如发行制度不断健全，多层次资本市场建设不断完善，监督体系不断完整，但是一个国家证券市场的成熟需要漫长的过程，当前我国证券业也存在一些问题值得思考。

4.1.4.2 我国证券业发展中需要解决的问题

（1）证券市场的直接融资量占整个资本市场融资量的比例仍比较低，说明证券市场的融资潜力仍然有待挖掘。

（2）随着机构投资者的比例渐渐提升，与以往中小投资者占多数的比例构成相比较，市场中投资者结构已经有了很大改善，但证券市场的波动相对成熟的国外市场仍然较大，市场上的非理性操作、投机性操作气氛很强。

（3）上市公司问题仍然严峻。上市公司信息披露不完善，整体盈利能力不强，业绩波动较大，在经济全球化的趋势中缺乏国际竞争力。

（4）虽然在创业板上市后有相关退市政策出台，但从主板、中小板及创业板整体的运行情况来看，仍然缺乏相应完善的退市制度。因此整个证券市场缺乏一个优胜劣汰的市场机制，难以保证资源的优化配置。

4.2 证券业主要业务

目前学术界对证券业业务范围的界定，主要有三种观点：

（1）根据业务内容，可将其分成三部分：承销业务或证券发行；收费的银行业务，涉及并购顾问、证券与经济研究、其他形式的金融咨询等赚取费用的活动；交易业务，包括二级市场交易、公司的自营交易和零售经纪业务。

（2）根据市场功能，可将其分为一级市场业务、二级市场业务、企业兼并收购重组、投资基金管理、项目融资和金融工程六大类。

（3）根据产生的收益，可将其业务分为八项特定的活动：证券公开发行（承销）、证券交易、证券私募、资产证券化、收购与兼并、商业银行业务、衍生工具的交易和创造、资金管理。

证券公司作为最主要的证券业机构，是整个证券体系运行的纽带和中转站。一方面作为一级市场的保荐人，保荐公司上市，实现社会融资；另一方面作为流通市场的主要参与者，可以自营证券买卖以及帮助投资者进行证券委托买卖，有助于保证二级市场的流动性。

下面对证券公司的主要业务进行介绍，包括投行业务、经纪业务、自营业务、资产管理业务、投资咨询业务、融资融券业务、新三板业务以及 IB 业务。

4.2.1　投行业务

投资银行业务简称投行业务，是指相关金融机构所从事的与企业收购兼并、企业上市有关的经济活动。国际和国内对其内涵有不同的理解。根据投资银行在线的定义，国际投资银行业务主要包括企业融资、收购兼并、财务顾问等业务。在我国，投资银行业务主要是指证券保荐与承销。证券保荐是指证券公司作为保荐人保荐上市公司进行上市；证券承销是指证券公司代销上市公司及其他机构发行的证券。证券承销是投资银行最本源、最基础的业务活动。投资银行承销的职权范围很广，包括本国中央政府、地方政府、政府其他机构发行的债券以及企业发行的股票和债券、外国政府和公司在本国乃至世界发行的证券、国际金融机构发行的证券等。证券承销有以下四种方式：

1. 包销

包销意味着主承销商和其他成员同意按照商定的价格购买发行的全部证券，然后再把这些证券卖给它们的客户。这时发行人不承担风险，风险转嫁到了投资银行。

2. 投标承购

投标承购通常是在投资银行处于被动竞争较强的情况下进行的。采用这种发行方式的证券通常都是信用较高、颇受投资者欢迎的债券。

3. 代销

代销一般是由于投资银行认为该证券的信用等级较低、承销风险大而形成的。这时投资银行只接受发行者的委托，代理其销售证券，如在规定的期限计划内发行的证券没有全部销售出去，则将剩余部分返回证券发行者，发行风险由发行者自己承担。

4. 赞助推销

赞助推销指当发行公司增资扩股时，其主要对象是现有股东，但又不能确保现有股东均认购其证券，为防止难以及时筹集到所需资金，甚至引起本公司股票价格下跌，发行公司一般都要委托投资银行办理对现有股东发行新股的工作，从而将风险转嫁给投资银行。

4.2.2　经纪业务

4.2.2.1　经纪业务的内涵及作用

经纪业务是指证券公司完全遵循客户委托指令进行代理买卖证券，并从中收取一定佣金的业务。在证券经纪业务中，包含的要素有委托人、证券经纪商、证券交易所和证券交易对象。所谓证券经纪商，是指接受客户委托、代客买卖证券并以此收取佣金的中间人。在我国，具有法人资格的证券经纪商是指在证券交易中代理买卖证券、从事经纪业务的证券公司。证券经纪商以代理人的身份从事证券交易，与客户是委托代理关系。证券经纪商必须遵照客户发出的委托指令进行证券买卖，并尽可能以最有利的价格使委托指令得以执行；但证券经纪商并不承担交易中的价格风险。证券经纪商向客户提供服务以收取佣金作为报酬。

在证券代理买卖业务中，证券公司作为证券经纪商，发挥着重要作用。由于证券交易方式的特殊性、交易规则的严密性和操作程序的复杂性，决定了广大投资者不能直接进入证券交易所买卖证券，而只能由经过批准并具备一定条件的证券经纪商进入证券交易所进行交易，投资者则需委托证券经纪商代理买卖来完成交易过程。因此，证券经纪商是证券市场的中坚力量，其作用主要表现在：

第一，充当证券买卖的媒介。证券经纪商充当证券买方和卖方的经纪人，发挥着沟通买卖双方并按一定要求迅速、准确地执行指令和代办手续的媒介作用，提高了证券市场的流动性和效率。

第二，提供信息服务。证券经纪商一旦和客户建立了买卖委托关系，客户往往希望证券经纪商提供及时、准确的信息服务。这些信息服务包括上市公司的详细资料、公司和行业的研究报告、经济前景的预测分析和展望研究、有关股票市场变动态势的商情报告等。

4.2.2.2 经纪业务的特点

1. 业务对象的广泛性

所有上市交易的股票和债券都是证券经纪业务的对象。因此，证券经纪业务的对象具有广泛性。同时，由于证券经纪业务的具体对象是特定价格的证券，而证券价格受宏观经济运行状况、上市公司经营业绩、市场供求情况、社会政治变化、投资者心理因素、主管部门的政策及调控措施等多种因素影响，经常涨跌变化。同一种证券在不同时点会有不同的价格，因此，证券经纪业务的对象还具有价格变动性的特点。

2. 证券公司的中介性

证券经纪业务是一种代理活动，证券经纪商不以自己的资金进行证券买卖，也不承担交易中证券价格涨跌的风险，而是充当证券买方和卖方的代理人，发挥着沟通买卖双方和按一定的要求和规则迅速、准确地执行指令并代办手续，同时尽量使买卖双方按自己意愿成交的媒介作用，因此具有中介性的特点。

3. 客户指令的权威性

在证券经纪业务中，客户是委托人，证券经纪商是受托人。证券经纪商要严格按照委托人的要求办理委托事务。这是证券经纪商对委托人的首要义务。委托人的指令具有权威性，证券经纪商必须严格按照委托人制定的证券、数量、价格和有效时间买卖证券，不能自作主张，擅自改变委托人的意愿。即使情况发生了变化，为了维护委托人的权益不得不变更委托指令，也必须事先征得委托人的同意。如果证券经纪商无故违反委托人的指示，在处理委托事务中使委托人遭受损失，证券经纪商应承担赔偿责任。

4. 客户资料的保密性

在证券经纪业务中，委托人的资料关系到其投资决策的实施和投资盈利的实现，还关系到委托人的切身利益，证券经纪商有义务为客户保密，如股东账户和资金账户的账号和密码；客户委托的有关事项，如买卖哪种证券，买卖证券的时间和价格等；客户股东账户中的库存证券种类和数量；资金账户中的金额等。如因证券经纪商泄露客户资料而造成客户损失，证券经纪商应承担赔偿责任。

4.2.3 自营业务

4.2.3.1 自营业务的内涵及相关规定

证券自营业务是证券公司使用自有资金或者合法筹集的资金以自己的名义买卖证券获取利润的证券业务。从国际上看，证券公司的自营业务按交易场所分为场外（如柜台）自营买卖和场内（交易所）自营买卖。场外自营买卖是指证券公司通过柜台交易等方式，与客户直接洽谈成交的证券交易。场内自营买卖是证券公司自己通过集中交易场所（证券交易所）买卖证券的行为。我国的证券自营业务一般是指场内自营买卖业务。

国际上对场内自营买卖业务的规定较为复杂。如在美国纽约证券交易所，经营证券自营业务的机构或者个人，分为交易厅自营商和自营经纪人。交易厅自营商只进行证券的自营买卖业务，不办理委托业务。自营经纪人在自营证券买卖业务的同时，兼营代理买卖证券业务，其代理的客户仅限于交易厅里的自营经纪人与自营商。自营经纪人自营证券的目的不像自营商那样追逐利润，而是对其专业经营的证券维持连续市场交易，防止证券价格的暴跌与暴涨。

在我国，证券自营业务专指证券公司为自己买卖证券产品的行为。买卖的证券产品包括在证券交易所挂牌交易的A股、基金、认股权证、国债、企业债券等。

证券公司从事自营业务，应当遵守以下规定。

1. 真实、合法的资金和账户

证券公司从事自营业务必须以自己的名义进行，不得假借他人名义或者以个人名义进行。证券公司的自营业务必须使用自有资金和依法筹集的资金，不得通过"保本保底"的委托理财、发行柜台债券等非法方式融资，不得以他人名义开立多个账户。证券公司不得将其自营账户转借给他人使用。

2. 业务隔离

证券公司必须将证券自营业务与证券经纪业务、资产管理业务、承销保荐业务及其他业务分开操作，建立防火墙制度，确保自营业务与其他业务在人员、信息、账户、资金、会计核算方面严格分离。

3. 明确授权

建立健全相对集中、权责统一的投资决策与授权机制。自营业务决策机构应当按照董事会、投资决策机构、自营业务部门三级体制设立。证券公司要建立健全自营业务授权制度，明确授权权限、时效和责任，建立层次分明、职责明确的业务管理体系，制定标准的业务操作流程，明确自营业务相关部门、相关岗位的职责，保证授权制度的有效执行。自营业务的管理和操作由证券公司自营业务部门专职负责，非自营业务部门和分支机构不得以任何形式开展自营业务。自营业务的投资决策、投资操作、风险监控的机构和职能应当相互独立。自营业务的账户管理、资金清算、会计核算等后台职能应当由独立的部门或岗位负责，形成有效的前、中、后台相互制衡的监督机制。

4. 风险监控

证券公司要根据公司经营管理的特点和业务运作状况，建立完备的自营业务管理制度、投资决策机制、操作流程和风险监控体系，在风险可测、可控、可承受的前提下从事自营业务。证券公司应当建立自营业务的逐日盯市制度，健全自营业务风险敞口和公司整体损益情况的联动分析与监控机制，完善风险监控量化指标体系，定期对自营业务投资组合的市值变化，及对公司以净资产为核心的风险监控指标的潜在影响进行敏感性分析和压力测试。根据监管机构的规定，证券公司证券自营账户上持有的权益类证券按成本价计算的总金额不得超过其净资产的80%。

5. 报告制度

证券公司应当按照监管部门和证券交易所的要求，报送自营业务信息。报告的内容包括：自营业务账户、席位情况，涉及自营业务规模、风险限额、资产配置、业务授权等方面的重大决策，自营风险监控报告等事项。

4.2.3.2 自营业务的特点

自营业务与经纪业务相比较，根本区别是自营业务是证券公司为盈利自己买卖证券，而经纪业务是证券公司代理客户买卖证券。具体表现在以下几点。

1. 决策的自主性

证券公司自营买卖业务的首要特点即为决策的自主性。这表现在：第一，交易行为的自主性。证券公司自主决定是否买入或卖出某种证券。第二，选择交易方式的自主性。证券公司在买卖证券时，是通过交易所买卖，还是通过其他场所买卖，由证券公司在法规范围内依一定的时间、条件自主决定。第三，选择交易品种、价格的自主性。证券公司在进行自营买卖时，可根据市场情况，自主决定买卖品种、价格。

2. 交易的风险性

风险性是证券公司自营买卖业务区别于经纪业务的另一重要特征。由于自营业务是证券公司以自己的名义和合法资金直接进行的证券买卖活动，证券交易的风险性决定了自营买卖业务的风险性。在证券的自营买卖业务中，证券公司自己作为投资者，买卖的收益与损失完全由证券公司自身承担。而在代理买卖业务中，证券公司仅充当代理人的角色，证券买卖的时机、价格、数量都由证券委托人决定，由此而产生的收益和损失也由委托人承担。

3. 收益的不稳定性

证券公司进行证券自营买卖，其收益主要来源于低买高卖的价差，但这种收益不像收取代理手续费那样稳定。

4.2.4 资产管理业务

4.2.4.1 资产管理业务的内涵

资产管理业务一般是指证券经营机构开办的资产委托管理，即委托人将自己的资产交给受托人、由受托人为委托人提供理财服务的行为。资产管理业务是证券经营机构在传统业务基础上发展的新型业务。国外较为成熟的证券市场中，投资者大都愿意委托专业人士管理自己的财产，以取得稳定的收益。证券经营机构通过建立附属机构来管理投资者委托的资产。投资者将自己的资金交给训练有素的专业人员进行管理，避免了因专业知识和投资经验不足而可能引起的不必要风险，对整个证券市场发展也有一定的稳定作用。

根据2003年12月18日中国证监会令第17号《证券公司证券资产管理业务试行办法》规定，资产管理业务是指证券公司作为资产管理人，依照有关法律法规及《证券公司证券资产管理业务试行办法》的规定与客户签订资产管理合同，根据资产管理合同约定的方式、条件、要求及限制，对客户资产进行经营运作，为客户提供证券及其他金融产品的投资管理服务的行为。

4.2.4.2 资产管理业务的运作程序

（1）审查客户申请。证券经营机构要求客户提供相应的文件，并结合有关的法律限制决定是否接受其委托。委托人可以是个人，也可以是机构。但商业银行由于不能从事信托和股票业务，因此不得成为委托人。还有一些基本要求，如个人委托人应具有完全民事行为能力；机构委托人合法设立并有效存续，对其所委托资产拥有合法所有权，一般还须达到受托人要求的一定数额。一些按法规规定不得进入证券市场的资金，如信贷资金、上市公司募集资金和国家指定专款专用的资金都不得用于资产委托管理。

（2）签订资产委托管理协议。协议中将对委托资金的数额、委托期限、收益分配、双方权利义务等做出具体规定。

（3）管理运作。在客户资金到位后，便可开始运作。操作中应做到专户管理、单独核算，不得挪用客户资金，不得骗取客户收益。同时还应遵守法律上的有关限制，防范投资风险。

（4）返还本金及收益。委托期满后，证券经营机构按照资产委托管理协议要求，在扣除受托人应得的管理费和报酬后，将本金和收益返还委托人。在国际上，对证券经营机构从事资产管理业务都有较为严格的规定。

目前，我国只对资产管理业务中的证券投资基金制定了专门的法规。

根据《证券投资基金管理暂行办法》的规定，证券经营机构申请从事基金管理业务、设立基金管理公司，应当具备下列条件：

（1）主要发起人为按照国家有关规定设立的证券公司、信托投资公司。

（2）主要发起人经营状况良好，最近三年连续盈利。

（3）每个发起人实收资本不少于3亿元。

（4）拟设立的基金管理公司的最低实收资本为1 000万元。

（5）有明确可行的基金管理计划。

（6）有合格的基金管理人才。

（7）符合中国证监会规定的其他条件。

4.2.4.3 资产管理业务的运营管理

(1)确定投资目标和投资政策。根据资产管理的风险、委托人的收益偏好特征,来确定投资目标、标的范围和投资策略。

(2)制定资产配置策略。对跨区域的空间范围,要进行多资产类别配比,制定不同的策略配置。对一个特定区域的宏观经济,要进行全面彻底的宏观经济分析、行业分析,制定资产配置策略。

(3)投资目标选择。对具体的投资标的全面分析考量,分析标的范围内各种资产的风险、收益,寻找被市场错误定价的证券。

(4)建立资产组合。确定投资资产品种及各种资产的投资数量,使基金所建立的投资组合的风险、收益特征符合资产管理的目标。

(5)资产再平衡。根据市场的变化,确定资产的买进和卖出,对已经建立的资产组合进行适当的调整。

(6)投资组合绩效评估。对资产管理水平进行综合评估,包括委托管理资产的收益、风险、目标完成情况、资产池内部两两相关性等。

(7)投资者关系管理和客户服务。投资银行至少每 3 个月向客户提供一次准确、完整的资产管理报告,对报告期内客户资产的配置状况、价值变动等情况做出详细说明。

4.2.5 投资咨询业务

4.2.5.1 证券投资咨询业务的内涵及分类

证券投资咨询是指综合类证券公司为客户提供的有关资产管理、负债管理、风险管理、流动性管理、投资组合设计、估价等多种咨询服务。有时候,证券经营机构提供的咨询服务包含在证券承销、经纪、基金管理等业务之中。

根据服务对象的不同,证券投资咨询业务可以分为:面向公众的投资咨询业务;为签订了咨询服务合同的特定对象提供的证券投资咨询业务;为本公司投资管理部门、投资银行部门的投资咨询服务。

4.2.5.2 证券投资咨询业务的流程

投资咨询业务的流程包括以下几个步骤:

(1)服务模式的选择和设计。根据客户的需求和特征,选择和设计个性化或者标准化的顾问服务模式。

(2)客户签约。了解客户情况,评估客户的风险承受能力,为客户选择适当的投资咨询服务或产品,告知客户服务内容、方式、收费以及风险情况,由客户自主选择是否签约。目前,投资顾问服务协议体现为多种形式,如客户提交书面"服务申请表"开通服务、客户在网上交易平台申请开通服务、与公司总部签订《投资顾问服务协议》等。

(3)形成服务产品。公司总部或者证券营业部的投资顾问团队根据证券研究报告及其他公开证券信息,分析证券投资品种、理财产品的风险特征,形成具体投资建议或标准化顾问服务产品,提供给直接面对客户的投资顾问服务人员。

（4）服务提供。投资顾问服务人员通过面对面交流、电话、短信、电子邮件等方式向客户提供投资建议服务。证券公司通过适当的技术手段，记录、监督投资顾问服务人员与客户的沟通过程，实现过程留痕。

4.2.6 融资融券业务

融资融券业务是指证券公司向客户出借资金供其买入证券或出借证券供其卖出证券的业务，实际上融资融券业务包括了"融资"和"融券"两大业务。由融资融券业务产生的证券交易称为融资融券交易。融资融券交易分为融资交易和融券交易两类。客户向证券公司借入资金买入证券叫融资交易，客户借入资金后按照规定时间偿还证券公司本金和应付利息；客户向证券公司借入证券以便卖出称为融券交易，客户按照相关规定到期偿还证券公司等额证券和融券费。

4.2.6.1 融资融券业务的作用

1. 发挥价格稳定器的作用

在完善的市场体系下，信用交易制度能发挥价格稳定器的作用，即当市场过度投机或者做庄导致某一股票价格暴涨时，投资者可通过融券卖出方式沽出股票，从而促使股价下跌；反之，当某一股票价值被低估时，投资者可通过融资买进方式购入股票，从而促使股价上涨。

详细来说，以融券交易为例，当市场上某些股票价格因为投资者过度追捧或是恶意炒作而变得虚高时，敏感的投机者会及时地察觉这种现象，于是他们会通过借入股票来卖空，从而增加股票的供给量，缓解市场对这些股票供不应求的紧张局面，抑制股票价格泡沫的继续生成和膨胀。

而当这些价格被高估的股票因泡沫破灭而使价格下跌时，先前卖空这些股票的投资者为了锁定已有的利润，适机重新买入这些股票以归还融券债务，这样就又增加了市场对这些股票的需求，在某种程度上起到"托市"的作用，从而达到稳定证券市场的效果。

融资融券交易有助于投资者表达自己对某种股票实际投资价值的预期，引导股价趋于体现其内在价值，并在一定程度上减缓了证券价格的波动，维护了证券市场的稳定。

有效缓解市场的资金压力对于证券公司的融资渠道可以有基金等多种方式，所以融资的放开和银行资金的入市也会分两步走。在股市低迷时期，对于基金这类需要资金调节的机构来说，不仅能解燃眉之急，也会带来相当不错的投资收益。

2. 提升股票市场的活跃度

融资融券业务有利于市场交投的活跃，利用场内存量资金放大效应也是刺激 A 股市场活跃的一种方式。中信建投证券分析师吴春龙和陈祥生认为，融资融券业务有利于增加股票市场的流通性。

3. 改善券商生存环境

融资融券业务除了可以为券商带来数量不菲的佣金收入和息差收益外，还可以衍生出很多产品创新机会，并为自营业务降低成本和套期保值提供了可能。

4. 有助于建立多层次的证券市场

融资融券制度是现代多层次证券市场的基础，也是解决新老划断之后必然出现的结构性供求失衡的配套政策。

融资融券和做空机制、股指期货等是配套联在一起的，将会同时为资金规模和市场风险带来巨大的放大效应。

在不完善的市场体系下信用交易不仅不会起到价格稳定器的作用，反而会进一步加剧市场波动。风险表现在两方面：其一，透支比例过大，一旦股价下跌，其损失会加倍；其二，当大盘指数走熊时，信用交易有助跌作用。

4.2.6.2 融资融券业务所带来的风险

1. 融资融券业务对标的证券具有助涨助跌的作用

证券市场存在越涨越买、越跌越卖的特征，也就是我们常说的追涨杀跌现象。融资融券业务引入信用交易，投资者可以通过融资或者融券来进行操作，对标的证券具有助涨助跌的作用。融资融券业务的推出会增大市场波动性，助长市场的投机气氛。

2. 融资融券业务的推出使得证券交易更容易被操纵

融资融券业务通过引入信用交易而具有杠杆效应，使得投机资金操纵市场变得更加容易，易引起市场的巨幅波动，损害投资者利益。

3. 融资融券业务可能会对金融体系的稳定性带来一定威胁

融资融券交易是一种信用交易，实行保证金体系，这加剧了证券市场的动荡。在极端情况下，如果投资者对未来有良好预期并一致做多，融资可能导致信贷等资金大量进入证券市场，现货市场产生大量泡沫，积累金融风险；而在经济出现衰退、市场萧条的情况下，投资者一致做空，融券又使现货市场价格大幅下跌，甚至引发市场危机。现货市场的大幅波动也会极大地损害股指期货市场，融资融券业务增大了整个金融体系的系统性风险。

总之，融资融券业务的推出是加深我国证券市场基本制度建设的一项重要举措，其利大于弊。它将改变我国证券市场单边市的状况，改善证券市场中资金的供给和需求关系，对于提高证券市场的效率具有重要意义。

4.2.7 新三板业务

4.2.7.1 新三板业务的内涵及特点

"新三板"市场原指中关村科技园区非上市股份有限公司进入代办股份系统进行转让试点，因为挂牌企业均为高科技企业而不同于原转让系统内的退市企业及原STAQ、NET系统挂牌公司，故形象地称为"新三板"。

新三板是由科技部、证监会、证券业协会、深交所、北京市中关村管委会五方共同为扶持国家级高科技园区的科技含量较高、自主创新能力较强的中小股份制企业而设立的融资服务平台，是国家多层次资本市场的重要组成部分，目的在于促进中小科技型企业利用资本市场，吸引风险资本投入，引入战略投资者，重组并购和提高公司治理水平。

新三板业务的意义主要是针对公司的,会给该公司带来很大的好处。目前,新三板不再局限于中关村科技园区非上市股份有限公司,也不局限于天津滨海、武汉东湖以及上海张江等试点地的非上市股份有限公司,而是全国性的非上市股份有限公司股权交易平台,主要针对的是中小微型企业。

4.2.7.2 新三板挂牌与主板上市的区别

1. 服务对象不同

全国股份转让系统的定位主要是为创新型、创业型、成长型中小微企业发展服务。这类企业普遍规模较小,尚未形成稳定的盈利模式。在准入条件上,不设财务门槛,申请挂牌的公司可以尚未盈利,只要股权结构清晰、经营合法规范、公司治理健全、业务明确并履行信息披露义务的股份公司均可以经主办券商推荐申请在全国股份转让系统挂牌。

2. 投资者群体不同

我国交易所市场的投资者结构以中小投资者为主,而全国股份转让系统实行了较为严格的投资者适当性制度,未来的发展方向将是一个以机构投资者为主的市场,这类投资者普遍具有较强的风险识别与承受能力。

3. 服务目的不同

全国股份转让系统是中小微企业与产业资本的服务媒介,主要是为企业发展、资本投入与退出服务,不是以交易为主要目的。

4.2.7.3 新三板的市场作用

1. 成为企业融资的平台

新三板的存在使得高新技术企业的融资不再局限于银行贷款和政府补助,更多的股权投资基金将会因为有了新三板的制度保障而主动投资。

2. 提高公司治理水平

依照新三板规则,园区公司一旦准备登录新三板,就必须在专业机构的指导下先进行股权改革,明晰公司的股权结构和高层职责。同时,新三板对挂牌公司的信息披露要求比照上市公司进行设置,很好地促进了企业的规范管理和健康发展,增强了企业的发展后劲。

3. 为价值投资提供平台

新三板的存在使得价值投资成为可能。无论是个人还是机构投资者,投入新三板公司的资金在短期内不可能被收回,即便收回,投资回报率也不会太高。因此更适合以价值投资的方式对新三板公司投资。

4. 通过监管降低股权投资风险

新三板制度的确立使得挂牌公司股权投融资行为被纳入交易系统,同时受到主办券商的督导和证券业协会的监管,自然比投资者单方力量更能抵御风险。

5. 成为私募股权基金退出的新方式

对于投资新三板挂牌公司的私募股权基金来说,股份报价转让系统的搭建成为一种资本退出的新方式，挂牌企业也因此成为私募股权基金的另一投资热点。

4.2.8 IB 业务

IB（introducing broker，介绍经纪人）业务制度是指机构或者个人接受期货经纪商的委托，介绍客户给期货经纪商并收取一定佣金的业务模式。IB 业务制度起源于美国，在金融期货交易发达的国家和地区（美国、英国、韩国、我国台湾地区等）得到普遍推广，并取得了成功。

目前我国采用券商 IB 业务制度。券商 IB 业务制度指券商担任期货公司的介绍经纪人或期货交易辅助人，期货交易辅助业务包括招揽客户、代理期货商接受客户开户、接受客户的委托单并交付期货商执行等。通常而言，券商 IB 业务制度就是券商介绍客户给期货公司，期货公司向证券公司支付一定佣金的模式。

证券公司开展 IB 业务，必须满足相应的资格条件。在组织架构方面，证券公司与期货公司需成立或指定专门的部门负责介绍业务的管理与业务对接。在人员配备方面，证券公司总部至少有 5 名专职业务人员，证券公司营业部至少有 2 名专职业务人员，专职人员应具备期货从业资格，专职人员与证券公司营业部负责人应通过中国期货协会组织的专项培训和考试。在基础设施方面，证券公司应设置专门的期货开户专区，与证券业务隔离，并且要有开展 IB 业务的显著标识，要将介绍业务范围、专职人员的名单照片、出入金流程、客户投诉电话及处理流程等内容现场公示。

4.3 证券业服务外包

4.3.1 证券业服务外包的原则

证券业服务外包以业务分工和核心竞争力理论为基础，其根本目的在于通过重新配置资源，将有限的资源集中于相对优势领域来提升核心竞争力，增强持续发展的能力，所以证券业在实行服务外包的过程中，会坚持以下三个原则：

第一，强化核心竞争力。一方面证券业相关机构可以利用专门服务机构的先进技术和设备，集中资源强化自己的核心业务，提高核心竞争力。另一方面，还可以精简机构和人员，使组织目标更明确，提高组织的灵活性、创新性和响应速度，更快、更好地满足顾客的需求。

第二，降低成本。一方面，专业化分工和规模效益使得某些专门从事外包服务的供应商拥有比证券机构本身更有效的专业服务经验和资源，以及更低的成本和更高的效率。另一方面，将特定业务外包到服务成本更低的国家和地区，能直接降低证券机构的固定成本、人力成本和管理成本。此外，服务外包有利于证券机构节省大量的固定资产投资，减少由于资产专用性而引致的沉没成本。

第三，降低风险。证券机构通过外包与外包供应商建立战略联盟，利用战略伙伴的优势资源缩短金融产品从开发、设计、生产到销售的时间，降低在较长时间内由于技术或市场变化所造成的产品风险。同时，由于战略联盟的各方都可以利用各方原有的技术和设备，从整体上降低了项目的成本和投资风险，使证券机构能更灵活地应对迅速变化的外部市场环境和顾客需求。

4.3.2 证券业服务外包的类型

随着证券业的快速发展和不断壮大，业内分工越来越明细，以外包方式进行全方位的跨行业合作已成为未来发展的必然趋势。根据证券业协会调查，目前国内证券公司的业务外包主要集中在金融产品销售、研究咨询、人力资源以及法律和财务审计等方面。除了上述非核心业务以外，也有部分核心业务进行外包的情况。根据《证券时报》的最新调查，有些证券公司投行业务将部分环节外包，如保荐券商通常会把上市公司招股说明书中发行人的基本情况、历史沿革、业务和技术、募集资金投向、未来发展与规划等章节外包给其他中介机构或第三方机构。另外，甚至有证券公司将上市辅导、尽职调查等业务流程也外包出去。下面对国内证券业服务外包合作规模比较大的主要业务进行简单介绍。

4.3.2.1 IT服务外包

IT服务外包就是把企业和个人的信息化建设工作交给专业化服务公司来做。它可以包括以下内容：信息化规划（咨询）、设备和软件选型、灾难数据恢复、网络系统和应用软件系统建设、整个系统网络的日常维护管理和升级等。IT外包服务是企业迅速发展数字化、提高数字化质量和工作效率、节约信息化成本的一种途径。

随着全球化经济快速发展，证券业率先大规模应用现代计算机网络技术进行大量的数据存储、计算、传输。计算机软、硬件技术和网络技术的专业化应用使得证券业管理机构、公司能够更加高效专一地进行自身战略研发、市场拓展等高附加值和有比较优势的业务，而将计算机系统的设计、建设、维护等工作交给专业的IT公司。

在IT外包服务中，股票软件开发外包是一项非常典型的业务。软件开发是专业性很强的系统工程，一般只有专业的开发公司才具备这个能力。证券公司可以与软件开发公司合作，将自己的需求反映给对方，从而开发出适合客户需求的股票分析软件或交易软件。目前，我国国内证券公司股票软件提供商比较著名的有恒生电子、通达信、同花顺、大智慧等，其中在证券业协会发起的调查中，恒生电子被多家券商评选为最佳软件供应商。

4.3.2.2 后台处理外包

证券业的行业特性决定了它必须从事大量的单证、数据处理工作，除了大规模采用计算机技术来提高效率外，还逐步发展出了众多专业的后台单证处理外包公司。这些外包公司进行录入、核对、传输、数据采集、数据挖掘、整理等繁琐工作，使得全球性的金融证券信息有效整合利用成为可能。

4.3.2.3 客户服务外包

随着证券业客户规模的不断扩大，各证券机构已无法凭自身力量去建立庞大的客户服务团队来提供高效优质的服务。例如,国内某证券公司在开展国际业务时遇到外国客户语言沟通障碍问题,如果自己组建外语客户服务团队会遇到建设周期长、招聘渠道少、人员缺乏专业性、管理难度大、边际成本高等难以解决的难题。而将这部分业务外包给专业的外包公司就很容易解决问题了,专业外包公司通过规模化的运作,为证券公司提出系统灵活的解决方案,节约大量的成本,使得该公司此项业务得以顺利实施。

证券客户服务外包的另一项内容是呼叫中心外包。在我国高速发展的证券市场中参与竞争的各大证券公司,如何摆脱传统商业手段和运作模式,能够低成本向客户提供高质量的服务和灵活多样的业务,加快包括呼叫中心在内的基础平台建设,已经成为证券公司竞争成败的关键因素之一。呼叫中心系统的灵活性和可扩展性、稳定性和安全性是其成功与否的重要标志。由于证券交易量越来越庞大,业务量上升,导致证券公司原有的呼叫中心无法满足现实需求。因而,建设具有更高响应能力的呼叫中心成为必然,而证券公司本身的 IT 开发能力有限,必须依赖相关专业 IT 公司进行服务外包合作。国内能够承接呼叫中心业务外包的 IT 公司有华为等。

4.3.3　国内证券业服务外包未来趋向分析

金融业是经营金融商品的特殊行业,包括银行业、保险业、证券业、信托业、租赁业等,其中证券业包括基金业、期货业。随着各个领域的相互渗透,以及其他领域如 IT 领域的迅猛发展,金融业外包逐步成为服务业外包的重点领域和新趋向。但是由于各行业的本身特点,不同金融业部门实行服务外包程度差距较大,银行业和保险业领域的服务外包较多,而证券业则处于初始阶段。证券业业务活动很多,但目前实行服务外包的仅限于 IT 软硬件、后台业务处理、呼叫中心业务,而券商的传统经营业务并没有实行外包,比如证券咨询、经纪业务、资产管理、IB 业务等领域。

4.3.3.1　影响证券业服务外包的因素

证券业业务是否实行外包主要取决于三个因素。

第一,承包商是否具备相应的资质和能力。

第二,在成本方面,承包商相比发包方要有比较优势。

第三,预备进行外包的业务不能对发包方营业收入来源构成威胁。

4.3.3.2　未来证券业服务外包的新变化

基于以上三个因素的综合考量,未来证券业服务外包可能呈现一些新变化。

第一,在证券业众多传统业务当中,未来的新趋势将出现在证券业内部的相互外包,比如小型证券公司的投资咨询业务可能外包给大型的证券公司、更加专业的投资咨询公司或者有很强研究分析能力的大型基金管理公司,实力较弱的公募基金或者私募基金将会把一部分业务外包给大型的证券公司,比如基金发行及销售、基金份额净值计算、清算、资金托管等。

第二,在未来,对证券公司而言,人力资源管理(包括人员招聘、培训等)、档案管理、内部审计(内部审计外包有利于降低审计成本,并增强审计独立性)及市场调研和有关研发等非核心业务都可以进行外包,至于自营业务、资产管理业务等核心业务基本上还是由证券公司自身经营。

4.3.4 证券业服务外包可能带来的风险

证券业服务外包过程中存在很多可能导致外包失败的因素,比如没有设置有关持续改善合同条款的机制,文化与目标差异导致的不相容性,合同缺乏弹性;外包商的机会主义行为,忽视外包关系管理所导致的服务水平下降,指派不合适的人员管理外包合同,员工士气和信心下降,企业失去对有关职能的控制及外包所引起的信息安全性与潜在竞争,等等。外包失败会给证券业相关金融机构带来损失,外包失败风险可以界定为负面事件造成的损失与负面事件发生概率的乘积。

外包中可能发生由于信息隐藏、道德风险、信息猎取、不完善契约和有限理性等引发的交易成本和管理成本,包括资源重新配置成本、组织调整成本、投入外包管理的人力成本等,可能产生昂贵的契约协商与契约修订成本、额外的服务费用、法律争端与诉讼、服务成本增加以及失去专长、创新能力和竞争优势等外包风险。在外包过程中,许多金融机构经常低估交易成本和管理成本,而这两项成本通常上升得很快。此外,在IT外包领域,随着证券业金融机构对IT外包服务商的依赖性越来越强,合同服务期满后如果不变更服务商,价格可能有一定的涨幅,但变更服务商,可能服务价格更会大涨,不论如何,都会导致IT服务成本的潜在上涨,并可能致使证券金融机构在IT投资和IT服务成本预算方面失去一定的控制。

由外包收益分配的不确定性导致的风险。其一,由于资产的专用性(无论是地点专用性、物资资产专用性、贡献资产还是人力资源的专用性),对于已签订外包合同的双方必定会处于一定程度的双边垄断。双边垄断的程度与外包的产品或服务所在的行业竞争激烈程度负相关。其二,任何外包的合同都是不完全合同,因为签订外包合同的双方都不可能完全预测到未来执行合同时可能出现的各种情况,以及相应的解决办法;即使可以预测到未来执行合同时可能出现的所有情况和相应采取的对策,却不可能完全没有争议地把它们写进合同中;即使可以都写进合同中,也不能确保所有条款都有可证实性。合同的不完全性与双边垄断的结合将产生一定的寻租,由于机会主义的存在,对于利益分配会有很大的不确定性,从而提高了外包收益的不确定性,进而使证券金融机构承担一定的盈利风险。

学习机会和核心能力培养机会丧失也可能带来相应的风险。整合资源管理强调企业资源的不可分割性,设计和生产是一对密切相关的技能。从根本上讲,金融机构的核心竞争能力是金融机构独特的知识和技能的集合,它对金融机构的作用在于用动态的整合资源的能力提供与环境变化相适应的应变能力。外包部分或全部金融产品的生产环节,金融机构或许有可能保住当前产品的竞争优势,但可能会破坏作为整体的设计与生产活动的互动关系,损坏了自身的竞争能力。

此外,在外包过程中,证券金融机构将自己的部分或全部信息提供给外包商开发、运行和管理，期间外包商及其员工有获准接触证券金融机构秘密及机密资料的权力，这样证券金融机构的商业秘密及其相关信息就极有可能会泄漏给竞争对手，从而面临着战略泄漏和知识产权纠纷的风险。此外，在开发较大的核心项目过程中，IT服务商往往比证券金融机构更具有知识产权意识，有可能将共同的开发项目抢先占为己有，而发生知识产权的纠纷问题，由此还可能导致更为严重的信誉风险和法律风险，从而蒙受巨大损失。

本章小结

本章介绍证券业服务外包相关内容，下面对主要内容进行小结。

1. 证券是多种经济权益凭证的统称，是用来证明券票持有人享有某种特定权益的法律凭证。按照不同标准可以将证券划分为不同种类。证券具有收益性、流动性、风险性等特征。

2. 金融即资金融通，证券业是金融体系的重要组成部分，具有直接融资、资源配置、分散和转让风险、信息传播与发现等功能。

3. 证券业包括不同的机构，主要有证券公司、基金管理公司、交易监管机构、行业协会。

4. 证券业主要业务包括投行业务、经纪业务、自营业务、资产管理业务、投资咨询业务、融资融券业务、新三板业务、IB业务。

5. 证券业服务外包原则：强化核心竞争力、降低成本、降低风险。

6. 证券业服务外包类型：IT服务外包、后台处理外包、客户服务外包。

7. 证券服务外包中可能发生信息隐藏、道德风险、信息猎取、不完善契约和有限理性等风险。

5 保险业金融服务外包

【学习目标】

1. 理解保险业相关业务;
2. 了解保险的内涵及其分类;
3. 掌握保险业服务外包相关内容。

【引入案例】

平安保险公司业务外包

随着入世的成功,中国的保险业市场将面临前所未有的挑战和机遇,为能与即将进入国内市场的国际保险业巨头竞争,中国的保险公司都在不断推陈出新,扩大业务范围,提高服务质量,以期能够不断扩大市场份额。向客户提供差异化服务成为中国平安保险公司(寿险)近几年的战略突破点。

保险业最明显的特点是提供给客户一种无形的服务,真正到达客户手中的有形商品只有一份保单(即承保合同),这份保单包括客户的个人信息、保费交纳发票、选定的险种条款三部分。保单的质量和出单的效率将在一定程度上体现公司的实力与形象。平安保险认识到了这一点,并不断采取相应的措施提高出单的质量和效率。一份保单从业务员与客户达成协议到以正规合同的形式返回客户手中大约有以下几个流程(见图5-1)。

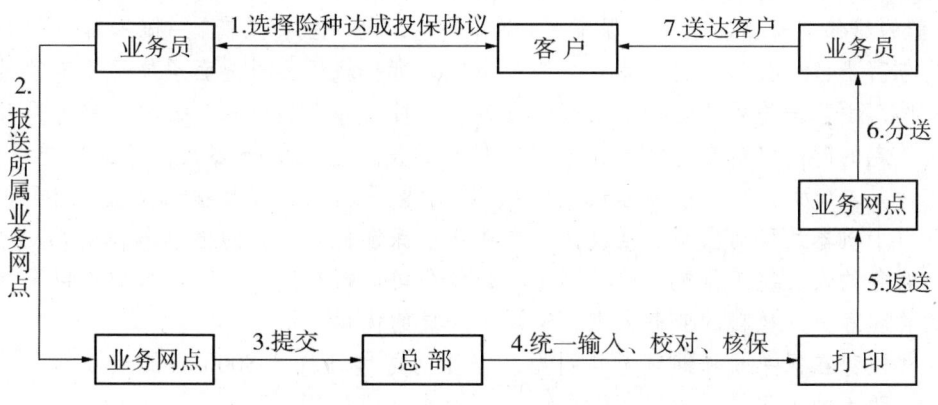

图5-1 保单形成的业务流程

根据保险法，保户在保险公司同意承保（一般以保单打印完成为标准）后十天内可以无条件放弃合同而不被视为违约，这一段时间被称为清醒期。因此，在保单形成过程（即流程2至7）和清醒期内，保险公司都有失去客户的风险，这两段时间之和可看作公司的"提前期"。为尽量避免在提前期内失去客户的风险出现，保险公司往往力图在最短的时间内将保单处理完毕，尽快送达客户的手中。这样就对保单的形成过程提出了"及时处理"的要求。

为控制整个流程的时间，公司提出了各方面的要求：①业务员在与客户达成投保协议后要在1天以内将保单送至业务网点；②保单从业务网点到达总部后，统一的输入、校对、核保工作要在1.5天内完成；③保单打印完成后返送业务网点，分送业务员在1天内完成；④业务员在拿到正式保单后要在3天内将保单送回保户手中，而保单打印、装订、分类工作需要1.5～2天才能完成，也就是说，保户在与寿险业务员签订投保协议并交纳相关保费后要在8～9天之后才能拿到正式保单，这样，公司就有近20天的"提前期"，显然太长了，而在整个流程中落后的保单打印流程成了一个瓶颈。

一般保险公司保单的客户的个性化信息和发票是用连续纸分别进行打印的，打印结束后由人工将保单和发票一张张撕开，再将同一客户的保单部分、发票部分和固定的条款用订书机装订起来。为了保证整份保单的完整性和安全性还需要在每份保单上加盖骑缝章，不但在外观上不尽人意，这种打印方式还需要配备大量的人力，而且很难达到各环节之间的生产能力平衡。由于全部采用人工分类、装订，出错率较高，尤其是当保单高峰期时根本无法满足及时送单的要求。

为了解决这一问题，在2000年平安寿险上海分公司选用了富士施乐公司的高速分页纸激光打印系统及其相应软件，能够将同一用户保单和发票同时打印，省掉了将保单和发票进行分类的时间，同时配备了5台维乐四系列装订机进行装订，使保单打印、装订的速度、质量和外观都有了很大的提高，在技术上解决了保单打印中存在的问题。但由于新机器本身的性质特点，极易出现故障，对机器的维修和保养都提出了很高的要求，必须得到机器提供商随时随地的指导和处理。一旦出现了较大的机器故障就必须停工等待，使出单的稳定性大打折扣。

为了从根本上解决打印中存在的管理问题，平安寿险萌生了将全部打印及其相关业务（机器的维修、保养、出单率保证等）全部外包，由机器提供商"一揽子解决"的想法，并就此与富士施乐公司达成了协议。合同规定，富士施乐公司全面承包平安寿险的保单打印工作，由富士施乐公司提供相应的设备、人员，并常驻上海分公司，平安寿险只需在每天固定的时间将所需打印的保单以电子形式发给富士施乐公司，并给出交单时间、交单质量要求（如出错率等指标），打印、装订及机器维护工作全部由富士施乐完成，避免了由于机器故障而出现的延误，以专业水准保证打印保单的出单率和质量。原先负责打印业务的人员将工作重心转移到了与外包公司进行交流、控制产品质量以及对外包公司的管理等更加核心的业务上来，实现了人员的优化。

这些优势在保单高峰期时尤其明显，曾经创造过日打印8000份的最高纪录，几乎接近过去两天的工作量。

在数据保密的问题上，平安寿险从技术和法律上都进行了双重保证。首先，传至富士施乐公司的保单将被打印系统直接转换为图像的形式，富士施乐公司没有修改权限；同时，在外包合同签订时就已规定相应的责任和义务。双方管理人员每两周举行一次会谈，及时通报情况、解决问题。

在实施该项业务以后，平安保险公司上海分公司成为全国首家采用外包打印形式的保险公司，并使出单时间从1.5～2天下降到了1天，仅在一个环节上就节约了30%～50%的时间。同时，由于打印外包所取得的成功，促使管理层做出了将保单的运送业务也外包给EMS（邮政特快专递）的决策。每天上午十点，由EMS将以前从各网点汇总起来到总部进行打印处理的保单送回各网点，并收齐当天需要上交的保单，形成一个流畅的闭路循环，提高了管理的规范化程度。

案例思考：
(1) 平安保险公司以往的运作模式存在哪些问题？
(2) 服务外包对平安保险公司运营有哪些促进作用？
(3) 以平安保险公司为例，保险业实行服务外包的原因主要有哪些？

5.1 保险业概述

5.1.1 保险及保险业

5.1.1.1 保险的定义

"保险"由英文"insurance"翻译而来，是一个我们日常生活的高频词，具有"稳妥、有把握"的意思。在保险学中，"保险"有其特殊的内涵。按照我国《保险法》第二条的规定，"保险"是指投保人根据合同约定，向保险人支付保险费，保险人对于合同约定的可能发生的事故因其发生而造成的财产损失承担赔偿保险金责任，或者当被保险人死亡、伤残和达到合同约定的年龄、期限时承担给付保险金责任的行为。

保险是一种法律关系。人与人之间的关系多种多样，其中受法律支配的便是法律关系。我国《保险法》定义的保险内涵中有双方当事人，即投保人和保险人，他们彼此之间以合同约定各自享有的权利与义务，受法律所支配，所以保险关系是法律关系。保险是一方支付保险费、另一方承担风险损失的法律关系。

总之，保险的内涵可以从不同的角度来理解。从经济角度看，保险是分摊意外事故损失的一种财务安排；从法律角度看，保险是一种合同行为，是一方同意补偿另一方损失的一种合同安排；从社会角度看，保险是社会经济保障制度的重要组成部分，是社会生产和社会生活"精巧的稳定器"；从风险管理角度看，保险是风险管理的一种方法。

5.1.1.2 保险的分类

按照不同的标准，可以将保险划分为不同的类别，便于我们从不同的角度理解保险的内涵。

1. 按照保险标的的不同，保险可分为人身保险和财产保险两大类

保险标的是保险合同中所载明的投保对象，是保险事故发生所存在的本体，即作为保险对象的财产及其有关利益或者人的生命和身体。

人身保险是以人的寿命和身体为保险标的的保险，包括人寿保险、人身意外伤害保险和健康保险。

财产保险是指以财产及其相关利益为保险标的的保险，包括财产损失保险、责任保险、信用保险、保证保险、农业保险等。它是以有形或无形财产及其相关利益为保险标的的一类补偿性保险。

2. 按照保险性质的不同，保险可以分为商业保险、社会保险和政策保险

商业保险是指通过订立保险合同运营、以营利为目的的保险形式，由专门的保险企业经营。商业保险关系是由当事人自愿缔结的合同关系，投保人根据合同约定，向保险公司支付保险费，保险公司根据合同约定的可能发生的事故因其发生所造成的财产损失承担赔偿保险金责任，或者当被保险人死亡、伤残、疾病或达到约定的年龄、期限时承担给付保险金责任。

社会保险是指收取保险费，形成社会保险基金，用来对其中因年老、疾病、生育、伤残、死亡和失业而导致丧失劳动能力或失去工作机会的成员提供基本生活保障的一种社会保障制度。

政策保险是指政府由于某项特定政策的目的以商业保险的一般做法而举办的保险。例如，为辅助农牧、渔业增产增收的种植业保险；为促进出口贸易的出口信用保险。政策保险通常由国家设立专门机构或委托官方或半官方的保险公司具体承办。例如，我国的出口信用保险是由中国出口信用保险公司承办的。

3. 按照保险业务承保方式的不同，保险可分为原保险、再保险

原保险是指发生在保险人和投保人之间的保险行为。在原保险关系中，保险需求者将其风险转嫁给保险人，当保险标的遭受保险责任范围内的损失时，保险人直接对被保险人负损失赔偿责任。

再保险又称分保，是指保险人在原保险合同的基础上，通过签订合同的方式，将其所承担的保险责任向其他保险人进行保险的行为。再保险是保险的一种派生形式，原保险是再保险的基础和前提，没有原保险就没有再保险的形成。

5.1.1.3 保险业

保险业是指与保险活动相关的行业，保险业将通过契约形式集中起来的资金用以补偿被保险人的经济利益。保险业包括保险公司、监管机构、非营利性组织等机构以及保险市场、保险工具等内容，是金融业重要组成部分，在国家经济建设中起着不可替代的作用。保险市场是买卖保险即双方签订保险合同的场所，可以是集中的有形市场，也可以是分散的无形市场。

5.1.2 保险的功能

保险具有分摊损失和经济补偿两大基本功能，以及资金融通和社会管理两大派生功能，这几大功能是一个有机联系的整体。分摊损失和经济补偿是保险业最基本的功能，

也是保险业区别于其他行业最鲜明的特征。资金融通功能是在经济补偿功能的基础上发展起来的，社会管理功能是保险业发展到一定程度并深入到社会生活诸多层面之后产生的一项重要功能。

5.1.2.1 分摊损失功能

保险是分摊损失的方法，是建立在灾害事故的偶然性与必然性的对立统一基础之上的，保险机制能够运转的原因是被保险人愿意以交付小额确定的保险费来换取对大额不确定的损失的补偿。保险组织向大量的投保人收取保险费来分摊其中少数成员不幸遭受的大额损失。

5.1.2.2 经济补偿功能

保险用分摊损失的方法来实现其经济补偿的目的，按照保险合同对遭受灾害事故而受损的单位、个人进行经济补偿，保险的产生和发展都是为了满足补偿灾害损失的需要。

5.1.2.3 资金融通的功能

资金融通的功能是指将形成的保险资金中的闲置的部分重新投入到社会再生产过程中。保险人为了使保险经营稳定，必须保证保险资金的增值与保值，这就要求保险人对保险资金进行运用。保险资金的运用不仅有其必要性，而且也是可能的。一方面，由于保险保费收入与赔付支出之间存在时间差；另一方面，保险事故的发生不都是同时的，保险人收取的保险费不可能一次全部赔付出去，也就是保险人收取的保险费与赔付支出之间存在数量差。这些都为保险资金的融通提供了可能。保险资金融通要坚持合法性、流动性、安全性、效益性的原则。

5.1.2.4 社会管理的功能

社会管理是指对整个社会及其各个环节进行调节和控制的过程。目的在于正常发挥各系统、各部门、各环节的功能，从而实现社会关系和谐、整个社会良性运行和有效管理。

1. 社会保障管理

保险作为社会保障体系的有效组成部分，在完善社会保障体系方面发挥着重要作用，一方面，保险通过为没有参与社会保险的人群提供保险保障，扩大社会保障的覆盖面；另一方面，保险通过灵活多样的产品，为社会提供多层次的保障服务。

2. 社会风险管理

保险公司具有风险管理的专业知识、大量的风险损失资料，为社会风险管理提供了有力的数据支持。同时，保险公司大力宣传培养投保人的风险防范意识；帮助投保人识别和控制风险，指导其加强风险管理；进行安全检查，督促投保人及时采取措施消除隐患；提取防灾资金，资助防灾设施的添置和灾害防治的研究。

3. 社会关系管理

通过保险应对灾害损失，不仅可以根据保险合同约定对损失进行合理补充，而且可以提高事故处理效率，减少当事人可能出现的事故纠纷。由于保险介入灾害处理的全过程，参与到社会关系的管理中，改变了社会主体的行为模式，为维护良好的社会关系创造了有利条件。

4. 社会信用管理

保险以最大诚信原则为其经营的基本原则之一，而保险产品实质上是一种以信用为基础的承诺，对保险双方当事人而言，信用至关重要。保险合同履行的过程实际上就为社会信用体系的建立和管理提供了大量重要的信息来源，实现社会信息资源的共享。因为保险经纪公司可以掌握多家保险公司产品的情况，从而向市场上"贩卖"费率低保障高的保险。但是在中国，保险经纪行业刚刚起步，数量少而且很不规范。

5.1.3 保险的基本原则

保险原则是在保险发展的过程中逐渐形成并被人们公认的基本原则。这些原则作为人们进行保险活动的准则，始终贯穿于整个保险业务。保险原则主要包括保险利益原则、最大诚信原则、近因原则、损失补偿原则、代位求偿原则、重复保险分摊原则。

5.1.3.1 保险利益原则

财产保险的被保险人在保险事故发生时对保险标的应当有保险利益。保险利益是指被保险人或投保人对保险标的具有的法律上承认的利益。有四个成立条件：合法的利益、经济有价的利益、确定的利益、有利害关系的利益。

5.1.3.2 最大诚信原则

最大诚信是指诚实、守信。保险合同就是建立在诚实信用基础上的一种射幸合同，保险法第 5 条规定，保险合同当事人行使权利、履行义务应当遵循诚实信用原则。它主要通过保险合同双方的诚信义务来体现，具体包括投保人或被保险人如实告知的义务及保证义务，保险人的说明义务及弃权和禁止发言义务。保险法第 16、17 条作了详细规定。

5.1.3.3 近因原则

近因是指风险和损失之间，导致损失的最直接最有效起决定作用的原因，用以确定保险赔偿责任。

5.1.3.4 损失补偿原则

保险事故发生后，被保险人从保险人得到的赔偿正好填补被保险人因保险事故造成的保额范围内的损失。实际运用过程中，应当以实际损失为限，以保额为限，以保险利益为限。

损失补偿原则有三个派生原则，即重复保险分摊原则、代位追偿原则、委付原则。在重复保险的条件下，为了避免被保险人因保险事故获得超额赔偿，因此采用顺序、限责和分摊等原则。代位求偿是指因第三者对保险标的的损害造成保险事故时，保险人向被保险人赔偿保险金以后，在赔偿金额范围内取代被保险人的地位行使对第三者请求赔偿的权利。保险法第 60、61 条就有关情况作了详细规定。委付是被保险人在发生保险事故造成保险标的推定全损时，将保险标的物的一切权利连同义务移转给保险人而请求保险人赔偿全部保险金额的法律行为。

5.1.3.5 代位求偿原则

保险代位求偿原则是从补偿原则中派生出来的，只适用于财产保险。在财产保险中，保险事故的发生是由第三者造成并负有赔偿责任，则被保险人既可以根据法律的有关规定向第三者要求赔偿损失，也可以根据保险合同要求保险人支付赔款。

如果被保险人首先要求保险人给予赔偿，则保险人在支付赔款以后，保险人有权在保险赔偿的范围内向第三者追偿，而被保险人应把向第三者要求赔偿的权利转让给保险人，并协助向第三者要求赔偿。反之，如果被保险人首先向第三者请求赔偿并获得损失赔偿，被保险人就不能再向保险人索赔。

5.1.3.6 重复保险分摊原则

重复保险分摊原则也是由补偿原则派生出来的，它不适用于人身保险，而与财产保险业务中发生的重复保险密切相关。重复保险是指投保人对同一标的、同一保险利益、同一保险事故分别向两个以上保险人订立合同的保险。重复投保原则上是不允许的，但在事实上是存在的。其原因通常是由于投保人或者被保险人的疏忽，或者源于投保人求得心理上更大安全感的欲望。重复保险的投保人应当将重复保险的有关情况通知各保险人。

重复保险分摊原则是指投保人向多个保险人重复保险时，投保人的索赔只能在保险人之间分摊，赔偿金额不得超过损失金额。

在重复保险的情况下，当发生保险事故，对于保险标的所受损失，由各保险人分摊。如果保险金额总和超过保险价值的，各保险人承担的赔偿金额总和不得超过保险价值。这是补偿原则在重复保险中的运用，以防止被保险人因重复保险而获得额外利益。

例如，某保险标的的实际价值是 200 万元，投保人分别向甲保险公司投保 80 万元，向乙公司投保 120 万元，向丙公司投保 40 万元，向丁公司投保 160 万元。发生保险事故后，该保险标的实际损失为 60 万元，如果按照最大责任分摊法，则各家保险公司承保的保险标的的保险金额总额为：$80+120+40+160=400$（万元）。4 个保险人应分担的赔偿金额分别为：$80/400 \times 60 = 12$（万元），$120/400 \times 60 = 18$（万元），$40/400 \times 60 = 6$（万元）和 $160/400 \times 60 = 24$（万元）。

5.1.4 我国保险业主要机构

5.1.4.1 监管机构：中国保险监督管理委员会

我国保险业经历了一个曲折发展的过程。中国人民银行、财政部等曾在不同历史时期行使过保险业监管职能。新中国成立后，中国人民保险公司成立，受中国人民银行领导。从 20 世纪 50 年代后半期起，我国保险业进入长时间的低谷状态，对保险业的监管停滞不前。1979 年 4 月，国务院批准逐步恢复国内保险业务，保险业仍由中国人民银行监督管理。1985 年 3 月 3 日，国务院颁布的《保险企业管理暂行条例》规定："国家保险管理机关是中国人民银行。"之后，中国人民银行逐步建立和加强了监管保险业的内设机构。1995 年 7 月，中国人民银行成立保险司，专司对中资保险公司的监管。同时，中国人民银行加强了系统保险监管机构建设，要求在省级分行设立保险科，省以下分支行配备专职保险监管人员。

随着银行业、证券业、保险业分业经营的发展，为了更好地对保险业进行监督管理，国务院于 1998 年 11 月 18 日批准设立中国保险监督管理委员会，简称中国保监会，专司全国商业保险市场的监管职能。

5.1.4.2 行业主体：保险公司

以经营保险业务为主的经济组织就是保险公司。保险公司具有其他金融机构所没有的功能。保险公司的运作是以科学分析和专业知识为基础的综合性经营活动。它强调按照客观经济规律、自然规律、技术规律和保险活动本身的规律，合理而有效地组织经营。保险公司的经营原则是大数法则和概率论所确定的原则，保险公司的保户越多，承保范围越大，风险就越分散，也才能够在既扩大保险保障的范围、提高保险的社会效益的同时，又集聚更多的保险基金，为经济补偿建立雄厚的基础，保证保险公司自身经营的稳定。

根据中国保监会公布的数据，2015年，我国保险业共实现原保险保费收入24 282.5亿元，其中财产险保费收入7994.9亿元，人身保险保费收入16 287.5亿元。原保险赔付金额达8674.1亿元，其中财产险赔付4194.1亿元，人身险赔付4479.7亿元，总资产达12.3万亿元。

截至2016年3月，我国保险公司共有150多家，其中财产保险公司76家，人身保险公司76家。目前，已经上市的保险公司有中国人寿保险公司、中国平安保险公司、中国太平洋保险公司、新华保险公司。

2015年我国十大保险公司排行榜

（1）中国人寿（中国人寿保险（集团）公司，我国最大的商业保险集团之一，中国500最具价值品牌之一，中国保险业的中流砥柱）

（2）中国平安（中国平安保险（集团）股份有限公司，成立于1988年，股份制保险企业，多元金融业务为一体的综合金融服务集团）

（3）太平洋保险（中国太平洋保险（集团）股份有限公司，总部设在上海，世界500强企业，中国品牌价值500强，中国上市公司百强）

（4）中国人保PICC（中国人民保险集团股份有限公司，成立于1949年，综合性保险公司，世界500强企业，有深远影响力的保险集团）

（5）新华保险（新华人寿保险股份有限公司，成立于1996年，中国企业500强行业领先的、具有较大品牌影响力的寿险公司之一）

（6）泰康保险（泰康人寿保险股份有限公司，中国人民银行总行批准成立的全国性、股份制人寿保险公司，中国企业500强）

（7）友邦保险（美国友邦保险有限公司上海分公司，全球最大的亚太区上市人寿保险集团之一，世界500强企业，中国十大保险公司）

（8）中国太平（中国太平保险集团公司，1929年创于上海，中国保险市场上经营时间最长和品牌历史最悠久的中资寿险公司之一）

（9）阳光保险（阳光保险集团股份有限公司，国内数家大型集团公司合资组建，亚洲500最具价值品牌，国内七大保险集团之一）

（10）富德生命人寿（富德生命人寿保险股份有限公司，全国性的专业寿险公司，国内资本实力最强的寿险公司之一，最具成长性的保险公司）

5.1.4.3 行业自律组织：中国保险行业协会

中国保险行业协会（简称中保协）成立于2001年2月23日，是经中国保险监督管理委员会审查同意并在国家民政部登记注册的中国保险业的全国性自律组织，是自愿结成的非营利性社会团体法人。根据《中华人民共和国保险法》第一百八十二条之规定"保险公司应当加入保险行业协会。保险代理人、保险经纪人、保险公估机构可以加入保险行业协会"。截至2016年3月1日，中保协共有会员单位360家，其中集团（控股）公司11家；财产保险公司72家；人身保险公司75家；再保险公司8家；资产管理公司13家；专业保险经纪公司49家；专业保险公估公司29家；专业保险代理公司44家；地方保险协会（含中介协会）43家；保险相关机构16家。

5.1.5 我国保险业发展现状

5.1.5.1 保费收入稳定增长

1980年我国保险业恢复到正常的发展轨道以后快速发展和壮大。衡量保险业发展速度的一个重要指标是保费收入的增长速度。在改革开放初期，全国保费收入4.6亿元，占GDP总量的0.113%；2010年保费收入达到了1.45万亿元，占GDP总量的3.64%，保费收入国际排名位居第六。这30余年里，保险业保持了稳步前进的趋势。

2014年是中国保险业发展最好最辉煌的一年。2014年全国保费收入突破2万亿元大关，总资产突破10万亿元，保险业发展增速为17.5%；保险资金运用实现收益5358.8亿元，同比增长46.5%。截至2014年底，全行业净资产1.3万亿元，较年初增长56.4%。这样惊人而又庞大的数字，不得不承认我国保险行业的发展速度确实不容小觑，保险行业在全球的地位，目前仅次于美国和日本，位列全球第三。这3年里，我国保险业不再是稳步前进，而是飞速发展。

截至2015年5月，保险行业整体实现原保险保费收入11 666.4亿元，同比增长19.46%。在2014年高速增长的带动下，2015年同样继续着这样的趋势，前5个月的保费收入仍然保持了20%左右的同比增长水平，其他各项保费收入也都不亚于2014年。所以说，2014年并不是我国保险业发展的巅峰，它只是我国保险业黄金发展时期的开始，如今的保险业正拥有着前所未有的机会和发展空间。

5.1.5.2 保险机构及从业人员数量不断壮大

衡量保险业发展水平的另一个重要标准就是保险规模的增长水平，即保险机构及从业人员的增长速度。2014年上半年，我国保险从业人员已有354万人，全国专业代理公司1812家，经纪公司420家，公估公司319家，兼业代理近20万家，我国保险业规模如今已位居各金融业之首，其未来规模毫无疑问将继续壮大。

5.1.5.3 保险监管制度不断健全

保监会的成立使我国保险业的监管得到了有效地加强。加入世贸组织以后，我国的保险监督发生了深刻的改变，颁布了新的符合市场经济的法律法规，修改或废除了原来不太完善的一些规章制度，2002年1月《保险代理公司管理规定》《保险公估公司管理规定》等法规开始生效。我国保险业坚持以依法、审慎、公平、透明和效率为监管原则、以偿付能力为核心的监管方式，与此同时，通过舆论和信访投诉制度来监督保险业，加强了对保险业的控制，使保险业朝着规范化、法制化的方向发展。

5.1.5.4 试点互联网保险，金融创新不断拓宽

为贯彻落实"国十条"精神和国务院关于"互联网+"的战略部署，充分发挥互联网保险在促进金融普惠、服务经济社会发展方面的独特优势，保监会积极推进专业互联网保险公司试点工作。

一方面，成立于2013年11月的"众安在线"，在2014年服务商业个体和个人2亿人次，投保件数近10亿件，提供风险保障近20万亿元；截至2015年5月，公司保费收入5.90亿元，同比增长337.31%，在69家财险公司中排名第31，较同期上升24名。近期，"众安在线"在监管部门支持下，将增加机动车保险和金融信息服务等业务，并增资57.6亿元以提高偿付能力；与华大基因合作，推出国内首款互联网基因检测保险计划"知因保"，该计划主要针对乳腺癌疾病提供专项健康管理，是"互联网+先进技术+健康管理"的一次积极创新尝试。

另一方面，为进一步发挥保险业在互联网金融专业化方面的先发优势，有序增加专业互联网保险公司试点机构，保监会批准筹建易安财产保险股份有限公司、安心财产保险有限责任公司、泰康在线财产保险股份有限公司等三家互联网保险公司；同时，监管部门也在抓紧完善配套监管规则，未雨绸缪有效防范相关风险。

2014年互联网保险总共实现保费收入858.9亿元，同比增长195%；其中财产保险约506亿元，同比增长114%；寿险约353亿元，同比增长约5.5倍。

5.1.5.5 融资、投资方式更加灵活，调节机制更加多样

在2014年，保监会研究起草了《保险公司资本补充管理办法（征求意见稿）》，建立了由"资本分级、资本工具、公司资本管理、监督检查"组成的行业资本补充机制，规定了普通股、优先股、资本公积、留存收益、债务性资本工具、应急资本、保单责任证券化产品、财务再保险八大类资本补充渠道，丰富了保险公司的融资渠道，打开了保险公司资本工具的创新空间。

在2015年3月，保监会发布《关于调整保险资金境外投资有关政策的通知》（保监发〔2015〕33号），将受托管理保险资金可投资市场由香港扩展到包括香港在内的25个发达市场，以及20个新兴市场；投资境外股票由上述发达市场、新兴市场的主板市场，扩展了香港创业板市场；投资境外债券类固定收益产品时，其计价货币不再限于国际主要流通货币，同时评级要求也有所放宽。

2015年7月，国务院原则同意《中国保险投资基金设立方案》（国函〔2015〕104号）。基金在市场化和支持国家重大战略总体思路下，一方面作为直投基金，满足国家经济战略、混改等需求；另一方面作为母基金对接国内外各类、特别是政府参与的类似投资基金。基金总规模预计为3000亿元。首期1000亿元，存续期限5至10年；基金主要向保险机构募集，保险机构出资不低于基金总规模的80%。基金投资范围以国家战略性项目为基础，并可投资于战略性新兴产业、现代物流、健康养老、能源资源、信息科技、绿色环保、中小微企业等领域。基金投资形式主要包括上市和非上市股权、优先股、债权、资产证券化产品，以及股权基金、并购基金、夹层基金等各类投资基金。基金退出机制，以股权方式投资的，采取公开上市、"新三板"挂牌、股权转让、股权回购、股权置换等方式退出；以债权方式投资的，应当明确投资期限和增信安排，按投资

协议约定到期退出；以优先股或夹层基金等方式投资的，应明确股权回购、股权转让等退出方式。

5.1.5.6 健康、养老领域培育新增长点

随着我国人口老龄化的进程，医疗、养老领域的社会压力在增加，无论从新"国十条"赋予保险的使命，还是商业保险自身发展的要求，都需要保险更广泛深入地参与到医疗、养老的社会服务和保障中去，形成系统的体制。

在健康保险方面，2015年5月初，财政部、国家税务总局、保监会联合发布《关于开展商业健康保险个人所得税政策试点工作的通知》，拟在各地选择一个中心城市开展试点工作，其中北京、上海、天津、重庆四个直辖市全市试点。对于个人年税前列支的2400元额度，预计会带来约500亿的增量保费，市场培养和消费者引导的意义更加深远；一方面促进保险公司填补商业健康保险中长期护理保险和失能收入保障保险的产品空白，另一方面以商业保险去补充"社会基本医疗保险"和"城乡居民大病保险"保障范围和金额以外的医疗和疾病支出。

在养老保险方面，随着国务院《机关事业单位职业年金办法》（国办发〔2015〕18号）的颁布，居民养老保险在第二支柱的二元化体制从根本上消除，为推进第三支柱个人商业养老保险的建设奠定了制度基础。"完善多层次的养老保险体系"在新"国十条"的规划之内，并已提上日程，但由于养老体系涉及的财税政策、地方差异等比较复杂，相关的制度还在权衡制定。

【重要信息阅读】

保监会发改部：监管部门将为互联网保险松绑减负降压

2016年6月24日，在由中国保险报主办的"2016中国互联网保险大会"上，保监会发展改革部副主任罗胜发表演讲。

"对互联网保险要大力扶持、促进和推动，要让这个产业真正做起来，做活，这是我们的基本态度。"罗胜表示，监管部门对互联网保险的态度很明确，在规范行业发展、严格监管防范风险之外，更要促进行业的发展。他表示，监管部门将根据互联网保险的新特点，采取新的监管办法，为互联网保险松绑、减负、降压，而不是加压。

罗胜也指出，要真正搞好互联网保险和大数据保险是比较难的。"互联网保险是一个生态圈，需要全方位推进，并非一个简单的概念可以搞定，更不能靠忽悠去资本市场上圈钱。"他同时强调，尽管互联网保险是一个新业态，但它是传统保险的继承和发展，在创新的同时不能忘记了保险业的根基，要找到传统保险和新技术、新业态的好的结合点。

（证券日报2016年06月25）

5.2 保险业主要业务

5.2.1 人身保险业务

人身保险是以人的寿命和身体为保险标的的一种保险。当人们遭受不幸事故或因疾病、年老以致丧失工作能力、伤残、死亡或年老退休时，根据保险合同条款的规定，保险人对被保险人或受益人给付预定的保险金或年金，以解决病、残、老、死所造成的经济困难，是对社会保障不足的一种补充。

按照人身发生危险的性质，人身保险可以分为人寿保险、意外伤害保险、健康保险。

5.2.1.1 人寿保险

人寿保险是以人的生命为保险标的、以被保险人的死亡或生存作为保险事故的人身保险业务。投保人向保险人缴纳一定数量的保险费，当被保险人在保险期间内死亡或生存到保险合同约定年龄或期限时，保险人向被保险人或者受益人给付保险金。在日本，人寿保险也称生命保险。

按照人寿保险的发展阶段，人寿保险可以分为普通人寿保险、年金保险、特种人寿保险、投资型人寿保险四类。

1. 普通人寿保险

普通人寿保险包括死亡保险、生存保险、两全保险。

(1) 死亡保险。死亡保险是以被保险人在保险合同有效期内死亡为保险金给付条件的人寿保险。

死亡保险根据保险期限分为定期寿险和终身寿险两种。

A. 定期寿险：是指明确约定特定保险期间内发生保险事故（死亡）而承担保险责任的人寿保险。它通常有特定的保单年度和特定的年龄两种表现形式。定期寿险的特点：①保费低廉，保费不退还；②可续保性；③可转换性，比较灵活；④重新加入性。

B. 终身寿险：又称为终身死亡保险，是指从保险合同生效之日起，被保险人在任何时间内死亡，保险人向受益人给付保险金，或被保险人生存到105岁，保险人向被保险人给付保险金。终身寿险是寿险公司最普通的产品，比如平安鸿鑫终身寿险。终身寿险的特点：①给付的必然性；②年均衡保险的费率较低，适于中等收入者购买；③保单的现金价值较大；④保单的灵活性（来源于其现金价值，特别是对分红型终身寿险）。

(2) 生存保险。生存保险是指被保险人如果生存至保险期满，保险人给付保险金的一种人寿保险。其主要表现险种为养老保险以及少儿教育保险。在生存保险中，保险金的给付是以被保险人在期满时生存为条件的，生存保险的保险金给付可以一次性付清，也可以分期给付。

(3) 两全保险。两全保险是以被保险人无论在保险期限内死亡还是期满生存，保险人都给付保险金的一种人寿保险。两全保险的特点：①责任最全面，必然给付；②费率最高；③具有储蓄性。

2. 年金保险

年金是指在一定的期限内分期支付一定的金额，因为一般多以一年为支付周期，所以称为年金。年金保险是指保险人在被保险人生存期间，按照合同约定，每隔一定的周期支付一定的保险金额的一种生存保险。简单地说，以年金的方式支付保险金的生存保险就是年金保险。目前人寿保险公司所销售的养老保险一般都为年金保险。

1）年金保险的特点

（1）年金保险可以有确定的期限，也可以没有确定的期限，但均以年金保险的被保险人的生存为支付条件。在年金受领者死亡时，保险人立即终止支付。

（2）投保年金保险可以使晚年生活得到经济保障。人们在年轻时节约闲散资金缴纳保费，年老之后就可以按期领取固定数额的保险金。

（3）投保年金保险对于年金购买者来说是非常安全可靠的。因为保险公司必须按照法律规定提取责任准备金，而且保险公司之间有责任准备金储备制度保证，即使投保客户所购买年金的保险公司停业或破产，其余保险公司仍会自动为购买者分担年金给付。

（4）以被保险人生存为给付保险金条件，按保险合同约定分期给付生存保险金，且给付间隔不超过一年（含一年）的人寿保险。

2）年金保险的作用

最基本的作用就是提供年老时的生活保障，同时也可用来作为子女教育基金。寿险的作用在于给被保险人的遗嘱提供保障，年金的主要作用在于给被保险人自己生活提供保障。

3. 特种人寿保险

特种人寿保险相对普通人寿保险而言，包括简易人寿保险、弱体保险、团体人寿保险。

（1）简易人寿保险。简易人寿保险习惯上称为简身险，它是一种小额、免验体、适合一般低工资收入者的人寿保险。其保险责任为两全保险附加意外伤害保险。

简易人身保险具有保险合同标准化、缴费灵活、免验体、低保额、低保费等特点。一般采取等待期或消减期制度，即被保险人加入保险后，必须经过一定时间之后保单才能生效。如果被保险人在一定期间内死亡，保险人不负给付责任，或者减少给付金额。

（2）弱体保险。弱体保险又称为次健体保险或非标准体保险，它是指被保险人存在超过风险（即为弱体）时，保险人用特殊的方法予以承保的人寿保险。弱体指存在某种缺陷的人，比如高年龄的人或残疾人等。

（3）团体人寿保险。团体人寿保险是以团体保单形式销售的保险。它具有免验体、手续简化、低成本等特点，比如在学校便可投保的"幼儿、学生平安保险"就属于团体人身保险之类。团体人寿保险实际上是一种投保方式。

团体人寿保险的特点是以团体为基础，只有一张保单；对投保团体有一定的选择标准：团体资格、团体人数；费率较低，一般无需体检；采用经验费率法；保险金额分等级制定，以薪资等级、职位、工龄或综合因素确定，不可由职员自由选择；合同条款较个人险自由，有一定的灵活性；团体中的成员富有流动性；保证团体规模的稳定性和年龄结构的稳定性；投保人数有限制。

4. 投资型人寿保险

目前，投资型人寿保险有三类，分别是投资连结保险、分红保险、万能保险。

1）投资连结保险（变额寿险）

投资连结保险是指包含保险保障功能并至少在一个投资账户中拥有一定资产价值的人身保险。它是一种寿险与投资基金相结合的产品，具体讲就是将投资与风险保障相结合，缴付的保费除少部分用于购买保险保障外，其余部分则通过购买投资账户中的投资单位进入投资账户。

投资连接保险的特点：

(1) 功能的双重性。投资连接保险既享有保险保障又享有投资收益。

(2) "一费、二户"。是指通过分设两个账户确保保障与投资功能实现。

(3) 投资风险的转移性。是指投保人对投资风险必须自行负担，保险公司不承担因投资失败给投保人带来的经济损失。

(4) 产品的透明度高：投保人在任何时候都可以通过相关渠道了解和查询保单的保险成本、费用支出以及账户的资产价值。

(5) 产品的随意性强。是指投保人可以灵活自主地选择投资组合。

2）分红保险

分红保险是指在人寿保险合同中事先约定，当保险人在经营中出现盈利时，被保险人享有红利分配权的一种保险。

分红保险的红利来源：

(1) 死差益。是指保险公司实际的风险发生率低于预计的风险发生率，即实际死亡人数比预定死亡人数少时所产生的盈余。

$$死差益 = （预定死亡率 - 实际死亡率）\times 风险保额$$

(2) 费差益。是指保险公司实际的营运管理费用低于预计的营运管理费用时所产生的盈余。

$$费差益 = （预定费用率 - 实际费用率）\times 保费$$

(3) 利差益。是指保险公司实际的投资收益高于预计的投资收益时所产生的盈余。

$$利差益 = （实际资金运用收益 - 预定利率）\times 责任准备金$$

3）万能人寿保险

万能人寿保险是美国于1979年推出的险种。它是指可以任意支付保险费以及任意调整死亡保险金给付金额的人寿保险。

万能人寿保险的基本特点是灵活。投保人决定一个初期的保额，然后每年可调整，并在适当范围内无需体检就可增加保额。投保人随时都可以根据自己的意愿存入一定的金额到保险合同中。万能保险是风险与保障并存，介于分红险与投资连结险之间的一种投资型寿险。

5.2.1.2 意外伤害保险

意外伤害是指在被保险人事先没有预见或违背被保险人意愿的情况下，突然发生的外来致害物对被保险人身体的剧烈的、明显的侵害的客观事实。

1. 意外伤害构成条件

(1) 意外。意外是指被保险人主观上没有预计会发生致伤的事故或是虽然预计到灾害的发生，但是由于各种约束、限制而不得不接受与自己本来的主观愿望相反的现实结果。意外的特征：非本意的（主观上没有预计到或者虽预计到但无法避免）；外来的；偶然的；突发的。

(2) 伤害。伤害是指人的身体受到侵害的客观事实。构成伤害的要素：①致害物；②侵害对象：被保险人的生命和身体；③侵害事实；④因果关系。

2. 人身意外伤害的可保风险

一般情况下都承保的意外伤害。特点：①必须是被保险人身体上的伤害；②必须是由外界原因、意外事故所致的伤害；③非故意诱发的伤害。

不承保的意外伤害：①犯罪活动；②打架斗殴活动；③醉酒以及吸食毒品。

3. 合同中的除外责任

合同在责任免除部分罗列了保险人不负给付保险金责任的十二种情形：

(1) 投保人、受益人对被保险人的故意杀害、伤害；

(2) 被保险人故意犯罪或拒捕；

(3) 被保险人殴斗、醉酒、自杀、故意自伤及服用、吸食注射毒品；

(4) 被保险人受酒精、毒品、管制药物的影响而导致的意外；

(5) 被保险人酒后驾驶、无有效驾驶执照或驾驶无有效行驶证的机动交通工具；

(6) 被保险人流产、分娩、疾病；

(7) 被保险人因整容手术或其他内、外科手术导致医疗事故；

(8) 被保险人未遵医嘱，私自服用、涂用、注射药物；

(9) 被保险人从事潜水、跳伞、攀岩运动、探险活动、武术比赛、摔跤比赛、特技表演、赛马、赛车等高风险运动；

(10) 被保险人患有艾滋病或感染艾滋病毒（HIV 呈阳性）期间；

(11) 战争、军事冲突、暴乱或武装叛乱；

(12) 核爆炸、核辐射或核污染。

4. 人身意外伤害保险案例分析

【材料】某公司采购员刘某于 1999 年 11 月 25 日至江西一旅馆住宿，室内标有"请勿吸烟"明显标志，但刘某仍躺在床上抽烟。疲劳至极的刘某很快睡熟，手中的烟头掉落在棉絮上引起火灾，浓烟滚滚中刘某难以辨清方向，皮肤被大面积灼伤，花去医药费 2000 余元。事后刘某持 3 个月前购买的意外伤害附加医疗保险保单和其他有关单据向保险公司索赔。保险公司是否应该赔付？为什么？

【分析】分析意外伤害的保险事故，要从被保险人的主观状态出发，凡是违背被保险人意愿或是被保险人事先没有预见到的，或者虽然预计到，但无法回避的事故，均属意外事故。

该案中刘某不顾规定擅自抽烟，但他并没有故意造成火灾将自己烧死的主观愿望。而且火灾是在其睡熟后发生的，当时他处于无意识状态，客观上已无法预见或采取措施避免火灾的发生。退一步讲，即使刘某知悉抽烟可能导致的严重后果，其行为也肯定是建立在自己能控制事态的自信基础之上的。至于很快入睡以致烟头掉落则是始料不及的，最多也只能是"疏忽"，但由于疏忽而没预见到仍属意外范畴，保险公司应予赔付。

5.2.1.3 健康保险

健康保险是以人的身体为保险标的，保证被保险人在疾病或意外事故所致伤害时的费用支出或损失获得补偿的一种保险。指保险公司通过疾病保险、医疗保险、失能收入损失保险和护理保险等方式对因健康原因导致的损失给付保险金。

1. 健康保险的类型

商业健康保险的基本类型包括医疗费用保险、疾病保险、失能收入或收入保障保险、长期护理保险。

2. 健康保险的特征

（1）健康保险的保险标的、保险事故具有特殊性。健康保险的危险具有变动性和不易预测性；健康保险以人的身体健康为保险标的，以疾病、生育、意外事故等原因造成的残疾、失能和死亡损失以及发生的医疗费用为保险事故；具有综合保险的性质。

（2）健康保险的经营内容复杂。承保标准复杂（健康保险极易发生逆向选择和道德风险）；确定保费的要素复杂；责任准备金的性质复杂；保险金给付基础的多样性。

（3）健康保险的保险合同具有特殊性。健康保险具有补偿的特殊性；健康保险一般不指定受益人，只有保险中有死亡赔付责任的才需要指定受益人（保监会规定：长期健康险中可以包含死亡责任，但死亡保险金额不得超过疾病最高给付金额）；健康保险合同多为短期合同。

5.2.2 财产保险业务

5.2.2.1 财产损失保险

财产损失保险是以各类有形财产为保险标的的财产保险。其主要包括的业务种类有：企业财产保险、家庭财产保险、运输工具保险、货物运输保险、工程保险、特殊风险保险和农业保险等种类。

1. 企业财产保险

企业财产保险是一切工商、建筑、交通运输、饮食服务行业、国家机关、社会团体等，对因火灾及保险单中列明的各种自然灾害和意外事故引起的保险标的直接损失、从属或后果损失和与之相关联的费用损失提供经济补偿的财产保险。

2. 家庭财产保险

简称家财险，是个人和家庭投保的最主要险种。凡存放、坐落在保险单列明的地址，属于被保险人自有的家庭财产，都可以向保险人投保家庭财产保险。

3. 运输工具保险

运输工具保险是以各种运输工具本身（如汽车、飞机、船舶、火车等）和运输工具所引起对第三者依法应负的赔偿责任为保险标的的保险，主要承保各类运输工具遭受自然灾害和意外事故而造成的损失，以及对第三者造成的财产直接损失和人身伤害依法应负的赔偿责任。一般按运输工具不同分为机动车辆保险、飞机保险、船舶保险、其他运输工具保险(包括铁路车辆保险、排筏保险)。

4. 货物运输保险

货物运输保险是以运输途中的货物作为保险标的,保险人对由自然灾害和意外事故造成的货物损失负责赔偿责任的保险。在我国,进出口货物运输最常用的保险条款是中国保险条款(China Insurance Clause 简称 C.I.C),该条款是由中国人民保险公司制订,中国人民银行及中国保险监督委员会审批颁布。C.I.C保险条款按运输方式来分,有海洋、陆上、航空和邮包运输保险条款四大类;对某些特殊商品,还配备有海运冷藏货物、陆运冷藏货物、海运散装桐油及活牲畜、家禽的海陆空运输保险条款,以上八种条款投保人可按需选择投保。

5. 工程保险

工程保险是对建筑工程、安装工程及各种机器设备因自然灾害和意外事故造成物质财产损失和第三者责任进行赔偿的保险。它是以各种工程项目为主要承保对象的保险。工程保险是财产保险的引申和发展,它起源于英国,在第二次世界大战后迅速发展起来,已被公认为保障建筑工程质量和安全最为有效方式之一。

5.2.2.2 责任保险

责任保险是以被保险人对第三者依法应承担的民事赔偿责任作为保险标的的保险。民事责任是指公民或法人在不履行自己的民事义务或侵犯他人的民事权利时按照民法的规定而产生的法律后果。我国民法通则规定的民事责任包括:侵权责任和违约责任。责任保险的赔偿项目通常包括:财产损失;人身伤害;法律诉讼费用、律师费用。

1. 公众责任保险

公众责任是指致害人在公众活动场所由于过失等侵权行为,致使他人的人身或财产受到损害,依法由致害人对受害人承担的赔偿责任。公众责任保险主要承保被保险人在各固定场所进行生产、营业或其他各项活动中,由于疏忽或意外事件造成第三者人身伤亡或财产损失后,依法应由被保险人承担的经济赔偿责任。

2. 产品责任保险

产品责任是指与产品有关的制造商、批发商或零售商等各方对产品因存在缺陷而在被使用过程中发生意外并造成用户或他人人身伤害和财产损失,依法应承担的经济赔偿责任。产品责任保险是指以产品制造者或销售者等的产品责任为承保风险的责任保险。

3. 职业责任保险

职业责任是指各种专业技术人员因为工作上的疏忽或过失,或由于他们的雇员或合伙人的疏忽或过失,造成当事人或其他人的人身伤害或财产损失而依法应该承担的责任。职业责任保险就是保障各种专业人员职业责任的一种保险。

4. 雇主责任保险

雇主责任指对雇员在受雇期间因发生意外事故或职业病而造成人身伤害或死亡时依法承担的经济赔偿责任。雇主责任保险是指以雇主的雇主责任为承保风险的责任保险。

5.2.2.3 信用保证保险

1. 分类

信用保证保险是以信用风险为保险标的的保险,它实际上是由保险人(保证人)为信用关系中的义务人(被保证人)提供信用担保的一类保险业务。在业务习惯上，因投保人在信用关系中身份不同，而将其分为信用保险和保证保险两类。

信用保险的投保人和被保险人都是权利人，所承担的是契约的一方因另一方不履约而遭受的损失。例如，在出口信用保险中，保险人对出口人(投保人、被保险人)因进口人不按合同规定支付货款而遭受的损失负赔偿责任。

保证保险的投保人是义务人，被保险人是权利人，保证当投保人不履行合同义务或有不法行为使权利人蒙受经济损失时，由保险人承担赔偿责任。

例如，在履约保证保险中，保险人担保在承包工程业务中的工程承包人不能如期完工或工程质量不符合规定致使权利人遭受经济损失时，承担赔偿责任。综上所述，无论是信用保险还是保证保险，保险人所保障的都是义务人的信用，最终获得补偿的都是权利人。

2. 信用保证保险的主要险种

第一种，雇员忠诚保证保险。是指承保雇主因其雇员的欺骗和不诚实行为所造成的损失，由保险人负责赔偿。

第二种，履约保证保险。是指承保签约双方中的一方由于不能履行合同中规定的义务而使另一方蒙受的经济损失，由保险人负责。

第三种，信用保险。是指承保被保险人(债权人)在与他人订立合同后，由于对方不能履行合同义务而使被保险人遭受的经济损失，由保险人负责赔偿。常见的有出口信用保险和投资保险等。

5.2.3　保险合同签订及基本原则

5.2.3.1　保险合同及保险合同签订

合同是平等主体的自然人、法人、其他组织之间设立、变更、终止民事权利义务关系的协议。保险合同属于合同的一种，是投保人与保险人约定保险权利义务关系的协议，是保险活动最基本的法律表现形式。根据保险合同的约定，投保人应当向保险人支付保险费，保险人则应当对于合同约定的可能发生的事故因其发生所造成的财产损失承担赔偿保险金责任，或者当被保险人死亡、伤残、疾病或者达到合同约定的年龄、期限时承担给付保险金责任，这一约定就构成了投保人与保险人之间基本的保险权利义务关系。

保险合同既然是合同的一种，因此具备合同的一般属性，如当事人的法律地位平等，应当遵循公平互利、协商一致、自愿订立的原则，合同的内容应当合法，当事人应当自觉履行合同等等。但是保险合同除具有合同的一般属性之外，还具有其自身的法律特征。

第一，保险合同是双务合同，这种合同的双方当事人相互享有权利，又相互负有义务。

第二，保险合同是射幸合同，这种合同的效果在订立时是不确定的，保险人赔偿义务的实际履行带有偶然性。

第三，保险合同是附和合同，这种合同在订立时，由保险人提出合同的内容，投保人只能做出同意或者不同意的选择，因此也称为格式合同或标准合同。

第四，保险合同是最大诚信合同，诚信是一般合同的基本要求，而保险合同所要求的不是一般的相对的诚实守信，而是最大限度的诚实守信。

第五，保险合同是要式合同，投保人与保险人订立保险合同，不能采取任意的方式，而必须采用法律规定的方式，记载法律规定的事项。

第六，财产和责任保险合同是补偿性合同，即只要是保险金额范围内的损失，损失多少，补偿多少，保险金的给付和保险费的交付之间没有严格的对比或等价关系。而人身保险合同是给付性合同，即根据投保人的实际需要和支付保险费的能力确定一个保险金额，当危险事故发生时，由保险人按照事先约定的保险金额承担给付保险金责任。

5.2.3.2 保险合同签订的基本原则

当事人订立保险合同是一种民事法律行为，我国民事法律中有关民事活动的基本原则的规定都应适用于订立保险合同的活动，如订立保险合同必须遵循合法性原则和诚实信用原则等。除此之外，根据保险合同的特点，为充分保障保险活动当事人的合法权益，保险法特别对投保人和保险人订立保险合同还应当遵循的几项基本原则做出了明确规定。

第一，公平互利原则。公平互利原则是市场经济活动中等价交换原则在法律中的体现，是市场经济法律的基本原则之一。所谓公平就是等价和平等；互利就是在公平的基础上取得各自的利益。遵循公平互利原则也就是要求订立保险合同应当公平和兼顾双方利益，保险合同双方当事人在法律地位上一律平等，在订立保险合同时应当公平，不得采取不正当的竞争手段，牟取不正当的利益。保险合同当事人权利义务要对等，在保险合同中应当公平合理地确定双方的权利义务，做到互惠互利。

第二，协商一致原则。遵循协商一致原则要求订立保险合同时应当通过协商的方式，双方当事人在自愿的基础上就订立保险合同充分表达自己的愿望和要求，并且都应当尊重对方的利益，任何一方不得把自己的意志强加给对方，双方经过友好协商最终就合同的内容达成一致的意见，共同决定相互之间的权利义务关系，从而签订保险合同。

第三，自愿订立原则。遵循自愿订立原则要求保险合同应当由双方当事人在法律许可的范围内和自愿的基础上自主订立，也就是由双方当事人以自己的意志来决定是否参加保险关系。除法律、行政法规规定必须保险的以外，任何单位和个人不得强制他人订立保险合同，更不得强迫他人订立保险合同。

第四，不得损害社会公共利益原则。遵循不得损害社会公共利益原则要求在订立保险合同时，双方当事人应当遵守国家的法律，尊重社会公德，承担社会责任，不得做出违背社会公共利益的约定；而且保险合同的标的本身也必须是合法的，即合同标的不能是非法所得或占有，也不能是国家禁止参与民事流转的物品或行为，否则所订立的保险合同不仅是无效的，当事人还要承担由此产生的法律后果。

5.2.4 保险索赔及证明材料

保险索赔是指保险事故发生后，根据保险合同的约定，向保险人要求履行赔偿或者给付保险金的行为，保险事故的发生是提出保险索赔的前提。保险事故发生后，依照保险合同请求保险人赔偿或者给付保险金时，投保人、被保险人或者受益人应当向保险人提供其所能提供的与确认保险事故性质、原因、损失程度等有关的证明和资料。这里所讲的"有关证明和资料"主要是指以下内容：

(1) 保险单或者保险凭证的正本。

(2) 已支付保险费的凭证。

(3) 账册、收据、发票、装箱单、运输合同等有关保险财产的原始单据。

(4) 身份证、工作证、户口簿或者其他有关人身保险的被保险人姓名、年龄、职业等情况的证明材料。

(5) 确认保险事故的性质、原因、损失程度等的证明和资料，如调查报告、出险证明书、损害鉴定、被保险人死亡证明或者丧失劳动能力鉴定、责任案件的结论性意见等。

(6) 索赔清单，如受损财产清单、各种费用清单、其他要求保险人给付的详细清单等。

保险人依照保险合同的约定，认为有关的证明和资料不完整的，应当通知投保人、被保险人或者受益人补充提供有关的证明和资料。保险的最终目的是受损时能得到补偿，因此索赔成功有赖于及时地把保险事故发生的时间、地点和原因以及有关保险单证的号码、保险标的、保险期限等事项一并告知保险人，特别是应当向保险人提供其所能提供的与确认保险事故的性质、原因、损失程度等有关的证明和资料，而且这些证明和资料应当是真实、准确和完整的。如果保险人依照保险合同的约定，认为投保人、被保险人或者受益人提供的有关证明和资料是不完整的，应当及时通知其补充提供，以便于保险人迅速调查核实确认保险事故，做好理赔工作。

5.2.5 保险理赔及程序

保险理赔是指在保险事故发生后，保险人根据被保险人或者受益人提出的索赔请求，依照保险合同的约定，对保险标的遭受损失或者损害的情况进行调查核实，并予以赔付的行为。保险理赔是保险人履行保险合同义务的一个关键环节和具体表现，为了保证理赔工作迅速、准确、合理，保险法对理赔程序做出了明确规定，保险理赔应当按照以下程序进行。

第一，立案查验。保险人在接到出险通知后，应当立即派人进行现场查验，了解损失情况及原因，查对保险单，登记立案。

第二，审核证明和资料。保险人对投保人、被保险人或者受益人提供的有关证明和资料进行审核，以确定保险合同是否有效，保险期限是否届满，受损失的是否是保险财产，索赔人是否有权主张赔付，事故发生地点是否在承包范围内等。

第三，核定保险责任。保险人收到被保险人或者受益人的赔偿或者给付保险金的请求，经过对事实的查验和对各项单证的审核后，应当及时做出自己应否承担保险责任及承担多大责任的核定，并将核定结果通知被保险人或者受益人。

第四，履行赔付义务。保险人在核定责任的基础上，对属于保险责任的，在与被保险人或者受益人达成有关赔偿或者给付保险金额的协议后十日内，履行赔偿或者给付保险金义务。保险合同对保险金额及赔偿或者给付期限有约定的，保险人应当依照保险合同的约定，履行赔偿或者给付保险金义务。

保险人按照法定程序履行赔偿或者给付保险金的义务后，保险理赔就告结束。如果保险人未及时履行赔偿或者给付保险金义务的，就构成一种违约行为，除支付保险金外，还应当赔偿被保险人或者受益人因此受到的损失。这里的赔偿损失是指保险人应当支付的保险金的利息损失。为了保证保险人依法履行赔付义务，同时保护被保险人或者受益人的合法权益，任何单位或者个人都不得非法干预保险人履行赔偿或者给付保险金的义务，也不得限制被保险人或者受益人取得保险金的权利。

【重要信息阅读】

商业医疗保险：为社保"补漏"

我国的社会医疗保障处于"低水平、广覆盖"的局面，虽然很大一部分人已有基本医保，但这部分社会医疗保险在赔付方面却有一定局限性。在实践中，社会医疗保险不可能补偿参保人全部的住院医疗费用，因此，如若想进一步增强个人或家庭的健康防护能力，不妨搭配一些与社保理赔不冲突的商业医疗保险作为基础医疗保障的有益补充，弥补差额部分的医疗费用。

比如，购买报销型医疗保险和津贴型医疗保险就是有效的医疗支出补偿途径。前者可补偿基本医疗起付线以下部分及起付线以上自付费比例部分的损失；后者则是保险公司按照合同规定的定额补贴标准，在被保险人住院、手术等治疗期间向被保险人按次、按日或按项目支付保险金。

报销型医疗保险：首选"超社保型"

报销型医疗保险又称普通医疗保险，以意外事故或疾病产生医疗费用为给付条件，保险公司根据规定的比例，按照被保险人在医疗过程中实际所花费诊疗费和医药费的总额进行赔付；一般分门诊与住院两个部分，主要针对意外门急诊费用、各类住院费用以及与住院相关的部分门诊检查费用等给予规定比例的报销。

总体来说，这类医疗保险产品在设计上的差异不多，但在选购时投保人也需关注一些产品细节，进行综合比较。

投保"四看清"

第一，看清报销费用的比例。按照规定，各保险公司在设计费用补偿型医疗保险产品时，必须区分被保险人是否拥有公费医疗、社会医疗保险的不同情况。因此，在保险条款中，会对社保、非社保情况予以区别说明，投保人可结合自身情况明确自己所能享受的待遇（社保报销后剩下还能报销的比例；无社保或不通过社保直接报销的比例）。

第二，要看清产品的免赔额度以及理赔上线。这也是关系到保险保障高低的关键。一般情况下，免赔额即起赔线越低，理赔金额给付上限越高，被保险人所能获得的经济补偿就可能越多。

第三,看观察期(等待期)。消费者在首次投保费用型医疗险时,通常都有一个等待期。如有的产品条款中明确约定,"被保险人因意外伤害或合同生效60日内(续保除外),因疾病在指定医院住院所支付的住院医疗费用,本公司不承担保险责任"。这就意味着,在保险刚刚生效的前60天内,被保险人因疾病住院治疗所产生的各项费用不能予以报销。还有部分产品的等待期可能长达3个月。因此,对消费者而言,这个期限规定越短越好。

第四,要看清有无续保权利。由于报销类型医疗保险通常都是短期产品,能否保证续保是比较大的一个问题。如果是1年期的产品,就需要对客户年年核保,有些保险公司在当年产生理赔后,第二年就会拒保或进行较大幅度加费,也就可能导致客户在最需要保险的时候失去保障,这对投保人显然不利。因此,选择保证续保的产品较为安心,当然,这类产品的保费通常也会稍高一些。

多次投保不重复理赔

需要指出的是,报销型商业医疗保险医药费的报销遵循补偿原则以及不可重复报销原则。即社保统筹支付和地方医疗附加支付的那部分,由于已经通过社保和地方医疗统筹基金直接支付掉了,因此商业保险不再支付,各家保险公司为客户报销医药费的比例加起来,不可能超过客户自费所付医药费的100%。

也就是说,重复购买不同保险公司保障范围类似的报销型医疗险并不能重复进行报销。消费者只需在一家保险公司购买一定的保额就足够了,重复买多了反而是花冤枉钱。

"超社保型"保障更全面

另外,细心的投保者可能会发现,目前大部分的报销型医疗保险是以社保保障范围为界的。也就是说,对于社保不能报销的,如排除在用药目录外的进口药、特效药、特护病房等,报销型医疗保险同样无法提供保障。不过,不少保险公司已针对市场变化推出的"超社保范围"的费用报销型医疗保险,其规定的保险责任往往不受社保局限,一些超出社保范围的用药和治疗项目,也可以给予一定的费用补偿,在选购时值得优先考虑。

最后要提示消费者的是,如果自身已有社保,且所在单位福利待遇较好,能为员工报销全部或部分医疗费用,或是已经为员工购买了足够的团体医疗保险的,基本就不必再自费另行购买费用报销型的医疗保险了。

津贴型医疗保险:定额给付可叠加

津贴型保险又称补贴型保险或者定额给付型保险。与报销型医疗保险不同,津贴型医疗保险与实际医疗费用无关，理赔时也无须提供发票。无论你在治疗中花多少钱，得了什么病，保险公司都会按照合同规定的补贴标准进行赔付。而且，在不同家保险公司之间多次投保，也不会出现报销型医疗保险的"理赔重叠"问题，可重复理赔。

比如，A君购买了200元/天的住院补贴附加保险，那么其住院期间就不论治病花了多少钱，也不管其在社会基本医疗保险账户中报销了多少费用，每天拿到的保险补贴都是200元；如果A君在两家保险公司都购买了200元/天的住院补贴保险，那么其住院后就一共可以得到400元/天的保险津贴。

科学投保三步走

在津贴型医疗保险的具体选择上，大家可以从以下几个方面着手。

首先，关注保障范围。很多保险产品保险责任都会因风险事故发生的原因有所不同。如引发住院的原因主要包括意外导致和疾病导致，这两种住院原因在住院津贴保险的保险责任中都要包括，否则这款住院津贴保险对风险的覆盖就不够全面。

其次，关注给付天数和免赔天数。一般住院津贴保险的给付天数都有上限，部分对免赔天数也有设置。对于被保险人而言，投保时应充分比较同级别产品的相关参数，一般选择给付天数多且免赔天数少的为佳。

最后，关注保障期间。与报销型医疗保险类似，很多津贴型医疗保险的保障期限较短，一般是一年左右。部分产品在当年出险理赔之后，保险公司便不再提供续保服务，这也让被保险人的持续长期保障难以实现。因此，建议选择保障期限较长或者可以保证续保的产品。

总体而言，津贴型医疗保险与报销型医疗保险是目前医疗保险中的两类产品，两者之间不存在冲突。消费者可根据自身的保障基础按需选择，或以报销型医疗保险+津贴型的医疗保险的组合形式搭配补充。

（理财周刊2016年06月14日）

5.3 保险业服务外包

保险业服务外包是指保险公司把信息技术（IT）服务、业务流程服务、营销业务、资产管理业务、精算、产品研发与分析等非核心业务甚至部分核心业务，以合同形式发包给专业的服务提供商，以提高核心业务的竞争力、降低企业成本以及分散经营风险的活动。保险业是金融业的重要组成部分，也是金融服务外包业务运用最普遍的行业之一。

5.3.1 保险业服务外包基本理论

5.3.1.1 比较优势理论

比较优势理论最早起源于英国经济学家大卫·李嘉图。比较优势理论认为，不同国家生产同一种产品存在机会成本差异，机会成本大的国家不具有比较优势，反之，则具备比较优势。造成机会成本区别的根源是各国劳动生产率的差异。

随着金融全球化步伐加快，信息技术突飞猛进，以跨国金融机构为主的金融保险业外包快速增长，金融资源正在全球范围内得到更优的配置，日益成为国际产业转移的新兴方式。金融保险业外包改变了金融保险业传统的产业分工方式，出现了根据比较优势和资源禀赋差异，在全球范围内不同机构、同一集团内部不同子公司之间进行更精细的专业化分工，特别是将金融保险机构非核心业务转移到成本更低、以这类业务为主营业务、专业化水平更高的离岸企业，金融保险业能够在全球范围内配置金融资源，实现专业化分工，有利于节约劳动成本，提高生产效率，提升行业乃至社会的资源配置效能。

5.3.1.2 交易费用理论

交易费用理论由经济学家科斯提出，即企业在获取生产所需的某种产品时，可以采取市场交易或企业内部生产两种方式，而这两种方式都存在交易费用。当企业内进行交易所节约的市场交易成本等于企业规模扩大所增加的组织费用和管理费用时，达到均衡，形成企业的企业边界。当在企业内进行一项交易的成本大于在公开市场上进行这项交易的成本时，企业就应该打破现有的企业边界，将这项交易放到公开市场上去，采取外包的策略。具体到保险企业，从发包方来看，保险企业如果在自己内部从事 IT 系统建设、核心业务系统开发和部分非核心业务流程，不仅要投入大量的工作人力和管理人力，而且在这些业务领域保险企业并不具有专长，运作效能会较专业的外包提供商低，激发了保险企业服务外包的需求。从接包方来看，保险企业所外包的业务是非核心业务，而对承接保险外包的保险服务外包提供商而言，则成为其核心业务，对这类业务的重视程度、人财物投入程度和国际最先进的相关业务领域接轨程度等，都远远超过保险机构内部生产模式，会极大提升相关业务质量和水平；同时，由于保险服务外包提供商能够将众多保险机构相容的业务需求进行整合，提供相对完善、适应性更强的保险服务，能够形成比较优势效应、规模经济效应，较好地降低业务成本。

5.3.1.3 价值链理论

价值链理论由是迈克尔·波特提出的价值链分析理论。波特指出，企业创造的价值产生于"价值活动"。价值链是指企业为客户创造有价值的产品或劳务的一连串相互联系的"价值活动"。企业价值链上的作业不一定都能为顾客带来价值，因此将它们分为增值作业和非增值作业。价值链分析正式通过对成本动因的识别，消除企业价值链中的非增值作业，对价值链进行纵向整合，即外包。

对于保险业而言，其价值活动可以粗略分为与保险产品或服务直接相关的基本活动以及为基本活动的执行提供资源或设施的辅助性活动，如人事管理、信息基础设施等。辅助活动与具体的基本活动相联系，构成并支撑保险公司等运作的整个价值链。价值链上的每一环节并非都能创造价值，只有特定的战略环节上的优势。随着金融市场和我国

IT市场的发展和成熟，保险公司的竞争焦点从主要集中于产品开发与设计、客户服务和风险管理、IT系统、核心业务等基础设施和业务，逐步演变为保险机构核心业务的后台支持业务；加上信息技术日新月异，更新换代速度很快，作为以保险服务为核心业务的保险机构，很难跟上信息技术的发展步伐。为此，保险机构越来越倾向于将非核心业务系统和IT设施建设进行外包，从而在获得最前沿、最先进的信息技术服务的同时，使保险机构可以更加专注于核心竞争力的培育，降低经营成本，提高组织效率。

5.3.2　我国保险业服务外包的推动因素

（1）金融业混业经营是未来的趋势。金融业经营包括分业经营和混业经营。简单地讲，分业经营是指各种金融活动分开经营，比如保险公司、银行、证券公司、信托公司只能单独经营本行业业务；混业经营指同一金融机构可以经营不同的金融业务，比如银行除了经营银行业务外，还可以经营证券业务，以及保险业务等。从金融发展史来看，人类曾经进行过混业经营模式，因为混业经营导致监管漏洞，引发了金融危机，所以进入了分业经营模式。随着金融创新活动不断扩大，以及规模经济效应需求，在有效监管的前提下，混业经营是未来的发展趋势。

以平安保险为例，它在整合保险、银行等业务的时候，客户凭一张卡就可以满足实现多方面的功能。平安保险随着上海金融中心的建设，市场规模不断扩大，当它不能单独处理这么大的业务量的时候，将会将部分业务释放出来，外包给承包商。

（2）随着金融全球化的推进，我国保险市场越来越国际化。国际保险公司熟知国际上最先进的外包经验，教会我们本土的保险公司如何不断释放外包需求。

（3）保险公司业务出现了转型。业务转型呈现三种明显的特征：财产险转型为全面风险管理，寿险为客户提供更多的理财服务，健康险成为一个独立的产业。这些业务转型，特别是健康险，80%的业务量都来自于理赔，所以保险理赔方面的服务外包需求会被大量地释放出来。

（4）主管部门的制度支持。我们国家的主要部委，包括保监会在内都在积极推动保险行业金融服务外包的发展。

（5）市场竞争更加开放和激烈。为什么有服务外包的需求？主要因素还是保险公司出于节省成本的考虑。随着市场竞争程度不断提高，保险公司需要把更多的资源集中在核心业务上，把不具备比较优势的业务外包给更加专业的服务商。

5.3.3　保险业服务外包方式

5.3.3.1　信息技术外包

信息技术外包是保险业外包的最主要方式。保险机构IT离岸外包成为该行业规模最大、收益最多的外包业务。通能太平调查显示，2005年美国保险公司在IT外包方面的花费大约为21亿美元，2008年升至23亿美元，其中，离岸外包金额从2002年的6.05亿美元，增长到2006年的约14.69亿美元。保险业IT离岸外包结构分析表明，保险公司增长最快、成熟度最高的IT离岸外包项目是信息技术系统，位居其次的是应用维护与支持和应用程序开发，这是由保险公司不希望将核心系统外包，以及离岸外包提供商缺乏保险业专业知识和经验所决定的。降低成本并使自身专注于核心业务发展成为保险IT外包的主要动因，IT外包还可以使保险业提高市场反应灵敏度、增强经营灵活性。

5.3.3.2 业务流程外包

从目前来看，全球保险业业务流程外包规模较小，但发展速度较快。金融服务业BPO离岸外包合同金额占所有行业BPO离岸外包合同价值比重为23%，保险业占比为12%。保险业务流程外包结构分析表明，保险专业领域如理赔、保单管理、呼叫中心等行业特殊领域，是保险BPO的最主要领域。NelsonHall 2006年对全球90家LOMA会员保险公司的问卷调查的结果如表5-15所示，人力资源管理流程、客户管理服务流程以及融资和财务流程外包价值占行业外包价值的比重分别为9%、2%和1%，而保险行业特殊业务流程外包价值的比重高达88%。

表5-1 2005年全球90家保险公司业务流程离岸外包情况表

业务流程类别	离岸外包合同金额（亿美元）	占比
客户管理服务流程	2	2%
行业特殊流程	81	88%
人力资源管理流程	8	9%
融资和财务流程	1	1%

资料来源：NelsonHall 2006年《保险BPO概览》。

5.3.3.3 营销业务外包

欧美等发达国家保险公司将营销业务外包给银行的营销方式成为保险营销外包的重要形式，亚洲地区受分业经营监管限制，银行代理销售保险产品发展相对较慢。但近年来，中国银行机构代理销售保险业务发展迅速，已成为销售保险产品的主要渠道。保险营销外包可以优化金融资源配置，实现保险企业、客户和银行的"多赢"。保险公司通过银行代理营销，可以有效降低销售成本，共享银行客户资源，减少对传统代理人的依赖，有效地开发保险产品。保险业经营成本的降低，有利于促使费率下调，对客户有益。银行代理销售保险产品，可以拓宽利润来源，扩展客户群，增强客户忠诚度等。

总体来说，保险机构实施外包战略，原因在于外包能够降低成本，减少交易费用，增加企业价值；可以利用外部优秀的专业化资源整合企业的非核心资源，优化资源配置；可以节省固定资产的投资，实现专业化经营，降低资产风险；可以提高内部管理电子化和自动化程度，改变传统作业方式，改善企业组织结构，提高运营效率。根据Insurance net working news调查结果显示，保险公司实施外包战略最重要的原因是降低成本，有40%的被调查保险公司选择了这一因素；部分保险公司进行外包是为了获得自身所不具备或达不到相关水准的专业技能和知识，占被调查公司总数的23%；还有10%的保险公司将专注于核心业务发展列为驱动因素；7%的被调查保险公司选择其他因素作为外包的动因；仅有20%的保险企业未进行外包。

5.3.4 保险业服务外包面临的风险

保险公司进行服务外包是把双刃剑，它能够改善保险机构经营状况，但若处理不当，也会带来严重的风险。

1. 丧失自主创新能力，形成战略风险

以 IT 技术研发为例，保险机构实施外包后，虽然有效利用了外部资源，但是从另一角度讲，公司却失去了自主创新的机会，无法掌握 IT 系统的核心技术。此外，随着日后使用过程中出现的系统维护、系统升级等问题，基本完全需要依靠外包服务商，形成技术上的依赖性，且后期维护成本支出大幅增加。

2. 危害客户隐私权利，形成合规风险

外包服务商在与保险机构合作过程中，通常会掌握一定的客户信息或商业秘密，若外包服务商缺乏内控约束，这些信息资料便极有可能泄漏给保险机构的竞争对手或其他组织，使保险机构商机泄漏，使客户隐私权利遭到侵害，最终会使保险机构承担相应的法律责任或经济损失。

3. 行业集中选择同一个外包服务商，形成系统风险

通过业务外包来提高效率及实现规模经济的过程中，势必会出现特殊形式的风险集中问题。当有限数量（有时仅一个）的外包服务商为多个保险机构提供服务时，操作风险相应集中，可能带来系统性风险。例如，多个保险机构与某档案管理外包服务商进行合作，公司档案资料集中存放在同一地点，若外包服务商出现灾害等特殊情况，会造成资料大规模损毁。再例如，紧急业务援助人来自同一援助公司，当该外包服务商发生业务中断时，则保险机构无法履约向客户承诺的提供援助服务。

4. 应急机制不完善，形成退出风险

保险机构长期依赖外包服务商，逐渐丧失了对转移业务的接续能力。当外包服务商突然终止合作关系、退出外包市场时，保险机构极可能会因接续工作不到位而引发服务质量出现严重问题。例如，保险机构将保单销售外包给某航空售票点，并委托其负责管理和维护客户信息，当该航空售票点出现特殊情况终止了与保险机构的合作，重要有效单证及客户信息便可能存在流失的风险。

5. 外包服务商游离监管范畴之外，形成无法获取信息风险

部分保险外包服务商是不在监管部门管辖范围内的。监管部门对保险机构履行监管要求的能力可能会因此受到影响，无法获得有关外包业务的账簿、记录及其他资料。例如，保险机构将人力资源进行外包，某外包服务商在对保险代理人培训的过程中存在误导性传授，涉嫌传销。若监管部门需要对该外包服务商的培训资料、讲授内容进行核查，便可能存在无法获取信息的风险。

对保险业务外包的主要潜在风险归纳为表 5-2。

表 5-2　保险业务外包的主要潜在风险

风　险	风险涉及领域
战略风险	1. 保险机构未能对外包服务商实施适当监督或缺乏充分的专业能力对服务商进行检查； 2. 外包服务商仅按照自己的利益行事，从而可能有悖于保险机构经营的整体战略目标
名誉风险	服务商提供的服务存在质量问题，与客户的互动不符合保险机构的标准（在道德或其他方面）
合规风险	1. 外包服务商泄露客户隐私； 2. 存有欺诈问题； 3. 外包提供者的合规与控制力不足； 4. 应收账款质量恶化
操作风险	1. 外包服务商出现技术失误； 2. 缺乏足够财力以履行责任或提供补偿； 3. 欺诈或失误； 4. 实施检查的成本过高
退出风险	由不适当市场退出引起的风险
国家风险	可能由政治、社会或法律因素引起，导致　商业持续性计划更为复杂
合同风险	1. 履行合同的能力缺乏保障； 2. 对于离岸业务，选择管辖法律至关重要
获得信息风险	外包协议影响受监管实体向监管当局及时提供数据及信息
集中与系统风险	1. 单个公司缺乏对服务商的控制； 2. 对整个行业的系统性风险

5.3.5　我国保险业服务外包现状

随着我国保险业的迅速发展，国内许多保险机构产生了业务外包的需求，相应地，国内承接在岸保险外包服务的外包提供商逐渐发展壮大起来。我国保险业发包和承包的业务主要集中在信息技术、理赔勘查、营销、资产管理、保单打印、数据录入等业务，尚未涉及精算、产品研发与分析等高端核心业务。目前，我国承接海外保险公司的离岸外包业务尚处于起步阶段。

5.3.5.1　信息技术外包发展势头良好

2003 年，我国信息技术外包市场规模是 42.6 亿元，虽然保险业的外包正处于萌芽阶段，但是保险业 IT 外包规模达 5.7 亿元，占比 13.4%。随着国内保险业的发展壮大，越来越多的保险公司将信息技术外包出去。比如，太平洋保险公司和天安保险公司将业务管理系统的开发工作外包给美国计算机科学公司（CSC）；丰泰保险公司和首创安泰保险公司将灾难恢复及 IT 咨询的外包交给万国数据服务有限公司；光大永明保险公司将

IT 运行维护外包给神州数码公司。

5.3.5.2 理赔勘查外包业务有了一定的发展

理赔是保险公司风险控制非常重要的一环，为减少信息不对称，实现理赔的公正、公开，我国已有不少保险公司将理赔业务或将理赔的部分环节外包出去。现在保险公司（尤其是财险公司）一般将理赔工作的全部或者有选择性地交给保险公估公司。比如，太平洋保险福建分公司将车险查勘的业务外包给深圳民太安汽车保险公估福州分公司，从而达到提升查勘率、降低赔款、提高服务质量的目的；中意人寿、中国海康、大地保险公司还与德宇软件科技有限公司签订了全国理赔和险种分析外包协议，在合作期间有效地降低运营成本，摆脱了在繁琐业务上花费的时间，降低了理赔周期，提高了准确率；泰康把养老跨区域保单理赔业务外包给了华道数据。

5.3.5.3 保险营销业务外包急剧发展

目前，我国许多保险公司将营销业务外包给银行或邮政机构，如建行与新华保险、太平洋人寿的合作；浦发、工行与百年人寿的合作。我国银保合作起步较晚但发展迅速。来自保监会的统计数据显示，2010 年上半年全国人身险保费收入 5 980.71 亿元，其中来自银保渠道（含邮政）的保费为 2 599.09 亿元，占比 43%。虽然银监会对于银保方面的监管和限定越来越严格，但是如果正确认识到监管部门提出的风险，提高服务质量，银保这个领域还是可以蓬勃发展的。因为银保在销售上有很大的优势，售前以银行服务为主，可以有效地做好客户的筛选和宣传；售中有专业的理财经理或者银保专员进行销售，对客户传达正确的保险理念；售后可以做到银行牵头，保险公司配合，加强了客户对于保险产品的可信度。

同时，电话营销、网络营销日益兴起，更多的保险公司为了节省人力、物力，将这类销售手段交给外包公司。比如，太平人寿、泰康人寿、新华人寿等与赛迪通呼叫中心签约，将电话营销业务外包给赛迪通呼叫中心；北京赛源科技公司为太平人寿、中英人寿、美国大都会等提供电话营销外包服务。

5.3.5.4 资产管理业务外包日益兴盛

我国恢复保险业后，保险公司的投资可以划分为四个阶段。最开始是无投资阶段，这个时期许多保险公司刚刚起步，其资金大多数只是存入银行。随着保险业的发展壮大，保险公司的资产运用有了自己的方向，但是由于专业原因造成了无序的投资、盲目的投资，这时形成的不良资产也比较多。到了 1995 年，随着监管部门的关注和政府的扶持，保险机构可以进行同业拆借和购买央企债券等投资项目。后来随着保险公司业务的发展，更多的保险机构先后设立了资产管理公司，以代理本公司的资金运用业务。2006 年开始，我国保监会允许符合条件的保险资产管理公司托管第三方资金，因此，国内许多尚不具备设立资产管理公司条件的中小型保险公司，将保险资金运用业务外包给专业的资产管理公司；中国人寿、中国平安等大型保险公司将自身的外币资产管理外包给国际大银行进行运作。同时，海外保险资金也开始委托中资保险资产管理公司进行运作，如澳洲最大保险集团 AMP，将部分非保险类资金外包给中国人寿资产管理公司代为运作。

5.3.5.5 保单打印、人力资源、数据录入等低端业务流程外包发展稳定

当前保险公司对于保单打印的时效、质量都有很高的要求，而选择外包公司承担这份业务让保险公司省力不少。通过将保单、账单打印业务外包给接包方可以省去许多人力以及设备的管理成本，而外包按件计费有利于公司运营成本的核算。

另外，许多保险公司也将人力资源管理外包给专业公司。一般情况下，人力资源外包多出现在内勤部门，比如中国人民财险马鞍山分公司就与当地的人才部门开展了外包项目。这样做可以有效地帮助企业降低人力支出，提高人力管理效率。

数据录入是保险公司业务中比较烦琐的环节，以太平洋人寿为例，在外包这项业务之前，如果保单数量突然上涨，分支机构需要4～5天才能完成，而将新契约数据录入外包给华道数据后，公司仅需要做初步的扫描就可以通过网络传送到华道数据，反馈时间比原来要快很多，这极大地提升了新保单录入速度而且还降低了人力成本。

5.3.6 我国保险业服务外包存在的问题

5.3.6.1 保险公司在外包风险的识别与控制方面经验不足

保险公司的大部分业务档案都涉及商业秘密、客户信息等敏感信息，如果承包方不能有效确保信息安全，这些信息若是泄露出去将会给保险公司和个人造成严重的损害。将业务发放给外包公司后，不易做到实时监管，这就是潜在的风险。目前，国内的承包服务公司实力差距较大，有些保险公司在选择外包公司时无法做出正确的判断，而且在合同签订后，有的保险公司觉得这个项目已经与自己没有关系，却不知在合同履行期间，若不监督承包方行为，很可能发生难以挽回的损失。

5.3.6.2 缺乏健全的金融服务外包法律法规体系

缺乏法律法规的指引是金融服务外包中一个不可忽视的问题。中国银行业协会负责人曾指出，金融服务外包的发展需要社会各方加大合作力度，尽快制定、完善相关法律和监管制度，要着重建立并完善金融外包服务商的资格审查和信用评级制度，建立完善有效的外包监管制度，这样才能为金融业务外包创造良好的法律环境和制度保障。而我国监管部门目前仅仅是制定了有关银行方面服务外包的法规，还尚未出台有关保险业服务外包的法律法规。没有足够的法律法规作为依据，会使金融服务外包市场处于混乱状态，金融机构无法在市场中安心寻求外包机会。

5.3.6.3 保险服务外包人才短缺

金融服务外包人才是一种复合型人才，要求具备IT技能、金融知识、外语技能、管理技能等多种专业技能，并且需具备多种综合素质。就保险行业来讲，既懂保险业务又有IT技术背景和较强外语应用能力的复合型人才极其短缺。据统计，全国服务外包企业的职位缺口每年差不多20万个。2008年8月底，全国1800多家服务外包企业从业人员仅33万人左右，而反观印度，外包从业人员从1998年的19万人发展到目前的160万人。

我国许多高等院校的IT专业过于注重基础理论的讲授，忽视了技能培训等与实际工作直接联系的环节，从而造成短期内大学毕业生与企业需求匹配困难，企业只能对职工进行二次培养。同时，外语水平的制约也是一个严重的限制因素。金融服务外包不仅需要阅读外国资料，还需要与外国技术人员进行沟通。而我国的英语教学主要是侧重考

试，会话能力严重缺乏，对外国文化的了解也不是很全面。而印度外包方面的成功很大程度上得益于其语言上的优势。

5.3.6.4　我国保险外包提供商在高端业务领域的专业技能不足

我国保险服务外包提供商以承接保险公司信息技术外包为主、业务流程外包为辅，承接的外包层次较低。而一些高端业务外包，比如精算业务、产品研发与分析等，只能在海外寻找国际知名的精算行或外包商进行外包，这是我国保险服务外包领域的短板。目前我国开设保险精算专业的学校较少，能拿到技能证书的学生数量非常有限。

5.3.7　促进我国保险业服务外包发展的对策

5.3.7.1　加强保险业对于外包风险的识别与控制

第一，保险公司应根据自身经营的水平、核心产品与市场来决定适合自身的外包业务，即公司一定要提前考虑哪些是需要外包的，哪些是一定要自己完成的。

第二，要选择合格的外包承接商，应对外包服务商进行严格的审核，结合业务的需求做出科学合理的测评，并且重视外包公司的经验与信誉。

第三，外包合同要尽量全面而翔实，如最低标准、支付要求、合同可否分包、资料保密性、解决纠纷制度等内容。

第四，在外包商提供服务的过程中，保险机构应该对外包商进行持续的风险评估，根据运营情况来分析外包商的自身财务和管理是否还有能力进行外包工作。在合同履行期间要进行即时监控，一旦发现偏离目标的情况及时做出调整和制止。

第五，需要建立紧急处理机制，在发生问题后按照事前设计好的思路尽可能降低公司损失。

5.3.7.2　完善保险业务外包方面的法律制度和监管制度

目前，我国还没有系统的针对金融服务外包的法律法规，我们可以借鉴巴塞尔委员会制定的关于《金融服务外包》的法律法规以及欧美印先进的服务外包管理措施来建立和完善我国金融服务外包方面的法律制度和监管制度。

第一，保险机构与外包公司应严格遵守有关国家秘密、商业秘密，以及个人数据保护的法律法规。

第二，需规定保险机构在披露客户个人隐私时应及时告知客户并且征得客户同意。

第三，规范保险机构与外包商的关系，应明确规定外包商不能借保险机构之名从事业务活动。

第四，保监会可以根据各保险公司办理的外包进行记录并且稽核，对不正当、不合规的行为做出纠正或制裁。在稽查保险公司的同时也不能忘了对外包公司进行监管，包括财务和人事关系变化等。

5.3.7.3　加强保险服务外包人才的培养

保险服务外包人才的培养应注重高校培养、企业培训和社会培训相结合。

首先，各大院校应加强对金融服务外包人才的培养，设立专门的专业或实行双学位制，信息专业的学生可辅修金融专业，金融专业的学生可辅修信息专业等。在课程设置方面，一定要理论联系实际，有关计算机的课程，可以删减理论部分，增加数据处理、编码等技能课程。英语教学方面，在加强听说教育的同时要让学生了解外国文化。

其次，企业在吸收人力资源后应该进行合理的培养，加强人力资源管理。按照服务外包人才素质需求划分保险公司内部人才梯度（高端人才、管理技术人才、基础人才）。按照三类人才不同的能力要求采取针对性的入岗培训。为了加快人才培养，企业还可以采取"送出去"策略，将培养目标放置在国际外包市场，亲身体验国外先进的外包项目谈判、接单流程，造就真正的国际化人才。

最后，就是社会培训，可以利用政策鼓励企业或培训机构向社会和学校提供教师，使在校学生或已就业者在社会培训机构等地方学到真正的专业知识。

5.3.7.4 提升我国保险外包承包商的专业技能

国内金融服务外包承包商应注重学习国外先进经验，加强与亚太地区离岸外包的交流、合作，在扩大中低端业务规模的同时密切关注国际外包服务发展状态，在国内加强自身技术开发与储备。因为保险精算、产品开发、研究与分析等 KPO 服务通常涉及财务、资产等企业的机密信息，对于知识产权、金融监管以及人才供给等方面要求更高，所以需要政府、监管机构、教育等部门通力合作。

【重要信息阅读】

新晋前十寿险公司选择轻资产策略　保险中介市场规模或达 35 亿元

富德生命人寿、华夏保险等中小险企迅速入围寿险公司规模保费前十，它们的中介业务保费已经跃居市场前两位。监管机构简政放权、独立代理人制度逐步落地，专业保险中介机构迎来发展和扩张的新机会。

不过也有业内人士表示，随着中介机构重新受到险企关注，竞争激烈的砸钱现象亦在滋生，要走产销有效分工、双方互利合作的健康道路。

中介渠道发挥三大作用

2015 年以来，包括富德生命人寿、华夏保险在内的几家公司成为寿险业"新贵"，规模保费超过千亿元，进入行业前四，成为寿险行业关注的焦点。而他们所走的营销之路也异于传统大型险企，与大型公司相比，它们的自有营销渠道中，个险队伍人数少、业务规模占比小，更多依靠的是轻资产的第三方渠道，比如银行渠道、互联网平台等，专业的保险第三方中介机构，也成为它们发展业务的一个渠道。

据《证券日报》记者获得的同业交流数据显示，华夏保险和富德生命人寿的经代保费分居行业前两位。2015 年，华夏保险 1 572 亿元的总保费中，经代渠道的保费达到 12.37 亿元，占比为 0.8%。富德生命人寿 2015 年经代总保费为 5.64 亿元，渠道占比为 0.3%。

华夏保险相关负责人近日对《证券日报》记者表示，在对公司业务发展方面，中介渠道主要起到价值贡献、平台整合和品牌传播等方面的作用。

作为"大营销"渠道的重要一环，华夏中介渠道致力于价值业务的销售推广，为公司业务结构优化及持续健康发展做出重要贡献。而基于中介机构业务的多样性，中介渠道在与中介机构直接合作的同时，也将作为入口，积极推进华夏内部各业务渠道与中介机构的合作与融合。另外，经过近几年的积累，华夏中介用高速增长的业绩与良好的业务品质、较为优质的服务赢得了市场认可，间接促进了公司整体业务发展。

华夏保险认为，伴随专业保险中介机构与人力的不断扩张，以及越来越多的保险公司开展中介业务，保险中介市场的容量将不断扩大。

专业保险中介机构快速发展

大童保险销售服务有限公司董事长蒋铭近日对《证券日报》记者表示，公司近年发展迅速，截至2016年5月份，已经在22个省份的100多个城市开设分支机构，预计开设分支机构的城市将超过200个。随着互联网业务的快速发展，保险领域进入O2O的时代，需要线上线下的配合，只有线上而没有线下的配合，后续服务会出现问题，这也是大童加快铺设线下机构的原因。

从代理的业务体量看，此前诸多年份，大童代理的人寿保险业务年度保费规模在1亿元到2亿元之间，2016年有望达到8亿元到10亿元，已经超过甚至数倍于不少寿险公司个险业务保费规模。

蒋铭表示，对新公司或中小公司而言，通过保险中介渠道销售产品的成本低于保险公司自建营销队伍的成本，加之中介渠道专业、高效，能够承接更多保险公司的业务。

蒋铭乐观地预计，三到五年之内，保险业有望进入一个新时代，国内寿险公司将分成两种类型。一类是以传统大型险企为代表的全产业链的重资产的公司；另一类是新成立的中小型险企，它们会专注研发保险产品，而销售、理赔、投资等业务则将联合专业中介、专业理赔和资管机构。

华夏保险负责人认为，随着监管要求不断严格，以及保险中介机构合规经营意识的不断增强，中介市场发展将日趋健康化、规范化。伴随政策放开，市场主体的参与形式将更加多元化，小微型、社区化、门店化经营的区域性专业代理机构将浮出水面。

在产销分离模式下，保险中介将集合各家保险公司最优质的产品，这些产品将全方位满足民众的保险保障及理财需求，更好地实现保险服务于社会的功能。随着独立代理人制度逐步落地，中介市场将成为大众创业、万众创新的重要阵地之一，可以吸纳更多的从业者，在解决就业和改善民生方面发挥积极作用。

互利共生的市场需防乱象

理想状态下，保险公司和保险中介机构属于互利合作的关系，是一种有效的分工组合，共同的目的是把成本降低、效率提高。但事实往往与理想存在一定差距。

某外资寿险公司人士对《证券日报》记者表示，近年以来，部分中小险企砸钱到经代渠道上，在产品和手续费角度的市场竞争日益激烈，加之对中介渠道的掌控力不如自有渠道，因此其所在公司逐渐收缩了对中介渠道的依赖程度，将重点逐渐转到自控的电销和个险渠道业务上。该公司此前的中介业务占比在行业内处于较高水平。

一家中小险企相关人士也对本报记者表示，与中介机构接洽了一段时间，但仍未正式开展相关合作。一方面，从目前的市场看，中介渠道产品和手续费竞争都较为激烈，中介机构作为第三方渠道的运营成本较高；另一方面，中介机构的继续率却不一定高；另外，中介机构数量较多，鱼龙混杂，公司需要甄选合作对象。该人士也坦言，有合适的中介机构和合作机会，公司也还是希望合作。

长江证券研究所分析师刘俊在《保险行业 2016 年年度策略报告：迎接保险供给侧改革和主动繁荣》中指出，随着保险市场的快速膨胀，保险细分市场将大有可为，其中包括保险专业代理、保险经纪和保险兼业代理机构。这 3 种模式的收入主要来自于佣金收入。从佣金率来看，兼业代理佣金率寿险在 5% 左右，车险业务佣金率在 10% 左右；代理公司和经纪公司佣金率水平在 15%～20% 之间。

报告同时指出，传统保险中介市场的影响力和压力在进一步增加，互联网渠道的边际冲击在增加，凭借互联网渠道来发展的保险中介公司面临较多的不确定性。中介销售市场成长性较为一般，依然未见明显创新。

（证券日报 2016 年 06 月 23 日）

本章小结

1. 保险是指投保人根据合同约定，向保险人支付保险费，保险人对于合同约定的可能发生的事故因其发生而造成的财产损失承担赔偿保险金责任，或者当被保险人死亡、伤残和达到合同约定的年龄、期限时承担给付保险金责任的行为。

2. 按照保险标的的不同，保险可分为人身保险和财产保险两大类。人身保险是以人的寿命和身体为保险标的的保险，包括人寿保险、人身意外伤害保险和健康保险。财产保险是以财产及其相关利益为保险标的的保险，包括财产损失保险、责任保险、信用保险、保证保险、农业保险等。

3. 保险业是指与保险活动相关的行业，保险业将通过契约形式集中起来的资金，用以补偿被保险人的经济利益。保险业包括保险公司、监管机构、非营利性组织等机构以及保险市场、保险工具等内容，是金融业重要的组成部分。

4. 保险具有分摊损失和经济补偿两大基本功能，以及资金融通和社会管理两大派生功能。

5. 合同是指平等主体的自然人、法人、其他组织之间设立、变更、终止民事权利义务关系的协议。保险合同属于合同的一种，是投保人与保险人约定保险权利义务关系的协议，是保险活动最基本的法律表现形式。

6. 保险索赔是指保险事故发生后，根据保险合同的约定，向保险人要求履行赔偿或者给付保险金的行为，保险事故的发生是提出保险索赔的前提。

7. 保险理赔是指在保险事故发生后，保险人根据被保险人或者受益人提出的索赔请求，依照保险合同的约定，对保险标的遭受损失或者损害的情况进行调查核实，并予以赔付的行为。

8. 保险服务外包是指保险公司把 IT 信息技术服务、业务流程服务、营销业务、资产管理业务、精算、产品研发与分析等非核心业务甚至部分核心业务，以合同形式发包给专业服务提供商的活动。

9. 保险业服务外包方式：①信息技术外包；②业务流程外包；③营销业务外包。

10. 我国保险业服务外包现状：①信息技术外包发展势头良好；②理赔勘查外包业务有一定的发展；③保险营销业务外包急剧发展；④资产管理业务外包日益兴盛；⑤保单打印、人力资源、数据录入等低端业务流程外包稳定发展。

11. 我国保险业服务外包存在的问题：①保险公司在外包风险的识别与控制方面经验不足；②缺乏健全的金融服务外包法律法规体系；③保险服务外包人才短缺；④我国保险外包提供商在高端业务领域的专业技能不足。

12. 促进我国保险业服务外包发展的对策：①加强保险业对于外包风险的识别与控制能力；②完善保险业务外包方面的法律制度和监管制度；③加强保险服务外包人才的培养。

6 信托业与租赁业服务外包

【学习目标】

1. 理解信托业务的概念及内容；
2. 理解金融租赁业务的概念及内容；
3. 掌握信托服务外包的含义及外包的主要业务；
4. 掌握融资租赁服务外包的含义及外包的主要业务。

【引入案例】

××企业财务服务外包案例

一、客户背景介绍

某美资企业成立于2002年，主要从事门窗的生产加工和外销，该公司财务一直由6名专职财务人员负责。公司规模很大，年销售收入1.2亿元，但利润很低。经美国总部财务审计，发现存在存货管理混乱、往来账务混乱、内部控制不健全、成本核算不实、纳税申报出现错误、出口退税延迟导致税金无法挽回等问题。

二、财务外包内容及规划

经客户对多家财务公司筛选，决定将部分业务进行财务外包。宜久会计师经过对公司业务流程及内部控制制度的了解，制定并实施了以下步骤。

（1）根据公司业务流程，结合财务管理的特点，重新规划并使用现代化管理软件ERP，并进行相关培训；重新规划财务工作岗位和职责；重新制定成本核算流程；使财务管理同企业的业务特点通过ERP软件紧密结合。

（2）重新规划企业内部控制制度，做到授权管理、物资管理、资金管理及时有效。

（3）根据企业的财务管理和业务管理的特点，除资金管理、催收账款外的其他财务项目如成本核算、记账报税、往来账款、内部财务监控、税收筹划、出口退税业务全部外包给宜久财务公司。

三、外包实现管理优势

通过以上规划，帮助企业实现了财务管理的几个控制点，达到了管理要求。

（1）人员精简，实现了员工保密和财务业务独立性。原来美资公司财务人员6人，按照新的流程规划，财务人员只保留2人，其余业务全部交由外包财务公司处理，节约了人力成本；同时，因为宜久财务公司员工不隶属于客户，所以在各种制度的监控执行和业务的保密性上，更能够保持中立和独立，消除了公司之前的制度不严谨、有制度不执行、信息不通畅等各种弊端。

（2）专家管理。本次宜久财务公司指派的外包项目小组负责人是具有多年大型生产型财务管理经验的注册税务师，在生产型企业内部控制制度、税收筹划等方面进行了标准设定；为公司提供了标准的专家管理。

（3）外包实现了企业管理增值。本次财务外包规划及培训历经6个月，目前已经执行2年的时间，为客户创造了直接和间接的经济效益。其中税收筹划及优惠政策退税330万元；成本合理筹划节约流动资金700万元；库存管理明晰，盘活资产520万元；加强企业往来款账龄分析，盘活资金1600万元。实现了客户通过财务外包加强企业财务管理、节约成本、效益增值的设想。

6.1 信托业与租赁业概述

6.1.1 信托业概述

6.1.1.1 我国信托业发展历程

信托是以经济自由为前提建立在财产转移和财产处分基础上的法律制度。我国信托制度的二次导入与改革开放紧密相关，这也确定了信托的演进具有我国转轨经济的特点。从1979年开始至今，我国信托业经历了计划经济、计划与市场混合经济和市场经济三个发展阶段。相应地，我国信托业的发展可以划分为三个阶段，即恢复与扩张阶段（1979—1992）、整顿阶段（1993—2001）和规范阶段（2002至今）。

1. 我国信托业的恢复与扩张阶段

1）改革开放前我国信托业情况

上海是我国最早导入信托业务的城市。在1919年，聚兴城银行上海分行成立了信托部，这是我国历史上第一个信托部，也是我国现代信托业的发端。通商信托公司成立于1921年，这是我国成立的第一家专业信托公司，从此信托公司在历史的舞台上大放光彩。除了民营的信托业外，官营信托机构也开始出现，1935年中央信托局出现。各家信托公司经营的业务大都相同，即信托投资、信托存款、商务管理信托、证券信托、保管信托、监工管理信托、监护信托、遗产信托、代理信托、房地产信托等，但事实上有些业务的市场并不完整。这一时期的信托业可以说是"金融超市"，不仅有信托的基本功能，还有银行等金融中介机构的功能。

新中国成立后，我国在1949年11月1日成立了自己的信托机构——中国人民银行上海市分行信托部，其业务包括运输、房地产、保管、仓库及其他代理业务。跟所有领域一样，我国对以前的中国信托业进行了社会主义改造，即对以前的银行信托部和民营信托公司实行严格的整顿、管理和改造。一部分缺乏正常业务、资力不足的机构被淘汰；剩下的跟银行钱庄一起并被归入金融系统中，但在1951年9月之后就陆续停办。这主要是因为在以公有制改造为主要手段的金融体系重建过程中，政府的主要目的是稳定金融局势、实现经济恢复。为了形成完全单一化的国有产权制度，政府需要垄断金融机构的产权。随着社会主义改造的完成，到1952年全行业公私合营为止，原有的信托业务逐渐消失，对于信托公司予以没收和接管。到此，我国的信托业发展告一段落。

2）改革开放后我国信托业情况

从信托发展和起源来看，信托功能与市场制度的完善和商品经济发展水平有着紧密联系。信托制度的引进使我国信托业得到快速的发展，与此同时，特殊的国情使得我国的信托业不断成长。改革开放后我国的第一家信托机构——中国国际信托投资公司在1979年10月宣告成立，直属领导是国务院，可以办理金融业务和国际信托投资。它的成立标志着信托制度的恢复，是我国制度创新与金融改革的产物。中国人民银行根据国务院关于银行要试办信托投资公司的指示，在1980年6月正式开办信托业务。此后，各地政府、各部委和各银行等纷纷设立信托投资公司，而国有银行的一些省级分行也建立了信托机构。从1980年到1982年年底，全国的各类信托投资机构已有620多家，其中建设银行信托部266家，中国人民银行信托部186家，农业银行信托部20多家，中国银行信托部96家，除了少数几家是中央部委开办的，其余大部分是地方政府和专业银行开办的。当时设立信托是为了充分利用各种渠道的多余闲置资金，以此来弥补银行信贷之不足。

我国信托业的再次崛起，是对计划经济体制的突破。但是我国信托业的高级形态——金融信托从"出生"起就被赋予了更多的功能，它肩负着为经济发展筹集社会资金、为改革开放提供多样化金融服务的功能。我国各部门和地方政府的积极性被充分调动起来，信托业得到极快的发展。得益于人民银行相关政策，这一时期信托业基本上处于自由发展阶段，但也出现了一定的盲目性。信托业的金融功能（主要是支付功能、信用中介和信用创造功能）扩大了基本建设规模，冲击了信贷收支平衡。因此，1982年4月国务院下达了《关于整顿信托投资机构和加强更新改造资金管理的通知》，规定除了国务院批准和国务院授权单位批准的信托投资公司以外，各部门、地区都不得办理信托投资业务。地方信托投资公司一律停办，信托投资业务全部由银行办理。这一阶段整顿的重点是业务整顿，限定信托业只能办理租赁、代理、委托和咨询业务。

我国信托业发展在1984年又出现了一次高潮。由于信托公司可以行使银行功能，重复着银行存贷款业务，资金多用于投资固定资产领域，助长了固定资产规模的膨胀。1984年底，为了解决经济过热造成货币投放和信贷规模双重失控现象，我国宏观经济不得不采取紧缩性政策，信托业开始全国性整顿，暂停办理新的投资业务和信托贷款，对存贷款加以清理。同时，国务院要求停止办理信托业务和信托贷款，清理已办理业务，第二年又加以限定信托业资金来源。

中共中央、国务院在1988年发出清理整顿信托公司的文件，而同年10月，人民银行也开始对信托业进行整顿。总的来说，当时的信托投资公司面临运营风险高、主业不明确、资产质量差、资本规模小、经营不规范等问题。因此，管理层分别在1982年、1984年、1986年和1989年对信托业进行了四次清理整顿。

2. 我国信托业的整顿阶段

随着经济改革开始进入了一个新的阶段，我国经济发生了极其深刻的结构性变化，整个社会的资源配置基本以市场为主体。随着社会主义市场经济的建立和发展，我国金融体制发生了巨大的变化,如相关法律法规的制定和实施、多元化金融体系的建立、金融分业监管体制的确立和加入 WTO 等等。而信托业却是经历了长达七年的整顿,直到 2001 年《中华人民共和国信托法》颁布。

到 1993 年,全国的信托投资公司达到 389 家(不含各地越权审批的机构),总资产规模达 4300 多亿元。其大致格局如下:一是各行业部门创办的信托投资公司,如中国人民保险公司创办的"中国人保信托投资公司";二是各地方政府创办的信托投资公司,如北京市政府创办的"北京市房地产信托投资公司";三是各专业银行(包括总行与分行)设立的全资附属性的信托部或信托投资公司,如中国工商银行信托投资公司;四是中央政府和地方政府(主要是省级政府)创办的国际信托投资公司,如上海市政府创办的"上海国际信托投资公司"等等。为了解决金融系统存在的秩序混乱问题,各级人民银行越权批设的信托投资公司被开始全面清理整顿。1995 年,又进行了国有商业银行与所办信托投资公司的脱钩工作和全国非银行金融机构的重新登记。

1997 年末,全国共有信托机构 242 家,资产规模 4600 亿元左右。这些信托机构发展十分困难,普遍存在支付困难、资产质量差和破产危机等问题。1999 年,我国为了防范和化解金融风险,决定对当时的 239 家信托投资公司再次采取改组、合并、撤销、移交等措施,大量撤并信托机构。并按照"信托为本,分业管理,规模经营,严格监督"的原则,重新制定业务范围,把证券业和银行业从信托业中分离出去,同时制定了严格的公司设立条件。

在这一期间我国信托业主要呈现以下特征。

第一,因为各种原因,混业经营(即我国的信托业的"金融超市"功能)得到了最大程度的发挥,而其本业——"受人之托,代人理财"的民事信托,却没有得到好的发展。信托业的优势和一些重要作用逐渐消失,信托企业逐渐发展成兼营证券业务、银行业务、投资经营业务的金融百货公司,实际上已经名不副实了。

第二,一些信托公司成为政府的"小财政"和"举债的窗口",原因是因为信托投资公司是各级政府出资建立的。

第三,由于法律缺少对信托业相关的法规制约,一些信托公司为了发展只得"混"业经营,又因企业产权不清,管理不善,经营结果形成巨大的市场风险,以致最终被关闭。

3. 我国信托业的规范阶段

随着加入世界贸易组织(WTO)和金融改革的深化,我国信托业生存的内部条件和外部环境发生了实质性变化。这些变化为我国信托业的功能和规范发展创新提供了基本的条件与基础。2001 年 4 月 28 日,我国颁布了《中华人民共和国信托法》,2001 年 10 月 1 日起开始实施。我国信托业终于从制度上规范了信托行为和信托关系,信托当事人的法律地位被确定了,奠定了我国信托事业的制度基础。

2002 年 6、7 月又陆续颁布了《信托投资公司管理办法》《信托投资公司资金信托管理暂行办法》,使信托公司业务回归,即针对"受人之托,代人理财"的信托内涵开展业务,象征着信托业开始走上健康发展之路。与以前名不副实的信托业相比,整顿后的信托业迎来了内外发展的大好环境。2003 年,随着金融机构改革不断深入,原中国人民银行的监管职能和货币政策进行了分离,建立了银监会,承担原人民银行对非金融机构和银行监管等职能,信托投资公司将由银监会直接监管。在银监会直接监管信托投资公司之后,信托投资公司的发展空间得到一定程度的扩展,信托业务更趋规范。

直到 2003 年底,完成清理整顿和重新注册登记的信托投资公司共有 59 家,象征着我国信托投资公司的第五次清理整顿已基本完成。一个比较完善的、全新的信托业阵容基本形成。

2005 年 12 月 15 日,人们期盼已久的金融创新终于面市—— 两个国内批准的信贷资产证券化产品同时发行成功,并正式进入银行间债券市场。其发起机构分别是中国建设银行和国家开发银行,发行人分别为中信信托和中诚信托。2005 年 12 月 23 日,中海信托与全国社保基金理事会举行签约协议,委托中海信托理财 30 亿元,期限一年,并将其投向铁道部的铁路建设,由交通银行北京分行提供担保。从此之后,除了委托基金管理公司投资证券市场之外,全国社保基金理事会又增加了新的安全稳定的理财渠道。中海信托为信托业开辟了一条全新的筹资渠道,我国信托公司迎来了一次重要的业务机会。同时,机构投资者的入驻,使得信托公司能够做大信托业务规模。

6.1.1.2 我国信托业的发展现状

信托业发挥信托制度优势,充分整合、联通资金、资本以及实业三大市场,灵活组合金融工具,为客户提供多样化投融资服务,帮助企业实现产融结合的发展目标,支持实体经济,发挥金融对经济结构调整和转型升级的支持作用。当前,我国信托业呈现以下几大特点。

1. 资产规模不断扩大

信托资产规模 2010 年首次超过公募基金规模,2012 年又超过保险业资产规模,仅次于银行业资产规模,位居金融业次席。截至 2016 年末,全国 68 家信托公司管理的信托资产规模达到 20.22 万亿元,同比增长 24.01%。如此之高的增速和规模,使得信托业当之无愧地成为近 10 年来增长最快的非银行业金融部门。在资产来源方面,信托资产来源呈多样化分布趋势,业务结构不断优化。2016 年末单一资金信托余额为 101 231 亿元,占比 50.07%;集合资金信托余额为 73 353.32 亿元,占比 36.28%;管理财产信托余额为 27 601.75 亿元,占比 13.65%。

2. 盈利模式成功转型

在制度约束下,我国信托业的主营模式实现了成功转型。重新定位后的信托业,制度安排上仍是要引导信托公司成为主营信托业务的专业金融机构。2010 年之前的 10 年间,信托公司的固有业务收入一直超过信托业务收入,"主营信托业务"只是一个梦想。自 2010 年开始,这个梦想终于成为现实。2010 年底,全行业信托业务报酬收入首次超过固有业务收入,信托公司主营信托业务的盈利模式终于得以确立。2013 年底,全行业信托业务收入增加到 611.43 亿元,同比增长 29.56%,占全行业同期经营收入的比例高达 73.44%;2014 年底,全行业信托业务收入增加到 647.38 亿元,同比增长 5.88%,占全行业同期经营收入的比例达 67.79%。可以说,信托业主营模式的成功转型,是强化信托业市场地位、推动信托业快速发展的一个重要的软条件。

3. 信托功能趋于完善

首先,信托业成为社会财富的优秀管理者。信托公司通过提供不同类型的单一信托和集合信托产品,为投资者提供了回报稳定、有吸引力且风险可控的投资产品,满足了财富管理需求,增加了居民财产性收入。例如,2012年、2013年、2014年信托公司分别为受益人创造了6.33%、7.04%和7.52%的年化综合实际收益率,实际分配的投资收益总额高达3 879亿元,而信托公司收取的实际信托报酬仅占其管理信托资产总收益的10%~14%。其次,信托业成为实体经济的坚定支持者。长期以来,信托业管理的信托资产主要投向了实体经济,证券投资等金融性投资占比一直在20%以下,其中,基础设施、工商企业和房地产一直是资金信托前三大配置领域。

4. 信托风险处置方式日益成熟

信托风险处置方式日益多元化和市场化。对于存在风险隐患的项目,信托公司可以选择不同的风险处置方式,概括来看,主要包括提前终止信托计划、延长信托计划期限、发行新的信托计划或转让信托受益权、信托公司自有资金垫付、以信托财产为限向委托人分配收益、要求融资方承担违约责任等。近年来,信托公司风险处置的能力日益增强,风险处置方式也日趋多元化,并且在许多情况下,风险项目的处置综合运用了以上方式,或者在不同的阶段采用了不同的方式,而非拘泥于单一方式,一成不变。随着信托行业资本实力的扩充、保障基金的实施,信托行业抵御风险的能力将进一步增强,信托行业发生系统性风险的概率小之又小。同时,信托诉讼案件的增多,也表明项目风险处置方式日益成熟。随着信托风险项目的增多,越来越多的信托公司开始采取诉讼、仲裁的方式来处置风险,这从某种意义上来讲,也是行业进步的体现。

6.1.2 信托的基本理论

通常来说,信托是以委托人对受托人的信任为前提,将其财产权委托给受托人,按委托人的意愿,受托人以自己的名义为受益人的特定目的或者利益,对财产进行处分或者管理的行为。即信托是一种替人理财的财产管理制度,意即"受人之托,代人理财"。信托关系的形成主要包括如下几个要素:一是信托主体,包括委托人、受托人及受益人;二是信托约定,即信托关系文件;三是信托目的,即委托人将自有财产委托给受托人时确定的、意欲通过受托人对该财产进行管理和处分所要实现的目的;四是信托报酬;五是信托客体,即信托财产。目前,针对信托理论的研究主要分为以下几个方面。

6.1.2.1 信托财产所有权说

该学说认为,只有明确财产归属时,才能要求别人代管财产;因此,财产的私有制是信托产生的基础。那么,成立信托行为、转移财产的管理权,信托财产的归属权界定就成为核心问题。关于财产所有权说有如下观点。

1. 债权说

该理论认为,在信托存续期间,受托人拥有信托财产的所有权,但是同时要受到受托人与委托人之间的债权关系的限制,受益人仅对受托人享有债权,凭借债权人身份获得信托财产所产生的利益。

2. 附条件的法律行为说

该学说认为信托财产归受托人所有是以符合条件为前提的，条件成就前，所有权归受托人，条件成就后，所有权归委托人或者受益人。

3. 物权说

在物权说理论框架下，受益人有信托财产权，受托人只是为其管理财产，并无绝对占有权。一旦建立信托关系，受托人即有了信托财产，实际上受托人管理受托财产的行为已经让其成为财产的事实所有人，掌握了信托财产的物权。因此物权说中受益人拥有信托财产所有权的说法，并非是绝对的所有权，而是有条件的物权。在信托行为结束后，信托财产所有权一般有三种归属，即信托财产所有权归受益人、信托财产所有权由委托人收回和信托财产转移给第三者。

4. 双重所有权说

该学说认为受益人或者委托人是信托财产的实际所有人，信托财产的名义上的所有人是受托人。双重所有权指的是英美法系将信托财产所有权一分为二，普通法系的受托人拥有所有权，这种概念下的所有权只是使受托人有权对信托财产进行运营和管理；而衡平法系的受益人拥有所有权，这种概念下的所有权使受益人可以获得信托财产带来的利益。大陆法系的所有权概念源于罗马法，把所有权视为一种排他的绝对支配权，特点为一物一权。

6.1.2.2 信托的契约性理论

英国法律史学家梅特曾提到信托的契约性特征，他被认为是最早提及该特征的学者。梅特研究指出，英国大法官强制执行信托，认为信托"一般起源于我们不得不称之为合同的东西之中"。英国的衡平法是信托制度的最初来源，英美法系国家的法官和学者解构信托当事人的权利和义务并非是用契约关系，也并非以此分析信托；英美法传统的观点认为，信托主要是一种"财产的关系"，普遍不承认信托的契约型，认为信托并非一种合同关系，与通常意义上的合同有很大区别。

6.1.2.3 兼业与分业说

在信托业的发展过程中，信托机构一般分为专营和兼营两大形式，相应存在兼业说与分业说理论。信托机构的经营形式可分为三类：第一，专业经营，即信托机构不能跨行业经营其他业务，只能经营信托业务。第二，信托银行（日本为代表），即以经营信托业务为主，同时又兼营银行业务的信托公司。第三，银行兼营信托（美国为代表），即商业银行不仅可以经营银行业务，还可以经营信托业务。后两者均为兼业经营方式。根据不同的角度看，兼营与分业平分秋色，需要根据一系列现有条件来进行分析。在专营机构下，保障其复杂的信托业务需要以较高的专业化程度来实现，以此发挥信托在金融体系中的特有的作用。

在西方国家理论界广泛流行的"功能观点"认为：金融业的行业划分是动态的、相对的；世界各国各阶段金融业的发展，呈现行业的业务交叉的普遍化、分工和界限模糊化，随着金融功能配置结构的改变，原先建立在该结构上的行业分工格局也将随之改变。在此过程中，信托的兼业模式适应性更强，该模式只是金融结构内在变化的外在表现形式，而深层原因是市场分工的逐渐深化导致了金融功能配置格局的重构。

6.1.3 信托的功能特点

6.1.3.1 经营功能和财产管理

信托是从最初作为规避法律的手段,演变为现在以财产的所有权和收益权转移为目的需要受托人管理财产的一种制度安排。随着经济的发展,信托使用空间不断增大,受托人的职责不再仅仅是信托财产的单纯保管,还有实现信托财产的保值增值,设立信托的普遍目标逐渐成为追求利润,也逐渐衍生出了信托财产的管理和经营功能。由于缺乏这些能力,为使委托人的置产、理财、保产等各种目的得以实现,委托人将其财产交付于受托人,通过受托人合法运营。我国目前信托财产规模不大,信托机构专用性不强,但随着经济的发展、社会财富的增长,信托理财市场大有可为。

6.1.3.2 财产隔离和保护避险功能

对财产进行保护和隔离就是信托制度最初的基本功能,这代表着信托财产自信托设立时起即置于受托人名下,与其他财产相互隔离而独立存在,即代表着处于一种免于任何来自外界的(如债权)和信托当事人内部干扰的特殊状态。换而言之,因为有信托法的保护,信托财产排除了其遭受流失或损失的风险。这项功能就是信托制度具有生命力的根本和源泉,也是与其他法律关系有别的最主要的特点。

6.1.3.3 节税功能

信托可以使用有利的税率或推迟纳税的时间,以此达到节税的目的。另外,信托的"双重所有制"使得实际所有权和名义所有权得以分开,而信托征税的基础常常是实际所有权,公司制在受益层面和实体层面都征税,从而能避开双重征税。

6.1.3.4 投融资功能

随着信托事务的不断普及,特定的受托人开始把信托财产(尤其是信托资金)集中,信托事务从原来委托人和受托人之间一对一的关系,到现在的多对一的关系,进而可以为不同规模的经济项目筹集资金,调整社会资金余缺,以推动国家经济建设。

6.1.3.5 中介功能

虽然信托的目的已不可能也不应当是规避法律,但在实际生活中,信托的中介功能可以弥补法律的疏漏,减少现行法律对社会利益所加的不合理负担与限制,信托制度可以能动性地对现行法律和社会进行改进。信托的中介功能在实际操作中多体现为定向委托业务。

6.1.3.6 沟通和协调经济关系功能

信托具有对经济关系进行协调的功能,所有权的转移事项并不涉及其内。在现代社会关系中,各方面的关系盘根错节,信托投资机构能够为各方建立信任关系并提供可靠的经济消息,发挥着银行信贷无法替代的职能。

此外,信托还具有信用培育、促进社会公益事业发展等功能,可对经济的发展起到增进作用。可见,信托除了不具有支付结算和清算功能外,其余金融功能全部具备。

6.1.4 租赁业概述

20 世纪 80 年代初,我国金融租赁业刚刚起步,基本与改革开放同步。经过 30 多年的坎坷历程，我国金融租赁业从无到有、从弱到强，为社会发展和国民经济做出了巨大贡献。我国金融租赁业的发展大体经历了五个阶段，即起步发展阶段(1981—1986)、发展阶段(1987—1996)、爆发阶段(1997—2000)、健全阶段(2001—2007)、稳步发展阶段(2007至今)。

6.1.4.1　早期发展(1981—1996)

20世纪80年代初我国国民经济面临资金短缺、国内物资匮乏的严重状况，迫切需要解决资金设备问题。在此背景下，1981年4月，中国国际信托公司(以下简称"中信公司")、日本东方租赁公司和北京机电设备公司合资设立了我国第一家专业租赁公司——中国东方租赁有限公司，象征着租赁业在我国的正式诞生。同年7月，中国租赁有限公司作为我国第一家本土金融租赁公司成立。

之后，国内的租赁公司如雨后春笋般相继成立，并一步一步发展壮大。到1986年底，境内租赁机构接近20家，租赁交易额达到十多亿美元。从总体来看，由于租赁大部分功能还没有得到充分的认识并且当时尚处于探索阶段，其租赁业务量增长幅度不大；但是，随着改革开放的深入以及政府的大力支持，我国金融租赁业开始茁壮发展，造就了我国金融租赁业的早期辉煌。但此时的租赁业务尚处于探索阶段并且市场发育不完全，因此行业发展表现出了特定背景下的特征。

首先，由于租赁业刚刚起步，成立的租赁公司普遍存在租赁资产比低、注册资本小、脱离主业等问题，这也为后期的经营困难埋下了隐患。

其次，引进外资而弥补资金设备短缺的需求是我国金融租赁业的诞生原因，这就使得早期的境内租赁公司均是以中外合资企业为主，其中以中日合资租赁公司最多。为资金寻找出路和开拓海外市场是外资股东来华投资的主要目的，而扩大经营范围则是内资股东的投资目的，这就导致股东之间的目的存在着差异，从而为日后风险全面爆发埋下了隐患。

最后，在这一时期内，政府干预租赁交易的行政手段比较严厉，政府决策绝大多数的租赁项目，尽管这样可以确保项目安全可靠，但却极大损害了租赁公司的应变能力和市场适应能力，从而在一定程度上暗示着我国金融租赁业必然会经历一次大整顿。

6.1.4.2　快速成长阶段(1987—1996)

1988年底，中国仅有21家租赁公司，而到了1996年底，租赁公司就达到几十家，如国际租赁、北方租赁、环球租赁等多家大型租赁公司就是在这一时期成立的。特别是在1994和1995年这两年内，就有5家租赁公司成立，公司数量不断攀升。

1987年至1996年，我国经济体制发生重大变化。改革开放不断深入，打破了原有的经济运行格局，并加深了市场化程度，企业的身份与性质发生了很大变化。在此背景下，这一时期的我国金融租赁业发展主要表现出了以下两个特征。

一是，租赁公司的经营风险隐现。因为市场经济体制的确立，使得各家租赁公司突然成为独立的市场主体，但这些租赁公司是在政府看护下长大的，很难在短期内拥有独立参与市场竞争的能力，发展面临着阻碍，经营状况开始下滑。此外，由于租赁相关法律、会计、税收等制度的建设相对滞后，无法对租赁公司的行为进行有效约束。因此经济体制的转变，国家放松经济管制，极大地推动了金融租赁产品创新，同时市场风险凸显。

二是，市场规模膨胀过快。如前所述，市场化融资需求不断攀升与改革开放步伐加快，但是，没有相应的资本金扩张与市场匹配。中国租赁市场规模几乎呈几何倍数地快速增长，使资产规模急剧膨胀，导致资本充足率严重偏低的问题普遍存在，为后续发展埋下了隐患。同时，我国金融租赁公司的风险控管意识薄弱、内部控制制度不健全，甚至有公司高息拆入资金而投资房地产，严重偏离主营业务，经营管理混乱现象十分严重。总体来看，这一时期我国金融租赁业急于扩张市场份额和业务规模，而忽视了政策环境的变化和经营风险的管控，危机一触即发。

最高人民法院在 1988 年 10 月明确指出，国家机关不得作为经济合同的担保人，经济合同上以国家机关为担保人的合同确认无效。这就代表着租赁项目的合法担保人不能由政府担当，而之前的政府担保协议又被确认无效，这不仅使以前的租赁项目得不到保障，还阻碍了租赁业务的开展。租金回收出现困难，从而使我国金融租赁业的市场风险增大。

6.1.4.3 金融租赁业风险全面爆发

自 1981 年到 1997 年我国金融租赁业从诞生到金融危机爆发，我国金融租赁业走过了繁荣发展的 16 年。根据历史经验，我们知道过度的、虚假的繁荣，必然隐藏着风险与危机。亚洲金融危机于 1997 年爆发，引发了我国积压多年的金融租赁业风险，从而使我国金融租赁业的发展进入了长达 4 年之久的风险全面爆发阶段。这一时期，中国的金融体系遭受重创、宏观经济持续低迷萎缩、实体经济陷入冰封状态，使得繁荣背后积压的风险全部浮出水面。我国金融租赁业陷入经营困境并出现了行业性的租金拖欠问题。据不完全统计，当时仅 24 家中外合资租赁公司的租金拖欠总额就高达 3 亿美元。租金拖欠问题扩大和不良资产率的持续攀升，使得我国金融租赁业如履薄冰。

海南国际租赁有限公司、武汉租赁公司以及广东国际租赁有限公司由于严重资不抵债而相继在 1997 年破产清算；2000 年，中国华阳金融租赁有限责任公司也倒闭关门。1997 年至 2000 年我国金融租赁业大调整，既是外部经济环境恶化使然，也是租赁行业自身体制机制存在缺陷的结果。

根据当时的外部经济环境变化，泰国政府于 1997 年 7 月宣布施行浮动汇率制度，使得泰铢大幅度贬值，导致亚洲金融危机爆发，我国的实体经济陷入资金困境，租赁公司无法及时收回租金；另一方面，中国金融体系即银行体系遭受重创，使得租赁公司的资金输入通道被割断，在两方压迫下我国金融租赁业很快就陷入瘫痪。除此之外，我国在亚洲金融危机的背景下，表现出了金融租赁业对外资过度依赖的病症。由于在危机中韩日金融体系受到很大损害，海外投资开始酝酿退出策略。而此时的我国金融租赁业中的外资占比大而集中，境外股东的大撤退，直接导致我国金融租赁业濒于崩塌。

总体而言，受亚洲租赁机构内控粗疏、风险控管意识薄弱、金融危机冲击、行业体制不健全等因素的影响，我国金融租赁业在这一时期集中爆发了前期发展中存在的问题隐患。也可以说，这一时期我国金融租赁业经历了前所未有的挑战，而正是这些挑战，迫使中国政府开始重视租赁行业的制度建设与完善，也就有了后来的再次繁荣发展。

6.1.4.4 行业制度不断健全完善阶段

我国金融租赁业在经历了亚洲金融危机的冲击、风险全面爆发之后,进入了行业整顿和制度建设完善阶段,这主要表现为融资租赁四大支柱的建设——监管、法律、税收和会计准则。中国人民银行于2000年6月30日出台了《金融租赁公司管理办法》,为强化风险控管和规范租赁机构市场行为提供了法律依据,从而解决我国金融租赁业发展的问题。从某种程度上讲,该法律的颁布,象征着我国金融租赁业的发展进入一个新的阶段。

同一年,财政部颁布了《企业会计准则——租赁》,并于2006年重新修订而与国际会计准则逐步接轨,促进了我国金融租赁业的规范运营,大幅度强化了企业会计财务信息的公开与透明。

除此之外,商务部于2001年8月13日发布了《外商投资融资租赁公司管理办法》并于2005年修订为《外商投资租赁业管理办法》,该办法强化了外资管理,希望能通过严格规范外资股东的行为来避免资金抽逃或大规模撤资现象。我国金融租赁业所经历的危机本质上是一次行业"大洗牌"的制度完善过程,对我国金融租赁业的发展来说,既是挑战也是机遇。许多公司通过股权转让、兼并重组等方式,逐渐走出困境并重新焕发了活力,而有些公司则因不适应新的市场"游戏规则"而黯然退场。

租赁制度的建设与完善,为我国金融租赁业日后健康、平稳、快速发展奠定了坚实的制度基础。一方面,各种制度的建设与完善,培育了租赁市场主体遵守制度的习惯并规范了租赁市场主体的行为,从而有力地增强了租赁机构的风险管理与内部控制。另一方面,这些制度在约束市场主体行为的同时,也增加了市场主体创新租赁产品的动力,主要表现为租赁业务从传统的医疗、建筑、机械等领域延伸到飞机、船舶等行业,从而打破了外资租赁公司垄断的格局;同时,新业务不断涌现,各种租赁产品不断推陈出新,我国金融租赁业重新踏上了繁荣道路。尽管中国的租赁制度在不断地健全完善,整个租赁业面临新的发展局面,但是,仍有许多公司在这一时期因严重的内部关联交易而被撤销关闭,行业发展仍不容乐观,到2006年底,中国正常经营的租赁公司仅剩6家。在此背景下,新一轮的行业调整呼之欲出。

6.1.4.5 金融租赁业发展进入新时期

伴随着政府的大力扶持以及我国租赁法律环境的不断改善,中国的银行系租赁公司迅速崛起。中国银行业监督管理委员会(以下简称银监会)于2007年1月重新修订并颁布了《金融租赁公司管理办法》,允许符合条件的大型公司和金融机构可以向租赁公司直接投资入股,从而扩展了租赁公司的资金来源渠道,为我国金融租赁业的进一步发展壮大搭建了一个更加广阔的平台。

建设银行、工商银行等6家银行作为首批试点银行,先后设立了由银行控股的金融租赁公司,2008年国家开发银行也通过控股深圳金融租赁公司而成立了国银租赁。同时,中国银行在稳固国内外业务的基础上,积极扩展国内租赁业务并设立中银航空租赁公司。自此以后,各类专业租赁公司不断涌现,从而大大提高了中国租赁市场的活跃度。在某种意义上说,我国金融租赁业发展史上的里程碑是《金融租赁公司管理办法》的颁布,象征着我国金融租赁业走上健康快速发展的轨道。

大型公司和金融机构特别是商业银行介入租赁行业，一方面增加了金融租赁业的实力，提升了金融租赁业的市场影响力，从而推动了金融租赁事业的发展；另一方面打破了我国金融租赁业资金供血不足的瓶颈。到 2010 年底，全国注册运营的租赁公司共有 181 家，融资租赁合同余额约为 7000 亿元，"十一五"期间，我国金融租赁业一直呈几何级数增长，且各家公司经营状况良好，租金回收率、不良资产率都保持在可控范围内。2009 年，商务部将审批外资租赁公司的权限下放到省级商务主管部门，这也使租赁公司的审批速度加快。可以说，我国金融租赁业自 2007 年起正式进入了稳步发展的新时期。

6.1.5 融资租赁的基本理论

融资租赁是租赁交易相互融合与分期付款的买卖交易的产物，可从不同的角度给予不同的定义。

融资租赁是具有融物、融资双重职能的租赁交易，可以充分发挥资金融通、物尽其用的作用。然而，融资租赁不是借贷，因为货币不是其标的物；也不是借贷中的抵押，因为出租人拥有其标的物，而抵押权人不能是所有者；融资租赁不是买卖或分期付款买卖，因为标的物的所有权在合同期间不能转移，在合同期满时也不一定能转移其标的物的所有权。

融资租赁交易模式经过不断演进，已经演化成买卖、租赁、借贷三种交易融为一体的业务模式。一般情况下，先由承租人根据自己的使用需求挑选出租物件及其制造商。之后，按照承租人的指定，出租人融资并购买该物件。同时，出租给承租人使用购买到的物件。在这种交易模式中，承租人在物件租赁期届满时，有权选择继续承租、停租退回租赁物件，或者支付租赁物件的残值实际购买租赁物件。

从法律层面上来看，以租赁物所有权是否依法转移为标准，即可使得融资租赁区别于买卖、租赁、借贷等交易形式。然而，买卖、租赁、借贷交易所发生的税收，以及财务的处理方式有着极大的不同。

例如，在租赁合同中，出租人享有租赁物所有权。在租赁期间，因为租赁物属于出租人的资产，所以由其在财务上做设备的折旧处理，所获得的租金应全额缴纳营业税。同样的出租物在融资租赁情况下，在租期届满时承租人有可能实际买断出租物，从而拥有出租物的所有权，因此使得出租物在财务折旧、纳税处理等方面发生根本性的改变。在这种情况下，出租人仅按照租金收入与出租物的购买价之差缴纳营业税，因租期届满承租人实际获得出租物的所有权，得以提前将出租物在财务上做折旧处理。因此，融资租赁交易模式中所具有的出租物所有权得以改变，以及出租物所有权归属的不确定性，使得这种交易模式在财务处理、税收方面复杂化。

6.1.5.1 我国《合同法》对融资租赁的定义

《合同法》第 250 条规定："出租人和承租人可以约定租赁期届满租赁物的归属。对租赁物的归属没有约定或者约定不明确，依照本法第 61 条的规定仍不能确定的，租赁物的所有权归出租人。"第 237 条规定："融资租赁合同是出租人根据承租人对出卖人、租赁物的选择，向出卖人购买租赁物，提供给承租人使用，承租人支付租金的合同。"

这是我国以合同立法的方式所确立的融资租赁的基本定义。

6.1.5.2 我国税法对融资租赁的界定

所得税和流转税对于融资租赁的定义有所不同。我国现行营业税政策规定：融资租赁是指具有所有权转移特点和融资性质的设备租赁业务。即出租人根据承租人所要求的型号、规格，购入设备租赁给承租人，合同期内出租人拥有设备所有权，使用权归属于承租人，合同期满付清租金后，承租人可通过按残值购入设备，以期拥有设备的所有权。然而，现行所得税法规定：融资租赁是指在实质上转移与资产所有权有关的报酬和全部风险的一种租赁。由此看来，营业税与所得税对融资租赁的定义分别采用了实质主义、形式主义的不同态度。

6.1.5.3 企业会计准则对融资租赁的界定

企业会计准则规定：融资租赁是指实质上转移了与资产所有权有关的报酬和全部风险的租赁。所有权最终可能不转移，也可能转移。与资产所有权有关的风险是指，由于经营情况变化造成收益的变动，以及由于技术陈旧、资产闲置等造成的损失等；与资产所有权有关的报酬是指，在资产可使用年限内直接使用资产而获得的资产增值、经济利益，以及处理资产所实现的收益等。

对融资租赁的界定不仅关系到国家、当事人的经济利益，也是政府机构对融资租赁业务监管工作的起点与重点。依照我国财政部颁布的《企业会计准则第21号》第二章第六条的规定，凡是符合下列一项或数项标准的，应当认定为融资租赁。

第一，承租人有购买租赁资产的选择权，所行使选择权价款预计将远高于订立的购买的价款时租赁资产的公允价值，因而在租赁开始时就可以合理确定这种选择权将会被承租人行使。

第二，在租赁期届满时，承租人将拥有租赁资产的所有权。

第三，租赁资产性质特殊，如果不做较大改造，除了承租人没有人能使用。

第四，即便是资产的所有权不转移，但租赁资产使用寿命的大部分被租赁期占去。

第五，租赁开始日租赁资产公允价值几乎相当于承租人在租赁开始日的最低租赁付款额现值；租赁开始日租赁资产公允价值几乎相当于出租人在租赁开始日的最低租赁收款额现值。

综上所述，对融资租赁应当采用较为广泛的概念，在法律层面上不仅要坚持租赁物所有权转移的基本属性之外，还应当注意到会计处理准则所确定的其他四个条件。因为，融资租赁业务的界定以及实施，除了依据我国《合同法》的规定，还需要根据《企业会计准则》的要求来从事会计处理与纳税。

6.1.6 融资租赁的特点

1. 租金的收取模式为分期收取

以融资租赁的形式租用设备只有在承租方资金短缺时才会使用，承租方不是直接向设备的出售方购买。承租人支付较少的金额就可以获得设备的使用权，从而获得先期收益，增加承租人的资金流动性。租赁公司分期收取租金。

2. 租赁设备的所有权与使用权相分离

租赁公司拥有融资租赁设备的所有权，而承租人拥有使用权。承租人需要向出租人支付租金才能获得设备的使用权。

3. 对经济周期较为敏感

融资租赁是在融物的基础上进行融资的行为，融物的性质表明了此种融资行为与实体经济的契合度较高，市场的需求能被反映出来，特别是对投资设备的需求，所以对经济周期的波动也较为敏感。当一国的经济处于萧条时期时，融资租赁业也会受到相应的冲击；反之，当一国的经济处于上升的态势时，融资租赁业的发展势头也较好。并且，经济总体的下降速度要远远慢于租赁业下滑的速度；当经济复苏时，租赁业的增幅也相对较快。

4. 融资与融物相结合

普通的银行贷款只有融资的功能，而融资租赁兼具融物和融资的双重功能。虽然融资租赁企业提供的租赁设备需要按照承租人的要求购买，但并不是租赁企业直接提供贷款给资金短缺方，实质上设备需求方资金周转困难的问题是融资租赁企业以融物方式解决的。出租人通过定期向承租人收取高于银行借款利率的租金来获得资金回报。融资租赁业务通过租用设备偿还本金的形式实现了租赁的全过程，增加了承租方的融资渠道。

【重要信息阅读】

推动信托登记制度　保护受益人权益

一段时间以来，有关房地产信托集中兑付期到来、个别信托产品出现风险的话题备受关注。除了信托公司加强风险防范之外，如何通过完善信托的制度建设，从源头制约和隔离信托业务风险，保证受益人的利益？日前，金融信托专家蔡概还强调说，建立信托登记制度，将有利于保护投资者的合法权益。

记者：首先，请您谈一下建立信托财产登记制度的意义何在？为什么建立信托登记制度会有利于保护受益人权益？目前建立这一制度是否具有可操作性？

蔡概还：信托是一项重要的财产管理制度。信托依法成立后，信托财产即从委托人、受托人以及受益人的自有财产中分离出来，成为独立运作的财产。这是信托制度的核心内容，也是信托得以安全运行的根本。为了实现信托财产的这一独立特性，各国除规范信托基本法律关系外，均配套以专户管理、信托登记等制度，从而构成信托原理的整体。可以说，信托登记等配套制度是信托原理不可或缺的组成部分。

信托登记的作用，一是使设立信托的行为具有法律效力，信托财产的权利依法由委托人转移给受托人；二是实现信托财产的独立性，使其与委托人、受托人、受益人的固有财产相区别；三是依法对抗第三人。信托登记具有信托公示的效力，除《信托法》有特别规定外，其他人不得主张对该信托财产的权利；四是保护第三人的权益，使其与委托人开展商务活动时，能了解该委托人的实际财产状况。

我国落实《信托法》关于信托登记的规定，还具有以下现实意义：一是有利于建立信托财产的破产隔离机制，保障信托财产的安全和独立，使投资者放心地将财产交付给受托人管理，同时专业受托人管理信托财产时不受外界干扰；二是有利于对受托人的监督管理，防止受托人挪用、占用信托财产。当受托人解散、破产、被撤销时，信托财产将不受影响，其受托管理的信托财产可以移交新受托人进行管理；三是有效保护投资者的合法权益。过去已经出现因缺乏信托登记而损害投资者的情形，即信托公司关闭时因无法有效区别自有财产和信托财产，而将信托财产纳入了信托公司的破产清算财产，或者被第三人冻结、查封。

目前，大家对信托财产登记制度的困惑主要就是在操作性上。我国属于大陆法系国家，引入信托制度时也规定了信托登记制度。但是，我国《信托法》对信托财产所有权转移表述含糊。《信托法》起草过程中，一直明确规定设立信托要转移所有权，但正式出台的《信托法》修改了信托的定义（第二条），模糊了信托财产的所有权关系，除明确信托财产具有独立性（有别于委托人、受托人的固有财产）外，未直接明确设立信托转移了信托财产的所有权。修改定义而未修改第十条信托登记的内容，这样一来，《信托法》第十条关于信托登记的内容就成了无本之木、无源之水，其主管登记机关、登记内容变得不明确。

记者：在您看来应如何解决信托登记难题？

蔡概还：一直以来，信托登记问题的主要理论基础是建立在信托财产所有权发生转移的基础上的。但即使在信托财产所有权发生移转的国家，学术界对信托财产的所有权归属也众说纷纭。然而，关于信托财产是否允许转移、如果转移转移给谁的命题，在短时期内信托登记的问题将很难得到解决。对此，寻求信托登记的有效解决途径，必须重新审视我国法律环境下的信托登记制度，并以发展的眼光进行制度创新。

大陆法系国家的信托财产登记是分两步走的，第一步是信托财产移转的所有权变更登记，第二步是标明其为信托财产的登记。既然我国《信托法》没有直接、明确规定信托财产的所有权发生转移，不妨先把第一步的登记置之一边，先想办法解决第二步的登记问题。

依照信托财产具有独立性的这一原则，结合我国的法律习惯，不管信托财产所有权是否发生转移，不管信托财产是否需要办理所有权变更登记，均需要对委托人设立信托的特定财产进行登记并标识为"信托财产"，一方面表明受托人得到的是不完全的信托财产所有权，即通常所说的名义所有权；另一方面保证不混同受托人的固有财产及其管理的信托财产。综上，标明为"信托财产"的信托登记，可以被称为信托财产的"独立性登记"。

记者：信托财产独立性登记的好处何在？应当注意哪些问题？

蔡概还：实施信托财产的独立性登记，不仅可以摆脱信托财产是否转移的难题，而且可以交由专门的信托登记机构来统一办理，避免需要众多权属登记部门出台信托登记细则的难题。现有财产权登记机构分散在土地、农业、林业、工商、知识产权等多个部门，如需要分别制定相应财产的信托登记制度和具体规则，不仅任务重，而且协调难度大。此外，实行统一登记，信托监管机构和信托当事人可以从一个登记平台得到信托计划及相关信托财产状况的完整信息。信托财产的独立性登记仅仅是给信托财产烙上"信托"标识，经国家认可后，其登记效力即可对抗第三人，实现信托登记的制度设计目的。

它不涉及对信托财产所有权登记的内容，不会改变现有权属登记部门的工作程序和工作权限；所有权权属登记按照我国的现行法律法规依法进行，由现有的相关权属部门负责。信托财产的所有权变更登记和独立性登记同时共存，两者互不冲突，又互为补充。当然，为了处理好与其他财产登记制度的衔接问题，应权属登记部门的要求，信托财产的独立性登记机构应当将独立性登记的情况，报送相关权属登记部门备案。

至于信托独立性登记的财产范畴，和我国现行法律、行政法规规定所有权转移时应当办理变更登记手续的财产范围是相一致的，这也符合我国《信托法》第十条的规定。此外，我国信托法关于信托登记的规定置于第二章"信托的设立"中，且明确需要信托登记的时点为"设立信托"时。这一规定不能满足现实的需要，在实践中，以不需要信托登记的财产类型如资金设立信托后，在受托人管理过程中转换为房屋等需要信托登记的财产类型时，也需要办理信托登记，以体现该信托财产的独立性。对此，建议制定法规时可以对此情形采用参照执行的做法。有学者指出，既然特定财产设立信托时需要进行信托登记，那么，为达到确权和公示目的，随后信托财产的变化亦应进行登记，方为妥当。

（金融时报 2016 年 03 月 09 日）

6.2 信托业与租赁业主要业务

6.2.1 信托业主要业务

6.2.1.1 信托股权投资基金

2007 年，中国银行监督管理委员会接连出台了《信托公司集合资金信托计划管理办法》和《信托公司管理办法》等一系列监管改革措施，旨在为后续行业发展减少不确定性，为信托业的未来发展指明方向。此后，各大信托公司的首要问题主要是业务转型，由此激励各公司不断创新业务和产品。私人股权投资（PE）是一种金融工具，同时也是投融资后的权益表现，信托同行中也称之为"私人权益"等等，在"新两规"出台以后，信托公司为了谋求生存，PE 成为公司间相互竞争的新业务领域。信托公司进行"私人股权投资（PE）"业务可在信托行业中保持上风，有着以下优势。

1. 制度优势

信托股权投资基金业务的开展具有制度的保障，如财产登记制度、破产隔离制度，信托投融资方式可以有效化解信托公司风险。信托公司制度与股权投资基金完美结合，以资本市场为投资目标，随着信托股权投资基金退出机制的发展以及完善，信托公司的金融服务功能将得到更好的发挥。

2. 组合优势

发展意味着变化。经过这些年的发展，灵活性、多样性和适应性强已成为现今信托公司的特点。依据《信托投资公司管理办法》第三章第十六条："信托公司可以申请经营下列部分或者全部业务：资金信托；动产和不动产信托；财产权信托；有价证券信托；作为投资基金或者基金管理公司的发起人从事投资基金业务；经营企业资产的重组、并购及项目融资、公司理财、财务顾问等业务；受托经营国务院有关部门批准的证券承销业务等多种业务。"信托公司具有强大的融资能力主要是因为业务的灵活性及多样性，解决了信托股权投资基金资金募集的问题。信托公司业务多样性主要体现在：资产管理和处置等多样混业手段，增加了投资组合的可能性。

3. 操作模式

投资公司开展股权投资业务有着两种模式：第一种：主导模式。即信托公司处于主导地位，扮演受托人和管理人的角色，负责募集资金和确定股权投资业务的方向。第二种：通道模式。即信托公司与知名度较高的专业 VC、PE 机构进行合作，专业机构的角色是充当投资管理人，在业务运作过程中提供项目源，在项目确定后进行实质性管理。信托公司则是名义上的负责人，不负责募集资金，只是提供信托通道。

6.2.1.2 信托基础设施投资

以往在基础设施领域中信托公司扮演着重要角色，之所以基础设施能够成为推动信托业快速发展的原因之一，得益于 2008 年 4 万亿的经济刺激计划。2010 年，以信政合作为基础的基础设施信托受到地方政府融资平台清理工作的影响，导致基础设施信托出现了一定的波动。在 2011 年影响显著增加，信政合作产品的资产管理规模迅速缩小。但是，地铁、机场、高速公路、保障性住房等基础设施项目将会是新的业务增长点，因此，基础产业信托仍然是推动信托发展的三大领域之一，信托公司将相继开发城镇农村市场。

1. 信托公司参与基础设施建设的必要性

第一，投资主体多元化。随着我国改革的深化，城镇化需要大量的社会资金作为其发展的基础，要求信托融资在资本市场中发挥更大的作用。信托公司作为金融改革的排头兵，更是需要充分参与到新一轮城镇化进程中，发挥其投融资功能和独特的财产管理制度的特点。

第二，提高基础设施建设和管理水平的需要。基础设施投资额巨大，本身就具有一定的垄断性。为了克服政府部门管理的弊端、降低建设和运营成本、提高基础设施管理的效率、避免寻租腐败同时保持信托业的灵活性，需要专业化管理介入基础设施建设领域的信托资金，基础设施投资信托将继续发展。

第三，在基础设施方面尝试金融创新的需要。信托公司被赋予了广泛的业务范围，是因为在一开始其被定义为中国金融改革的工具和融资通道，信托公司应积极地开拓业务，寻求发展。信托公司需要发挥创新性特点，提供灵活、多样的全方位投资服务。

2. 信托在基础设施建设领域的优势

信托公司在相关政策法规的框架下，以其多样性的方式参与到基础设施建设中，如信托贷款、BT、BOT 等方式。信托公司在不断的实践中积累宝贵的经验，形成了自己的业务运作模式。

首先，是制度优势，破产隔离。信托制度是信托业务的本质，信托公司以财产破产隔离为基础，充分利用信托机制优势，委托人和项目方达成共识，构筑沟通、双赢的桥梁。

其次，是专业管理，控制风险。随着社会财富的迅速增长以及财产所有权多元化，各类财产呈现出不同的运行机制以及特点。通过专业化的组合提高信托收益，即基础设施投资信托在受托人的专业管理下，有效控制投资风险，使风险最低化，从而实现机构投资者和高端个人投资者的双赢。

最后，可以扬长避短，形成特色。信托公司的主要业务品种一直是基础设施投资。无论从产品数量还是规模来看，信托资金的投资领域前三名均是基础设施、金融机构和房地产三大领域。

6.2.1.3 资产证券化信托业务

资产证券化是将能够产生可预见且稳定但缺乏流动性的资产，通过一定的结构化安排，进行风险和利益再分配，再配以相对应的信用担保，最终以其资产标的发行证券进行融资的技术和过程。资产证券化是金融创新之一，其目的是为了融资和提高资产流动性。

2005年是一个特殊的年份，中国信贷资产证券化于这一年开始。但在2008年陷入停滞状态，一直到2012年我国信贷资产证券化试点才得以重启。各大金融机构在经历了传统产业管理业务的相互竞争之后，都在追求业务创新，寻求业务突破口，相继瞄准了信贷资产证券化这块大"蛋糕"。如今金融机构的业务逐渐趋同，客户的需求逐渐多样化，因此金融机构之间需要发展竞争和合作关系。

信托公司为谋求利益最大化，推进资产证券化业务，构建互惠互利平台，与券商、银行、会计、评级等多方机构合作。国内的资产证券化业务可分为三类。

第一类，银监会主导的信贷资产证券化。信托公司在以申请特定目的信托委托人资格的前提下，可作为受托人和发行人参与其中。银行在此业务中处于主导地位，信托公司则承担了通道的作用，主要负责合同签署、信息披露和分配收益。在行业最低收费标准的保障下，信托公司想要获得的报酬随业务规模增加而稳定增长，那么商业银行获批额度也需要增加。《银行与信托公司业务合作指引》中提到信托公司也可自主选择资金保管机构、贷款服务机构、证券登记托管机构、律师事务所、评级机构等其他为证券化交易提供服务的机构。

第二类，证监会主导的企业资产证券化。在企业资产证券化业务中，信托公司不但充当通道作用，又作为受托人、计划管理人和发行人，公司将拥有更大的自主权。如果将登记结算、信用评级和公开交易市场等特征引入其中，那么就是标准的资产证券化业务。

第三类，银行间市场交易商协会主导的资产证券化，支持票据业务。与前两者最大的不同之处在于实行注册制。应收账款质押型资产支持票据(ABN)是目前已发行产品中的主要业务。信托型ABN交易以信托方式实现基础资产隔离，其与资产证券化类似，同时增加了信用评级措施，信息披露也更透明，这是传统信托产品不具有的。庞大的银行信贷资产有待于通过证券化方式盘活，其他金融机构均有可能成为未来证券化的基础资产，如信托公司本身的金融资产、大中型民营企业资产、国有企业资产，这些都将为资产证券化业务的未来打下严实的基础。在有关政策支持下，信托公司基于制度优势与法律层面的保障，再加以提升自身资产管理能力，有望成为资产证券化业务的重要力量。

6.2.1.4 本土化房地产投资信托基金业务

房地产投资信托基金（Real Estate Investment Trusts，REITs）是开发商将旗下的以租金回报为主的商用物业打包为信托基金，然后向投资者出售，投资者获得每年较固定的租金回报，而开发商则可以成功套现该商业项目。为避免单一融通体系下宏观调控、银行政策对房地产市场的硬冲击，减缓特定目的政策对整个市场的整体冲击，REITs 将会是房地产金融的必然选择。

1. 当前我国房地产信托现状

近年来，国家对房地产进行调控，建立长效机制，房地产融资政策可能放宽。其中，房地产投资信托基金相关政策可能伴随房地产调控长效机制推出。但我国的房地产信托没有真正意义上的基金化产品，大多数都是有其形而无实质的信托产品，与真正意义上的基金化产品相差甚远，因为它们不具备房地产投资信托基金的收益本质和运作特征。

第一，信托收益的来源。真正意义上的基金化产品本质是以租金收益作为信托计划收益的来源，而形体上的房地产信托却是依靠项目方的回购资金来实现信托计划的收益。

第二，信托计划的收益特征。目前通过预期收益率表述信托计划的收益特征，而市场上的投资人是通过设计交易结构、风控措施和投资策略选择基金产品，而不是预期收益率。

第三，信托计划的运作方式。被动管理型的运作方式是目前国内大部分信托公司实行的运作方式，即信托公司根据资金需求方的需求设计交易结构、开发项目。而真正的房地产信托基金的运作方式应该是设计投资方向和投资策略—构建资金池—需求方选择符合要求的项目。

2. 房地产投资信托基金业务在我国的发展模式构想

房地产投资信托基金在我国的发展一波三折，它不仅是一种金融创新产品，还是带有全民共享机制色彩和浓厚的社会意义的制度创新产品。我国信托公司需要的是金融创新，不断提高自身行业竞争能力，那么开发 REITs 市场将是重中之重，主要表现在以下几个方面。

首先，REITs 将使房地产投资市场趋于理性。REITs 的发展将让我国的住宅市场的投资者进行身份转换，即由个人转变为专业机构，投资方式也将随之改变，同时克服了个人投资者不成熟、投资工具单一、抗风险性差的弱点。

其次，REITs 将使我国房地产市场价格预期更加理性。REITs 是一只市场化的基金产品，将会克服我国房地产交易价格、信息不透明等缺点，增加市场透明度，减少人为的市场干预，降低人为炒作的可能性。

同时，REITs 的价格会成为房地产市场价格的明确参照标杆。

6.2.1.5 企业年金业务

2000 年国务院发文，为保证年金的保值增值，要求有条件的企业将职工的企业年金实行市场化的运行和管理。经过多年的市场化运行，已经取得了良好的示范效应，越来越多的企业职工得到实惠。

世界银行预测，中国企业年金规模到 2030 年将高达 15 万亿元，将成为全球第三大企业年金市场，同时信托制度的发展对企业年金的发展有着重大的推动作用。如果在其他制度不变的情况下，信托制度可以从三个方面推动企业年金的发展。

第一方面是发起人与受益人的利益分割。年金作为信托资产是信托制度的精髓所在，其管理权、所有权、经营权以及监管权由不同的机构分别持有，机构之间为实现雇主和员工的双赢，从而形成一个制衡的协议关系。

第二方面是充分保护受益人利益。信托资产具有独立性，充分保护受益人的获利权利，即企业年金计划资产与受托人的自有资产分割。

第三方面是在企业年金资产的管理与投资过程中，各种金融机构参与其中，通过各自的风险控制措施确保资金的安全。

6.2.1.6 公益信托

公益信托是指为了某种公共利益目的而设立的信托。公益信托中的受益人不是委托人特别指定的人，而是符合社会公众规定条件的人。国家的发展越来越繁荣昌盛，因此信托业也迎来了行业发展的春天。信托公司不但创造经济价值，同时也在运用其特有的专业职能，去积极地履行社会公益责任。发展信托制度的同时也是在发展公益事业，也在进一步使公益事业变得规范化、有效化、规模化。

事实证明，公益信托不仅对我国的捐赠渠道起到了补充的作用，还通过特有的优势和受托人的专业管理，让公益资金做到专款专用、公正透明，为委托人创造价值并根据委托人的意愿定向运用于公益事业。

信托模式是目前发展公益事业最好的平台，其优势主要包括以下几个方面。

第一，最大优点在于专款专用，资金流向明确。如公益学校、灾后重建等。

第二，公益信托的运作也具有较高的透明度。采取独立账户、封闭式管理，还设立独立的监督人，每年要公告信托事物处理情况及财产状况报告。

第三，信托公司资产管理能力比较强，有利于公益资产的保值增值。按照相关规定，公益信托财产只能投资于流动性好、变现能力强的国债、政策性金融债券及中国银监会允许投资的其他低风险金融产品。

我国真正意义上的第一支公益信托出现，是 2008 年由长安信托在汶川地震后专门发起的"5.12 抗震救灾公益信托计划"，募集资金 1000 万元，用于四川地震灾区受损中小学校校舍重建、援建新的希望小学等公益项目。此后，带有公益性质的信托计划渐次出现。公益信托计划的创新与拓展，无论是对扶贫济困、灾后重建，还是对信托公司业务创新，都有积极作用，也为新形势下我国构建和谐社会增添了一支重要的力量。

6.2.2 融资租赁业主要业务

融资租赁是融合了设备融资模式、设备销售模式、投资方式的新型行业。它不但为客户提供了新的融资方法，可实现各交易主体间新的权责利平衡，更是成为交易主体实现资源优势互补和均衡税务的理财工具。随着融资租赁的发展，融资租赁公司的业务模式逐渐增多，主要有12种业务模式。

6.2.2.1 直接融资租赁

直接融资租赁是指由承租人选择需要购买的租赁物件，出租人通过对租赁项目风险评估后出租租赁物件给承租人使用。在整个租赁期间，承租人没有所有权但享有使用权，并负责维修和保养租赁物件。直接租赁有较高的投资效益，适用于大型设备购置、设备升级、企业技术改造和固定资产更新。

直接融资租赁操作流程：

（1）承租人自主选择供货商和租赁物件；

（2）承租人向意向的融资租赁公司提出融资租赁业务申请；

（3）融资租赁公司和承租人与供货厂商进行技术、商务谈判，达成共识；

（4）融资租赁公司和承租人签订融资租赁合同；

（5）融资租赁公司与供货商签订买卖合同，购买租赁物；

（6）融资租赁公司利用在资本市场筹集的资金作为贷款支付给供货厂商；

（7）供货商向承租人交付租赁物；

（8）承租人按期支付租金；

（9）租赁期满，承租人在正常履行合同的情况下，融资租赁公司将租赁物的所有权转移给承租人。

6.2.2.2 售后回租

售后回租即承租人将自制的或者外购的资产出售给出租人，接着向出租人租回并使用的租赁模式。在租赁期间，租赁资产的所有权已经发生了转移，承租人仅仅拥有租赁资产的使用权。双方可以达成共识，在租赁期满时，是由承租人继续租赁还是以约定价格由承租人回购租赁资产。此方式顺应市场需求，同时有利于承租人盘活已有资产，可以帮助承租人快速筹集企业发展所需资金，帮助企业迅速发展。此模式适用于流动资金不足，但却急需资金的企业，或者是持有快速升值资产的企业，帮助企业筹集资金。

售后回租操作流程：

（1）原始设备所有权拥有者将设备出售给融资租赁公司；

（2）融资租赁公司根据协议支付货款给原始设备所有权拥有者；

（3）原始设备所有权拥有者作为承租人向融资租赁公司租回已出售的设备；

（4）承租人（原始设备所有人）定期支付租金给出租人（融资租赁公司）。

6.2.2.3 杠杆租赁

杠杆租赁主要依靠大型租赁项目获利，类似银团贷款通常以一家主干租赁公司牵头，为一个超大型租赁项目进行项目融资。

杠杆租赁的主体——专门成立的资金管理公司是脱离租赁公司主体的操作机构，为其提供资金，一般占项目总金额的百分之二十以上，其余资金通过吸收社会游资或者银行投资获得，同时享受百分之百低税，采取"以二博八"的杠杆方式筹集足够的资金，涉及面广，合同复杂度高。此模式适用于轮船、飞机、通信设备和大型成套设备的融资租赁。

6.2.2.4 委托租赁

委托租赁是拥有设备或资金的人委托非银行金融机构从事融资租赁,第一出租人同时是委托人,第二出租人同时是受托人。根据委托人的书面委托(合同),出租人需要接受委托人的租赁物品或者资金,同时向委托人指定的承租人办理融资租赁业务。资标物的所有权在租赁的期间归委托人拥有,出租人只能收取手续费,不承担任何风险。其最大特点就是可以"借权"经营,即让没有租赁经营权的企业具有经营权。

6.2.2.5 转租赁

转租赁是指以同一物件为标的物的融资租赁业务。首先明确转租人,即转租赁业务中,前任租赁合同的承租人同时是下任租赁合同的出租人,类似于中介。转租至少涉及四个当事人,即设备供应商、第一出租人、第二出租人(第一承租人)、第二承租人。转租至少涉及三份合同,即租赁合同、购货合同、转让租赁合同。

6.2.2.6 结构化共享式租赁

结构化共享式租赁是指出租人向供应商购买租赁物之前,可以依据承租人对供货商、租赁物的指定要求购买租赁物,然后提供给承租人使用,承租人则按照合同向出租人支付租金。租金的分成包括购置成本、相关费用,以及预计项目的收益水平由出租人分享的部分。此模式适用范围为通信、港口、电力、城市基础设施项目、远洋运输船舶等合同金额大,期限较长,且有较好收益预期的项目。

6.2.2.7 风险租赁

此模式对于高科技、高风险产业来说是一条吸引投资的新渠道。出租人为获得租金和权益收益,以租赁债权和投资的形式把设备出租给承租人。租金是主要回报,通常情况下租金回报是全部投资的一半;残值回报一般不会超过25%,此两项收益较为可靠。

风险租赁能够满足双方对风险和收益的不同需求,从而具有一般融资租赁所不具备的优势。

1. 对承租人有利之处

融资渠道。通常在经营历史短和资金缺乏的情况下,银行是不愿意贷款的,所以企业融资难,风险租赁则成为一种重要手段,同时承租方面的风险小。

风险转移。风险转移一部分给出租人,进行风险分担,承租方面的风险随之减小。

投资回报率高。管理者的报酬基于投资回报率。管理者可通过风险租赁,相对减少公司的投资额以提高自身回报率。

较少的控制。即风险租赁出资人不寻求对投资对象资产及管理的高度控制。

2. 对出租人有利之处

较高的回报。在承租人经营状况良好的情况下,出租人可获得股东权益的溢价收益。

开拓了出租人的业务范围,增强了其竞争力和市场份额。

处理收益的灵活性。出租方可以从承租方当中获得认股权,如果承租方经营得当并且成功上市,出租方可变卖手中股权亦或通过股票获得股利收益。

假使承租方破产,出租方也可从出租设备的处置中获得一定的补偿,亏损较小。

6.2.2.8 捆绑式融资租赁

捆绑式融资租赁又称三三租赁，指承租人的首付金（保证金和首付款）不低于租赁标的价款的30%，厂商在交付设备时所得货款大体上是30%左右，余款在不长于租期一半的时间内分批支付，而租赁公司的融资强度差不多30%即可。因此厂商、出租方、承租人各承担一定风险。

6.2.2.9 融资性经营租赁

融资性经营租赁是以融资租赁为基础，在计算租金时留有超过10%以上余值的一种租赁方式。租期结束，承租人可以对租赁物品进行三种选择：续租、退租、留购。出租人可自愿选择是否提供维修保养。

融资性经营租赁操作流程：

（1）承租人选择租赁物和供货商；

（2）承租人和融资租赁公司达成协议并签订融资租赁合同；

（3）融资租赁公司和供货商签订买卖合同，购买租赁物并向供货商支付货款；

（4）供货商向承租人交付租赁物；

（5）承租人按期支付租金；

（6）租赁期满，承租人履行全部合同义务，按约定进行退租、续租或留购；若承租人退租，则进行租赁物的余值处理，如在二手设备市场出租或出售租赁物件。

6.2.2.10 项目融资租赁

承租只以项目自身的财产和效益为保证，与出租人签订项目融资租赁合同，出租人对承租人项目以外的财产和收益无追索权，租金的收取也只能以项目的现金流量和效益来确定。租赁物品生产商可采取此模式抢占市场份额。出租人主要风险有租金不能收回。主要原因：一是项目经营失败；二是承租人信用度低。出租人可采取以下措施降低风险：

（1）进行项目评估。对项目整体现状和未来进行全方位的评估，主要包括对未来市场需求变化情况、盈利能力进行预测，同时对承租人的偿还能力以及信用度评估。

（2）灵活的租金设计。结合项目经营期和正常的现金流及可能的风险进行租金计算，确保租金能够回收。

（3）对项目经营期财务状况进行监控。出租人应该按时对该项目经营以及财务进行监控，如若承租人不能按期偿还租金需分析原因，避免承租人利用信用风险而故意拖欠租金或不偿还租金。

项目融资租赁的参与主体和实施阶段比较多，其操作模式也比较复杂。

6.2.2.11 结构式参与融资租赁

结构式参与融资租赁是以推销为目的的新式租赁，是一项创新性产品。主要特点是：无需担保，无固定租金约定，无固定租期，出租人除获得租赁收益外还获得部分年限参与经营的营业收入。

结构式参与融资租赁有三个阶段：注资、还租、回报。

注资阶段的方法与常规融资租赁资金注入方法类似。

还租阶段是将项目现金流量按一定比例在出租人和承租人之间分配。如70%分配给出租人，用于还租，30%由承租人留用。

回报阶段是在租赁成本完全冲减完之后，出租人享有一定年限的资金回报，回报率按现金流量的比例提取。

当回报阶段完毕，租赁物所有权由出租人转移到承租人，至此整个项目结束。

6.2.2.12 销售式租赁

销售式租赁是生产商或流通部门为促销自身产品，通过自己所属或控股的租赁公司进行融资租赁。租赁公司为子公司，依靠母公司为客户提供售后服务，如维修、保养等多方面服务。

销售式租赁中租赁公司集融资、贸易和信用为一体，自身承担租金回收风险。该租赁方式有利于促进商品流通，减少制造商应收账款和三角债的发生，避免银行风险的发生。

【重要信息阅读】

信托行业股权运作升温 信托 IPO 暂停 22 年后有望重启

银监部门的一纸批复，证实了山东信托计划赴港 IPO 的传言。中国证券报记者了解到，按照相关规定，地方银监局批准只是信托公司上市的第一步，最终还有待证监会的意见。如若进展顺利，将意味着信托行业 IPO 在暂停 22 年之后获得重启。

这正是 2016 年以来信托行业股权运作加剧的一个缩影。目前有 4 家信托公司在参与上市公司重组，另有多家信托公司计划引入战略投资者，一些保险公司、民营资本也在觊觎信托公司牌照。在一些业内人士看来，参与上市公司重组或是一些信托公司谋求"曲线上市"的方式以规避信托公司单独上市的相关障碍。在增资压力和信托股权仍旧有吸引力的背景下，信托公司引入新股东重组的案例将会增多，可能形成近年来的一个小高潮。

山东信托赴港 IPO 启动

近日，山东银监局网站披露，原则上同意山东信托首次公开发行 H 股股票，发行规模不超过 647 080 000 股，若行使超额配售权，则发行规模不超过 744 120 000 股，所募集资金若扣除发行费用，将全部用于补充资本金。

实际上，早在 2015 年 7 月，山东信托就发布公告，将公司由有限公司整体变更为股份有限公司，股改的完成被业内解读为山东信托在为上市做准备。如若后续进展顺利，山东信托将有望成为国内第三家整体上市的信托公司。

不过，多位业内人士分析，在目前政策背景下，信托公司实现整体上市并不容易。根据 2015 年 6 月正式出台的《信托公司行政许可事项实施办法》，信托公司进行 IPO，应当符合国务院及监管部门有关规定，向中国证监会申请之前，应当向银监会申请并获得批准。在银监层面，由银监分局或所在城市银监局受理并初步审查，银监局审查并决定。银监局自受理之日或收到完整申请材料之日起 3 个月内做出批准或不批准的书面决定，并抄报银监会。

分析人士认为，山东信托目前获得银监局批准，仅仅是上市征程的第一步，最终能否顺利成行还将取决于证监会的态度。从过往的经验来看，这并不容易。目前，68家信托公司中，自陕国投、安信信托于1994年上市后，22年来，虽然有多家信托公司试图通过IPO或借壳上市登陆A股，但最终均以失败告终。某大型信托公司研究部总经理认为，由于信托行业被认为信息披露不足、风控难而且缺乏核心业务模式、盈利不可持续等特性，监管部门对其上市慎之又慎。

信托行业股权运作升温

值得关注的是，除了山东信托谋求IPO外，2016年还有多家信托公司在参与上市公司重组。根据上市公司披露，浙江东方拟收购其大股东浙江国贸旗下的浙金信托，*ST舜船拟收购江苏国信集团旗下江苏信托的控股股权，*ST金瑞拟收购五矿信托股权，*ST济柴拟重组注入中石油集团旗下昆仑信托等金融板块业务。此外，宝钢集团原计划将旗下的华宝信托等金融资产注入控股上市公司*ST韶钢，但因多方面原因于近期主动终止。知情人士透露，大股东将信托公司与其他资产一并打包，参与上市公司重组，亦是一些信托公司谋求"曲线上市"的方式，以此规避信托公司单独上市的相关障碍。

中国证券报记者还获悉，目前多家信托公司正在计划引入战略投资者，一些保险公司、民营企业亦对信托公司股权颇感兴趣，甚至觊觎控股权。某知名信托研究人士认为，在信托公司增资压力之下，一些持股比例较高的控股股东开始考虑引入战略投资者，缓解自身压力；同时，信托行业发展虽然放缓，但其股权回报依然较高，对外部资本而言是一块"大肥肉"。他认为，信托公司主动或被动引入新股东进行重组的案例将会增多，可能形成最近五年之内的一个小高潮。

（中国证券报 2016 年 07 月 07 日）

6.3 信托业与租赁业金融服务外包

信托及金融租赁业服务外包主要有财务外包、人力资源外包及IT系统外包。

6.3.1 信托及租赁业的财务外包

作为市场经济发展中新生事物，财务外包是一种新型财务管理模式，能为企业设计财务方案，控制成本费用，提高财会管理水平。然而，财务外包不仅限于将财务活动若干模块中的一部分外包出去，如应付账款管理、应收账款管理和财务报表编制等，还包括更为宽泛的内容。尽管不同的企业或同一企业的不同时期，财务外包的内容有所不同，但企业不会将自己的所有财务都外包出去。既要考虑企业财务的内容，同时也要考虑企业发展的不同时期，并将二者联系并结合起来进行恰当抉择。

6.3.1.1 财务外包的内容

信托及租赁企业财务外包包括以下三项内容。

一是财务业务外包。主动的财务外包即为财务业务外包,它把企业财务视为一项业务,根据财务流程与职能,将企业的部分财务职能或流程外包给专业机构代为操作与执行。我们可以将企业任何一项财务业务分解为多种模块,如应收账款管理就可以分解为信用政策决策、客户信用评估、应收账款催收等模块,企业可以根据具体需求将其中的一些模块外包给专业机构。

二是非财务业务中的财务外包。被动的财务外包即为非财务业务中的财务外包,是将生产、销售等非财务业务外包时产生的财务问题。从某种程度上来说,任何一项业务都会牵涉到财务问题,因而将一些非财务业务外包时,此项业务中包含的相关财务一起外包出去就显得非常自然了。同时,伴随着非财务业务的外包,新的财务问题会产生在企业与承包商之间,这些基于业务外包而产生的财务问题也可以看作是一项财务外包。

三是财务人员的外包。超过半数的外包形成的是一种委托代理关系,企业财务主体并不改变。即使在外包中相关业务的主体发生了变化,通常也不涉及财务主体的外包。如企业将原材料购买业务外包时,与原材料供应商主体的关系就变更为企业与承包商主体的关系,但企业财务主体并不发生改变,属于非财务业务外包中的财务。所以从企业角度看,财务主体不因财务外包而改变,任何使财务主体改变的都不属于企业的财务外包,如企业合并、分离等。但是,企业财务主体中具体负责财务业务的人员是能够外包的,主要表现在外部专门机构派遣企业的财务人员,派遣机构与企业签订合同的同时企业向派遣机构支付费用,财务人员与企业之间没有被雇佣与雇佣关系,财务人员的工资、劳动合同等均由派遣机构负责。

6.3.1.2 信托及租赁业财务外包的基本原则

1. 成本效益原则

成本效益原则是企业首要考虑的一个原则。只有当财务外包产生的效益大于其成本,或外包成本小于自己进行财务管理的成本时,外包才应该被选择,否则自行进行财务管理才是企业明智的选择。财务外包的效益可以分为直接效益与间接效益。通过财务外包直接给企业带来的效益称为直接效益,其中包含成本效益和收益效益。当财务承包商长期承接财务外包业务,拥有专门的人员、技术与方法等,相比较发包企业具有成本优势,能花费更小的成本完成同样的财务业务即为成本效益。收益效益则是财务承包商在技术、方法、经验与信息等方面的优势,取得比发包企业更高的收益,当然条件必须是在相同成本下进行财务业务。

财务外包间接给企业带来的效益叫作间接效益,是由承包商专门的人才和专业的管理而带来的,如提高发包企业信息质量的声誉效益,及财务外包后所节约成本的再投资效益。财务外包的成本可分为显性成本和隐性成本。契约成本是显性成本的主要表现,指承包商与发包企业在签订契约前、签订契约过程中及契约签订后产生的所有成本。隐性成本主要体现为风险成本与机会成本。风险成本如丧失核心竞争力的风险成本,丧失学习和创新机会的风险成本,以及由于契约的不完备性所带来的风险成本等。机会成本如外包常常会使企业丧失对一些产品(或服务)的控制。隐性成本具有很大的不确定性,其是否发生、发生的金额等都无法予以精确计量。

2. 重要性原则

重要性原则是企业选择财务外包内容时需要考虑的内容。财务业务的重要性是相对的，比如说某项业务在某一企业为重要核心业务，在另一企业可能是非重要业务。

分析重要性原则时可从以下两方面进行判断。一方面是核心业务。突出企业的核心业务是业务外包的基本目的之一，将非核心业务外包给承包商。如果将企业核心业务外包出去，将会失去企业的持续竞争力。同样，在企业财务外包中，需要将核心财务管理战略留在公司，将非核心业务外包，这种模式也是国际财务外包的常用模式。另一方面是风险程度。不同的业务有不同的风险，不同的业务外包也同样存在不同的风险。企业可以依据自己的风险偏好以及承受能力，将超过自己风险承受能力以外的业务外包出去，只保留下企业愿意且能够承担风险的业务。

当然，重要性原则也有例外。有时，当企业没有能力，或没有足够的能力予以决策某项重要业务时，为谨慎起见可以外包给承包商，其结果可能会比企业自己做出的决策更合理、更科学。

3. 谨慎性原则

财务外包虽然将外包业务的部分风险转移给了承包商，但与此同时也带来了新的外包风险。

首先，外包决策风险。主要包括承包商选择失误、外包范围失当等带来的风险。企业在确定外包业务内容范围时，如果失当，不但不能达到企业外包的目的，反而可能给企业带来更大的损失。同样，企业在选择承包商时，基于某些原因也可能选择失误，从而给企业带来风险。

其次，外包控制风险。企业财务业务外包后，就出现了与承包商之间的监督、控制等问题。由于外包契约的信息不对称、不完备性，以及企业与承包商之间的沟通不当等，就可能造成外包业务在实际执行过程中超出企业所能控制的范围，出现企业无法掌控的局面，从而给企业带来损失。所以，企业应充分考虑财务外包的内容抉择，保持谨慎的态度，既要充分识别与评估风险，又要建立相应的风险应对机制。

最后，信息安全风险。企业财务的外包势必会使外部承包商掌握企业的大量信息，甚至关系到企业的重大战略，如果信息外泄给企业的竞争对手，对企业的生存与发展将会是极为不利的。

6.3.2 信托及租赁业人力资源外包

6.3.2.1 人力资源外包概述

人力资源工作的地位与公司战略规划紧密相连，并且对公司运营的成败起着决定性的作用。公司内部缺乏时间和精力来完成每项人力资源工作，尤其是一些基础性、事务性的日常工作，只能关注核心领域，而将常规的人力资源管理职能工作外包出去，通过专业的、灵活的人力资源管理方式和用人方式达到提升企业竞争能力的目的。

6.3.2.2 人力资源外包的具体形式

1. 人力资源培训外包

现在企业对员工的技能要求越来越高,需要员工自身具有较强的学习能力,企业培训也应多样化。而中小企业由于无场地、资金少和对培训资源的占用不够等或无力培训员工,使员工的工作技能和知识水平无法得到提高。而通过培训业务的外包,将企业、员工和培训专营机构三者结合在一起,共同承担员工培训的成本和风险,可以使培训工作翻开新篇章。

一种重要的培训外包方式是借用高等院校的教育资源或者专业咨询公司的培训力量,另一种更为时尚的培训方式就是利用网络大环境进行培训。越来越多的实践表明,网络培训效率更高,而且学科种类齐全,能满足多种行业的不同需要;由于多媒体通信手段的不断改进与完善,学员可以在学习中随时随地与培训机构的老师进行交流与沟通。网络培训可以实现跨地区、跨国联网,因此能够更容易获取各种新的信息和知识。

2. 人力资源招聘外包

招聘外包有两种方式,一种是由外部中介机构在人力资源相关法律法规的管束范围内,根据企业所需员工的条件进行广泛、有效的筛选后,为企业提供较为合理的人力资源配置。

另一种方式是在自己的网站上设置"招聘信息"栏目或者通过网络发布职位空缺。网络招聘以其见效快、低成本、不受地域限制等特点得到越来越多国内外公司的喜爱和青睐。在国内,许多家公司都开始进行网络招聘。经历过求职阶段的毕业生可能对中华英才网、51job 等求职网站不感到陌生。不少企业都将招聘中的初始阶段如简历筛选、笔试等外包给这些网站,由网站根据企业的招聘需求设计版块。这种招聘方式不仅缓解了信息在雇佣双方之间分布不对称的矛盾,也使双方获取信息所需付出的代价降到最低,从而使雇佣双方的交易变得更加准确、透明,使招聘活动中的不确定性减少,雇佣双方决策的质量增加。

3. 工资发放外包

人力资源管理部门的最基本业务是工资的设计与发放,在美国,许多企业已将该项工作外包给专营企业去做,而使得薪金支票发放效率得到了大大的提高。

4. 福利外包

人力资源管理部门的另一项业务——福利与津贴的管理也会产生外包趋势,外包运营商凭借其越来越规范的运作、越来越到位的服务,满足企业的"个性化"需求。

银行代发我国多数机关、企事业单位的工资,并向社会发放退休员工养老金。企业通过将福利规划、薪金管理外包给专业机构,一方面能够享受因各自规模经济而带来的好处,另一方面还会降低企业的经营风险。

5. 人力资源管理信息系统外包

对企业而言,如果信息产业并不是自身的核心业务,去开发维护一个信息管理系统是没有经济效益的。通过人力资源管理信息系统外包,能大大降低企业的人力资源管理信息系统的开发以及维护所需要的成本，企业无需投入这方面的人才，无需扩大自身的人力规模，就可以获得专业的信息系统服务。

6.3.3 信托及租赁业 IT 系统外包

6.3.3.1 IT 服务外包概念

信息技术资源外包(IT outsourcing)是指将企业的信息系统或信息功能部分或整体地移交给外部的服务供应商完成，从而达到将企业非核心事务进一步压缩的目的，把非常重要但又非核心的业务管理外包给擅长于该项业务的公司，利用专业化分工，以低廉的价格获得更为灵活和专业的 IT 应用服务和 IT 系统维护服务，从而有效提高企业的整体行为效率是 IT 外包真正的意义。更准确地说，IT 外包可以解释为企业战略性地利用其外部最优秀的 IT 资源，从而降低成本、提高效率，提高企业自身核心竞争力，对外部环境提高应变能力。

IT 外包包括系统分析、程序开发、硬件维护、网络服务、用户培训、信息安全和系统操作等。

6.3.3.2 信托及租赁业 IT 外包的分类

信托及租赁业 IT 外包目前主要有四种划分方法：

一是根据客户与外包商建立的外包关系，分为市场关系型外包、伙伴关系型外包和中间关系型外包。

二是按照信息技术外包的程度可分为选择性外包和整体外包。

三是根据战略意图分为信息系统改进(IS improvement)、业务效果提升和商业开发(commercial exploitation)三种类型。通过外包提高其核心信息系统资源的绩效，从而达到改进信息系统的战略目标即为信息系统改进型外包。这些目标通常包括改进服务质量、节约成本以及获取新的管理能力和技术等。信息系统改进型外包可以划分为四个层次：①实现技术和技能升级；②提高资源的生产能力；③实现 IT 资源和技能的转换；④引进新的 IT 资源和技能。

业务效果提升型外包的主要目标是通过外包重新配置 IT 资源，以便更有效地提升核心业务绩效。为实现这个目标，需要组织对其业务以及 IT 系统与业务流程之间的关系有一个清晰的认识，同时要具有应对业务变革和实施新的系统的能力。这种形式的外包在引进新技术和能力时需要重点考虑业务因素，而不是考虑技术因素。为更加有效地实现这种形式的外包，双方必须共同合作开发组织所需补充的能力和技术，而不是单纯依赖外包商。业务效果提升型外包可以划分为四个层次：①开发基于 IT 的新的业务能力；②实施基于 IT 的业务变革；③更好地整合 IT 资源；④实施基于 IT 的业务流程变革。

通过外包为组织产生新的收入和利润，或降低组织的成本，从而提高 IT 投资收益即为商业开发型外包。商业开发型外包可以划分为四个层面：①出售现有的 IT 资产；②创建新的市场流程和渠道；③开发新的 IT 产品和服务；④建立基于 IT 的新业务。

四是按照价值中心法可以将 IT 外包划分为成本中心型、投资中心型、服务中心型和利润中心型外包。

成本中心型外包是指通过 IT 外包在强调运行效率的同时使成本最小化。投资中心型外包是指通过 IT 外包来建立基于 IT 业务能力上的新的长期目标，并对其长期关注。服务中心型外包是指通过外包在建立基于 IT 的业务能力以支持组织的现行战略时最大限度地降低风险。利润中心型外包是指通过 IT 外包为外部市场提供 IT 服务，使得收入不断增长，并为成为世界级的 IT 组织积累宝贵的经验。

【重要信息阅读】

传统业务萎缩　信托公司掘金家族信托

自古以来，"富不过三代"的说法一直是富人心中绕不开的魔咒。近年来，随着国民财富积累速度的加快，如何让家族基业长青，并让财富保值增值，更是众多超高净值人群关注的话题。

任何事物都是相伴相生的，就在高端财富管理需求亟待满足之时，各类金融机构的相关业务也随之快速扩张。对于信托业而言，伴随着同业竞争的加剧，以及传统信托业务的日渐萎缩，财富管理正成为整个行业重点打造的"蓝海"，家族信托业务也成为该类业务发展的重要载体。

布局"蓝海"

2010 年以来，众多富一代意识到，他们已经从"创富"迈入到"继续创富"与"守富""传富"并存的阶段。《2015 中国私人财富报告》指出，当下中国高净值人群最为看重的财富目标即为财富保障与财富传承，已经开始考虑财富传承的高净值人群比重高达 46%，约 13% 已设立了家族信托。

在转型压力下，面对众多探索方向，家族信托可谓是受到信托公司最多青睐的业务之一。

外贸信托发布的《外贸信托研究院年度报告（2015）》指出，在当前竞争激烈的资产管理行业中，信托在家族财富的传承方面独具优势。一方面，信托公司可以提供法律载体；另一方面，多年来沉淀下的丰富资产端优势，凭借在金融同业、资本市场、另类投资等领域积累的产品创设能力，使得信托公司有实力在未来成为高端财富管理市场重要的资产整合者。

2014 年是家族信托持续发展的一年。中国信托业协会曾指出，除 2013 年已推出家族信托业务的几家信托公司外，2014 年有更多的信托公司推出了家族信托业务。越来越多的信托公司开始独立或者与银行合作开展家族信托业务，并依据客户在不同阶段的实际情况和风险承受能力，发挥信托机制的灵活性，满足客户个性化需求，提供适当的家族信托服务方案。其中，一些信托公司以家族办公室的形式设立专门部门开展家族信托业务，并取得了一定的市场影响力。更多的信托公司虽然未设家族办公室，但也在其他部门下设专业团队从事家族信托业务。

作为业内最早设立家族信托办公室的信托公司之一，上海信托在2013年已正式成立了家族管理办公室专业团队，同时成立了第一单信睿系列产品——上海信托·信睿尊享财富管理信托。在2015年5月末，上海信托又正式发布了"信睿家族管理办公室"品牌。上海信托总经理陈兵表示，上海信托非常重视财富管理业务的发展，正不断引入海外先进的家族办公室理念和服务，专注服务于国内的超高净值家族。

事实上，家族信托正成为当前各信托公司积极布局的领域。业内的"老大哥"中信信托深圳财富管理中心也于日前正式挂牌。中信信托相关人士明确表示，未来该中心将与广州财富管理中心联动，进一步关注珠三角地区高净值人群的家族财富安全，为其寻找合适的投资机会和投资产品，提供家族财富管理与传承等综合金融解决方案。

回顾中国内地家族信托的发展历程可以发现，从2012年至今，已经有平安信托、外贸信托、北京信托、中信信托、紫金信托、兴业信托、交银信托、上海信托、中融信托、长安信托、建信信托和山东信托等12家信托公司向市场提供了相关产品及服务。家族信托业务已经正式起航，并逐渐向"深水区"挺进。

发力海外

与海外成熟市场相比，我国的财富管理领域尚处于初级阶段。而财富管理作为信托的本源性业务，与信托的制度定位相当契合。多位业内人士指出，当前信托公司主要是根据产品的发行需要寻找客户，呈现产品驱动的特点。

从百瑞信托发布的《我国家族信托现状与完善机制研究》一文可以发现，当前我国信托公司多与私人银行、律师事务所等机构合作，信托公司在其中扮演的也仅仅是产品供应商的角色，尚处于发展的初级阶段。在未来，根据客户需求的不同，家族财富管理信托可以通过多种形式，划分成多种类型。比如，从职能角度看，就可以有家族财富传承信托、家族企业股权信托、子女教育信托、遗产信托和离婚信托等。

而外贸信托的报告则认为，伴随高净值客户财富管理意识逐步增强，信托公司围绕客户需求从"产品销售者"向"客户资金的受托服务者"转变，即推动信托公司财富管理业务进入客户需求驱动的资产配置阶段。这就要求信托公司通过在资产端拓宽产品来源、丰富产品种类，从而构建多市场、多类型的多元化产品池，根据客户需求实现资金端与资产端的有效连接与匹配以及资产组合配置。随着高净值客户对金融服务专业化及综合化的要求增加，信托公司的服务对象将由个人转为家庭，财富管理内涵将由单一理财服务向定制化、差异化的多元化服务转型。

对于这一特征，上海信托总经理陈兵颇为认同。作为一项财富管理业务，家族信托可谓是财富管理"皇冠上的明珠"。"当前，高净值客户对于相关服务的要求正逐渐提高，但信托公司整体上的供给能力尚不足。"陈兵坦言。不过他同时指出，信托公司正通过整合全球资源,来帮助国内的超高净值客户处理家族资产的存续、增长和传承。

以上海信托为例,其家族管理办公室提供的服务包括但不限于资产配置、家族事务管理和海外企业发展等。此外,通过设立相关系列公益类慈善信托计划,上海信托也借此满足家族客户的更深层次需求,协同家族信托进行业务开发。

陈兵告诉记者,经过3年的发展,上海信托目前已经初步完成了海外业务的架构搭建,组建了专业团队提高全球资产管理能力。公司目前已经在中国香港地区成立了上信香港控股有限公司和上信信托有限公司,开始从事离岸信托业务,还在新加坡、卢森堡等地搭建平台,为公司的国际化业务进行战略布局。

事实上,不仅是上海信托开始布局离岸信托业务。中信信托也在中国香港地区注册成立了专业财富管理子公司,作为受托人开展家族信托业务。

难题待解

虽然已经迈出了关键的第一步,但是在实际操作中,家族信托业务的发展仍然面对诸多难题或者说制约。

有信托业内人士表示,家族信托业务的发展,目前尚需要法律体系和信用体系的完善。同时,信托公司自身也应提升资产配置和管理能力,为下一阶段提供家族信托的综合金融服务打下基础。

就目前的状况而言,信托制度本身其实是一种法律安排。当前,在中国内地尚未有成熟的关乎家族信托的法律法规建立起来,因此这一因素在某种程度上也制约着家族信托在中国内地的发展。比如,信托财产登记制度迄今为止仍没有出台,这就限制了家族信托的财产类型。业内分析人士指出,当前家族信托中的信托财产主要以资金为主,股权、不动产尚不能作为信托财产委托给受托人,这导致了家族信托运用的范围受到了很大限制。

不过,中信信托市场总监程红表示,家族信托是一套私人财富管理的解决方案,作为法律与金融的完美结合,家族信托充分利用了信托财产的独立性与信托独有的法律关系,能够为委托人实现资产的保值增值、资产的隔离与传承等功能,满足高净值客户日益增长的财富管理需求,如隔离家庭财产与企业财产、防范破产风险、减少继承纠纷等,从而真正助力超高净值人士的创富、守富与传富。

而从行业大势看,中国人民大学信托与基金研究所执行所长邢成表示,2016年一季度有多家信托公司试水家族信托,伴随我国高净值人群进一步扩大,家族信托必将迎来巨大发展契机。邢成指出,未来信托公司可以借助专业化家族信托设计团队,全力推进家族信托业务稳步开展,为中国富裕家庭提供个性化、专业化、系统化的财富管理解决方案,全面解决富裕家族面临的家族财富管理困惑,构建家族信托生态系统。

(上海证券报 2016年06月20日)

本章小结

从总体来看，我国金融租赁业取得了巨大的发展成就，具体表现在市场影响力不断增强且资产规模实现倍增、租赁公司经营日益规范化且对风险的抵御力不断增强、租赁业务范围不断拓展且产品创新体系趋于完善。

中国的信托行业从2007年开始进入了快速发展的时期，监管层根据信托实际的运行情况相继出台了一系列相关的法律法规，以此来规范信托行业的蓬勃健康发展。除此以外，信托公司还通过不断的自我调整，主动地进行金融创新，使其在产品质量、信托利润、资产规模等方面呈现几何倍数的增长。信托公司为客户提供了多样的融资方式，在风险控制和产品结构方面不断推陈出新，使很多的投资者选择信托作为投资的手段。实践证明，重新定位后的信托业经过10年多的发展，积极践行信托制度的价值和功能，取得了傲人的业绩，管理的信托资产从无到有，从小到大，如今已逾10万亿元。在我国，信托业已经逐渐发展为一种独立的金融业态。

7 金融服务外包业务流程

【学习目标】

1. 了解服务外包合同签订的一般流程;
2. 理解金融服务外包的基本原则;
3. 理解金融服务外包合同制定的关键事项;
5. 理解合同履行、合同解除及合同终止的相关内容。

【引入案例】

广州穗通成功与民生银行广州分行签订服务外包合同

近日,广电运通控股子公司广州穗通金融服务有限公司与中国民生银行广州分行成功签订全托管服务外包合同,标志着广州穗通在自助设备托管服务业务领域取得再一次突破。

据悉,早在2009年,广电运通与民生银行就在自助银行设备集中采购项目中第一次牵手成功,两年来双方的合作互动良好。在诚信、安全、规范的原则下,经过两年多对广州穗通服务运营水平的全面考察,系统评估了业务风险的防控机制,最终促成了民生银行与广电运通在全外包服务领域的合作。

此次合作,广州穗通将通过提供现金清分、清机加钞、设备维护、技术服务监管、VIP等全方位的ATM全托管服务,进一步提高民生银行自助设备开通率,提升银行自助设备的终端形象,营造安全舒适的存取款环境,提供更加人性化的自助服务,从而进一步提高民生银行的核心竞争力。

据了解,广州穗通是中国最大ATM厂商、国有上市企业广电运通的控股子公司,是国内第一家专业的金融全外包服务公司。自成立以来,广州穗通始终坚持诚信创新的经营原则,秉承"守信、安全、专业、快捷"的服务宗旨,依托自主研发的业界领先的ATM业务智能管理平台,凭借严密的武装安全押运,引领国内金融业务外包服务行业蓬勃发展。

(中国经营网 2011/09/13)

案例思考:

(1)金融服务外包合同制定包括哪些程序?
(2)金融服务外包合同包括哪些内容?

7.1 外包合同签订

7.1.1 金融服务外包合同类型

根据《合同法》，当事人订立合同，有书面形式、口头形式和其他形式。法律、行政法规规定采用书面形式的，应当采用书面形式。当事人约定采用书面形式的，应当采用书面形式。书面形式包括合同书、信件和数据电文（包括电传、传真、电子数据交换和电子邮件）等可以有形地表现所载内容的形式。金融服务外包一般采用书面形式。

另外，根据业务内容不同，可以将金融服务外包合同划分为三大类。

7.1.1.1 信息技术外包(ITO)合同

信息技术外包合同涉及的主要业务内容包括：

（1）系统操作服务。包括银行数据、信用卡数据、各类保险数据、保险理赔数据、医疗或体检数据、税务数据、法律数据等不同数据的处理及整合。

（2）系统运用服务。信息工程及流程设计、管理信息系统服务、远程维护。

（3）基础技术服务。承接技术研发、软件开发设计、基础技术或基础管理平台整合或管理整合等IT外包。

7.1.1.2 业务流程外包(BPO)合同

业务流程外包合同涉及的主要业务内容包括：

（1）企业内部管理服务。指为客户企业提供企业内部各类管理服务，包括后勤服务、人力资源服务、工资福利服务、会计审计服务、数据中心及其他内部管理服务等。

（2）企业运作服务。指为客户企业提供技术研发服务、销售及批发服务、售后服务及其他业务流程环节的服务等。

（3）供应链管理服务。指为客户企业提供采购、运输、仓储整体方案服务等。

7.1.1.3 知识流程外包(KPO)合同

知识流程外包合同涉及的主要业务内容包括知识产权研究、医药和生物技术研发、产品技术研发、数据挖掘等服务。

7.1.2 外包合同签订流程

外包合同是合同的一种，合同双方在《合同法》原则基础上，根据实际情况制定合同或协议并认真履行。整个合同制定流程如图7-1所示，主要包括以下几个方面：合同起草、合同评审、合同签订、合同履行、合同终止等。这过程还包括了合同变更、解除以及合同跟进及违约索赔等事项，具体执行参照《合同法》有关规定即可。

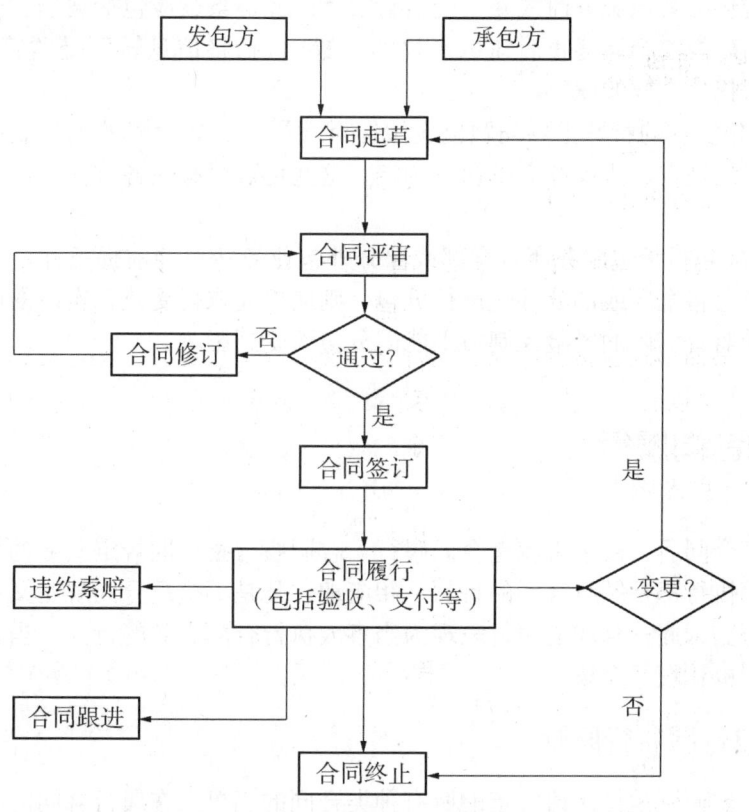

图 7-1 外包合同签订流程

7.1.3 金融服务外包合同制定关键事项

金融服务外包书面合同应明确涉及外包管理的多种重要因素，包括权利、义务与各方预期，外包关系受此书面合同制约。外包安排应以明确的书面合同确立，其特征及细节应与外包业务的重要程度相一致。书面合同是重要的管理手段，恰当的合同条款能降低违约风险或减少在业务范围、特性及服务质量方面的分歧。金融服务外包合同的关键条款应包括以下方面(以下"受监管主体"是指金融业服务外包发包方，包括银行、保险公司、证券公司、期货公司等，监管部门包括银监会、保监会、证监会等)。

(1)明确界定需要外包的业务，包括适当的服务及执行水平；事先评估承包服务商在数量及质量方面的履约能力。

(2)合同既不能阻碍受监管实体履行监管义务，也不能妨碍监管部门行使监管权力。

(3)受监管实体必须确保能够从承包服务商那里获得有关外包业务的账簿、记录及信息。

(4)受监管实体要能对承包服务商进行持续监控，以便能及时采取整改措施。

(5)在必要情况下，合同应包括终止条款及执行终止规定的最短期限。后者应允许外包服务能转包给其他服务商或并入受监管实体。此类条款应包括破产、公司性质改变的情况，并明确规定合同终止后知识产权的处置（包括将信息转回受监管实体）、其他在合同终止后仍然有效的职责。

（6）对外包安排的特殊重要问题也应做针对性说明。如对海外承包服务商，合同应包括适用法律的规定、协议约定及司法约定，这些可确保有关各方在特定司法管辖下仲裁纠纷。

（7）合同应包括承包服务商将全部或部分外包业务转包的前提条件。在适当的情况下，如服务商要将全部或部分外包进行分包，则应事先取得受监管实体的同意，且合同条款应保证受监管实体的风险控制力不能因分包而受到影响。

7.2 外包合同履行

双方签订合同后，接下来就是合同履行。合同履行指合同规定义务的执行。任何合同规定义务的执行都是履行合同的行为；相应地，凡是不执行合同规定义务的行为都是合同的不履行。因此，合同的履行表现为当事人执行合同义务的行为。当合同义务执行完毕时，合同也就履行完毕。

7.2.1 外包合同履行原则

合同履行的原则是指法律规定的所有种类合同的当事人在履行合同的整个过程中所必须遵循的一般准则。根据我国合同立法及司法实践，合同履行除了应遵守平等、公平、诚实信用等民法基本原则之外，还应遵行以下合同履行的特有原则，即实际履行原则、适当履行原则、协作履行原则、经济合理原则和情势变更原则。以下就这些合同履行的特有原则加以简单介绍。

7.2.1.1 实际履行原则

实际履行原则是指当事人按照合同规定的标的完成合同义务的原则。

（1）在合同履行中，要履行标的，不能用其他标的代替原合同标的。就是说，对于有效成立的合同，其标的规定是什么，义务人就应当履行什么。

（2）要实际履行标的，不能轻易地以违约金或赔偿金代替履行标的。义务人如果不能按合同规定的标的给付，即使向对方偿付了违约金或赔偿金，也不能轻易免除其交付标的的义务。

当然，实际履行不是绝对的，在某些特殊情况下可不加以适用。如以特定物为标的的合同，当该标的灭失时，实际履行已变得不可能。

7.2.1.2 适当履行原则

适当履行原则是指当事人应依合同约定的标的、质量、数量，由适当主体在适当的期限、地点，以适当的方式，全面完成合同义务的原则。这一原则有以下要求：

第一，履行主体适当。即当事人必须亲自履行合同义务或接受履行，不得擅自转让合同义务或合同权利让其他人代为履行或接受履行。

第二，履行标的物及其数量和质量适当。即当事人必须按合同约定的标的物履行义务，而且还应依合同约定的数量和质量来给付标的物。

第三，履行期限适当。即当事人必须依照合同约定的时间来履行合同，债务人不得迟延履行，债权人不得迟延受领。如果合同未约定履行时间，则双方当事人可随时提出或要求履行，但必须给对方必要的准备时间。

第四，履行地点适当。即当事人必须严格依照合同约定的地点来履行合同。

第五，履行方式适当。履行方式包括标的物的履行方式以及价款或酬金的履行方式，当事人必须严格依照合同约定的方式履行合同。

7.2.1.3 协作履行原则

协作履行原则是指在合同履行过程中，双方当事人应互助合作共同完成合同义务的原则。合同是双方民事法律行为，不仅仅是债务人一方的事情，债务人实施给付，需要债权人积极配合受领给付，才能达到合同目的。由于在合同履行的过程中，债务人比债权人更多地受诚实信用、适当履行等原则的约束，协作履行往往是对债权人的要求。协作履行原则也是诚实信用原则在合同履行方面的具体体现。协作履行原则具有以下几个方面的要求。

第一，债务人履行合同债务时，债权人应适当受领给付。

第二，债务人履行合同债务时，债权人应创造必要条件、提供方便。

第三，债务人因故不能履行或不能完全履行合同义务时，债权人应积极采取措施防止损失扩大，否则，应就扩大的损失自负其责。

7.2.1.4 经济合理原则

经济合理原则是指在合同履行过程中，应讲求经济效益，以最少的成本取得最佳的合同效益。在市场经济社会中，交易主体都是理性地追求自身利益最大化的主体，因此，如何以最少的履约成本完成交易过程，一直都是合同当事人所追求的目标。由此，交易主体在合同履行的过程中应遵守经济合理原则是必然的要求。该原则一直为我国的立法所认可，如《纺织品、针织品、服装购销合同暂行办法》规定，供需双方应商定选择最快、最合理的运输方法。

7.2.1.5 情势变更原则

合同有效成立以后，若非因双方当事人的原因而构成合同基础的情势发生重大变更，致使继续履行合同将导致显失公平，则当事人可以请求变更和解除合同。

所谓情势是指合同成立后出现的不可预见的情况，即"影响及于社会全体或局部之情势，并不考虑原来法律行为成立时，'为其基础或环境之情势'"。所谓变更，是指"合同赖以成立的环境或基础发生异常变动。"我国学者一般认为，变更指的是构成合同基础的情势发生根本的变化。在合同有效成立之后、履行之前，如果出现某种不可归责于当事人原因的客观变化会直接影响合同履行结果时，若仍然要求当事人按原来合同的约定履行合同，往往会给一方当事人造成显失公平的结果，这时，法律允许当事人变更或解除合同而免除违约责任的承担。这种处理合同履行过程中情势发生变化的法律规定，就是情势变更原则。

情势变更原则实质上是诚实信用原则在合同履行中的具体运用，其目的在于消除合同因情势变更所产生的不公平后果。第二次世界大战后，由于战争的破坏，战后物价暴涨，通货膨胀十分严重。为了解决战前订立的合同在战后的纠纷，各国学者特别是德国学者借鉴历史上的"情势不变条款"理论，提出了情势变更原则，并经法院采为裁判的理由，直接具有法律上的效力。经过长期的发展，这一原则已成为当代合同法中的一个极富特色的法律原则，为各国法律所普遍采用。我国法律虽然没有规定情势变更原则，但在司法实践中，这一原则已为司法裁判所采用。因此，情势变更原则既是合同变更或解除的一个法定原因，更是解决合同履行中情势发生变化的一项具体规则。

7.2.2 外包合同风险防范

尽管业务外包对金融机构有诸多益处，但是金融机构也必须面对外包业务的风险，合同风险就是其中之一。在金融服务外包过程中，发包方与承包方以及没有隶属关系的第三方服务机构之间必须签订外包协议，此类协议的有效期限较长，最长可达十年以上。在合同持续期间，业务需求和外部环境可能面临很大的变动，甚至有些变动是不能预料的，这些因素会给承包方带来一定的履约风险，假如承包方在这期间内经营不善导致破产倒闭，双方合同无法正常履行，对承包方而言是一种经济损失，发包方也会因此面临业务无法正常开展的严重后果。因此，在外包过程中，应当尽可能降低承包方合同履约风险以及制定相关预防机制。

1. 外包合同内容规定应当考虑周全

外包业务的安排状况是很重要的，它很大程度上决定了外包业务的完成状况，尤其要让外包机构准确地掌握发包方对外包出去业务的期望和目标。所以，发包方应当注意以下几点：与外包商进行沟通，要求签订的合同具有一定的可行价值，此外，该合同还必须明确规范各方所应当承担的相关责任。像信息技术这样的外包业务合同，周期比较长，这就要求银行在合同的签订上对未来形势变化做出充分的预判，如双方可随时协商增添合同补充条款。

根据《合同法》，双方在制定合同时，为了确保合同内容的完整性，在合同中应对相关内容作详细规定，包括外包服务范围；协议条款；各种辅助服务的最低标准的规定；薪酬；激励条款；第三方的权利是否分包；数据安全和信息的所有权；承诺，保证，责任和追索权；纠纷解决机制和法律的应用范围；本协议及破产问题的终止；应急措施和恢复计划。

2. 合同必须做好约定

对人员、技术服务和维护均应有明确的协议。服务外包的成功与否，很大程度上取决于管理员或技术人员的稳定性。倘若一个服务商的管理层或是技术人员经常出现调动或是离职，肯定对其发包商是非常不利的，新旧人员的业务熟练程度是否一致姑且不论，是否熟悉其外包业务具体情况才是最大的问题。

3. 银行选择服务商应建立基本程序和反应机制

金融机构必须经过内部的适当授权程序，如银行内部监事会授权给外部服务外包企业。银行还要严格审查服务商的服务经验、经营范围、履行义务的能力，以及预测将来可能发展的变化等。金融机构不仅应在服务商不能履行合同时判断是否需要终止合同、提出索赔要求乃至法律诉讼，还应在服务商顺利履行合同的同时确定是否需要继续与其合作。

4. 人力资源管理问题需着重处理

人力资源问题是金融机构在外包过程中经常遇到的。员工往往因为金融机构实施服务外包而担心工作安全，这在一定程度上会导致员工情绪不稳，致使工作失误，降低工作效率。因此，在决定外包时，金融机构应该培训员工，让他们充分认识到外包的风险和益处，安抚员工情绪。同时，在外包合同中，应严格明确外包公司工作人员的资格和义务。

5. 制定可行的应急计划

外包可以使金融机构更多地依靠第三方服务提供商，如果第三方服务供应商不履行合同，而使业务中断，造成的后果非常严重。在这种预期结果下，金融机构应实施审慎的方法考察服务提供者，并根据服务提供者不履行合同的具体情况采取应急措施。

7.3 外包合同终止与解除

7.3.1 合同终止

合同终止指当事人双方在合同关系建立以后，因一定法律事实出现，使合同确立的权利与义务消灭。造成合同终止的原因一般有以下一些：

（1）合同因当事人双方全面履行而消灭。

（2）合同因情势发生变化，双方在不损害国家利益或社会公共利益的条件下达成协议，终止合同。

（3）合同因当事人一方或双方破产。

（4）合同因混同而消灭。

（5）合同因法院判决或仲裁裁决而终止。

（6）合同解除。

7.3.2 合同解除

合同解除是指合同有效成立后，当解除条件具备时，因当事人一方或双方的意思表示，使合同关系归于消灭的行为。合同解除是合同终止的事由之一。

7.3.2.1 合同解除类型

根据不同的标准，合同解除可以划分为不同的类型。

1. 单方解除和协议解除

按照双方是否享有解除权，可以将合同解除划分为单方解除和协议解除。

第一，单方解除是指享有解除权的一方行使解除权将合同解除的行为。它不必经过对方当事人的同意，只要解除权人将解除合同的意思表示直接通知对方，或经过人民法院或仲裁机构向对方主张，即可发生合同解除的效果。

第二，协议解除是指当事人双方通过协商同意将合同解除的行为，它不以解除权的存在为必要条件，解除行为也不是解除权的行使。我国法律把协议解除作为合同解除的一种类型加以规定，理论解释也不认为协议解除与合同解除性质全异，而是认为仍具有与一般解除相同的属性，但也有其特点，如解除的条件为双方当事人协商同意，并不因此损害国家利益和社会公共利益，解除行为是当事人的合意行为等。

2. 法定解除与约定解除

按照解除条件是否由法律规定，可以将合同解除划分为法定解除和约定解除。

第一，合同解除的条件由法律直接加以规定者，这种解除称为法定解除。在法定解除中，有的以适用于所有合同的条件为解除条件，有的则仅以适用于特定合同的条件为解除条件。前者为一般法定解除，后者称为特别法定解除。中国法律普遍承认法定解除，不但有关于一般法定解除的规定，而且有关于特别法定解除的规定。

第二，约定解除是指当事人以合同形式，约定为一方或双方保留解除权的解除。其中，保留解除权的合意，称之为解约条款。解除权可以保留给当事人一方，也可以保留给当事人双方。保留解除权可以在当事人订立合同时约定，也可以在后面另订立保留解除权的合同。《合同法》承认了约定解除，值得肯定。因为约定解除是根据当事人的意思表示产生的，其本身具有较大的灵活性，在复杂的事物面前，它可以更确切地适应当事人的需要。当事人采取约定解除的目的虽然有所不同，但主要是考虑到当主客观上的各种障碍出现时，可以从合同的约束下解脱出来，给废除合同留有余地，以维护自己的合法权益。作为一个市场主体，为了适应复杂多变的市场情况，当事人有必要把合同条款规定得更细致、更灵活、更有策略性，其中应包括保留解除权的条款，使自己处于主动而有利的地位。

7.3.2.2 合同解除条件

我国《合同法》规定有下列情形之一的，当事人可以解除合同。

(1) 因不可抗力致使不能实现合同目的。不可抗力致使合同目的不能实现，该合同便失去意义，应归于消灭。在此情况下，我国合同法允许当事人通过行使解除权的方式消灭合同关系。

(2) 在履行期限届满之前，当事人一方明确表示或者以自己的行为表明不履行主要债务，此即债务人拒绝履行合同，也称毁约，包括明示毁约和默示毁约。作为合同解除条件，一是债务人有过错，二是拒绝行为违法（无合法理由），三是有履行能力。

(3) 当事人一方迟延履行主要债务，经催告后在合理期限内仍未履行，此即债务人迟延履行。根据合同的性质和当事人的意思表示，履行期限在合同的内容中非属特别重要时，即使债务人在履行期届满后履行，也不致使合同目的落空。在此情况下，原则上不允许当事人立即解除合同，而应由债权人向债务人发出履行催告，给予一定的履行宽限期。债务人在该履行宽限期届满时仍未履行的，债权人有权解除合同。

(4) 当事人一方迟延履行债务或者有其他违约行为致使不能实现合同目的。对某些合同而言，履行期限至关重要，如债务人不按期履行，合同目的即不能实现，于此情形，债权人有权解除合同。其他违约行为致使合同目的不能实现时，也应如此。

(5) 法律规定的其他情形。法律针对某些具体合同规定了特别法定解除条件的，按照其规定执行。

7.3.2.3 合同解除的程序

1. 单方解除

单方解除指享有合同解除权的一方当事人通过行使解除权而解除合同。解除权属形成权，不需对方当事人同意，只需解除权人的单方意思表示，即可发生解除合同的法律效果。但解除权的行使并非毫无限制，合同法对其行使期限和行使方式均有明确规定。

关于解除权的行使期限，我国《合同法》规定：法律规定或当事人约定解除权行使期限的期限届满当事人不行使，该权利消灭；法律没有规定或当事人未约定解除权行使期限，经对方催告后在合理期限内不行使的，该权利消灭。

2. 协议解除

协议解除的程序是指当事人双方经过协商同意，将合同解除的程序。其特点是：合同的解除取决于当事人双方意思表示一致，而不是基于当事人一方的意思表示，也不需要有解除权，完全是以一个新的合同解除原合同。它适用于协议解除类型，并且在单方解除中，只要解除权人愿意采取这种程序，法律也应允许并加以提倡。

由于协议解除程序是采取合同的方式，所以要使合同解除有效成立，必须有要约和承诺。要约是解除合同的要约，其内容是要消灭既存的合同关系，甚至包括已经履行的部分是否返还，责任如何分担等问题。它必须是向既存合同的对方当事人发出，并且要在既存合同消灭之前提出。承诺是解除合同的承诺，是完全同意上述要约的意思表示。协议解除是否必须经过法院或仲裁机构的裁判，我国法律未作这样的要求，允许当事人选择或者经过法院或仲裁机构的裁判，或者直接由双方当事人达成解除原合同的协议。

采取协议解除程序，何时发生解除的效力呢？当合同解除需经有关部门批准时，有关部门批准解除的日期即为合同解除的日期。当合同解除不需有关部门批准时，双方当事人协商一致之时就是合同解除生效之时，或者由双方当事人商定解除生效的日期。

3. 行使解除权

行使解除权的程序必须以当事人享有解除权为前提。所谓解除权是指合同当事人可以将合同解除的权利。它的行使将发生合同解除的法律效果，因而它是一种形成权。解除权按其性质来讲，不需要对方当事人的同意，只需解除权人单方的意思表示，就可以把合同解除。解除权人主张解除合同，应当通知对方。合同自通知到达对方时解除。对方有异议的，可以请求人民法院或者仲裁机构确认合同的效力。法律、行政法规规定解除合同应当办理批准、登记等手续的，依照规定执行。

行使解除权的程序适用于不可抗力致使合同不能履行、当事人一方违约和约定解除等场合。在不可抗力致使合同不能履行的场合，解除权由双方当事人享有，任何一方都可行使。在当事人一方违约的情况下，解除权归守约方享有，不然会被违约方利用解除制度来谋取不正当利益。在约定解除的情况下，解除权归合同指定的当事人享有，既可以是一方当事人享有，也可以是双方当事人享有。

解除权对权利人而言是一种利益，这种利益是否被解除权人舍弃或推迟取得，只要无损于国家利益、社会公共利益，无损于对方当事人的合法权益，就应允许。所以，行使解除权具有自主性，主要表现为解除权人可以在合同解除与请求继续履行之间选择，解除权可以在特定期间的任何时刻行使，可以采取和对方当事人协商的方式等。

解除权行使采取双方协商的方式，在我国应予提倡，原因有以下三个。

第一，合同解除不会使双方当事人在物质利益上共同增加，而是彼增此消。单就这点来说，双方不易就合同解除及由此而生的返还财产、分担责任等达成协议，这也是法律应赋予有关当事人以解除权的重要原因。但是，当事人的特殊物质利益毕竟是以根本利益一致为前提而存在的，双方没有不可调和的利害冲突。如果合同解除是为了维护国家利益，实现社会主义生产目的，那么双方宜互谅互让地将合同解除。

第二，协商的过程，是当事人双方明了事情原委和责任如何分配的过程。在此过程中，彼此了解到各自的困难，能够互谅互让，既解决法律后果问题，又解决思想认识问题，便于解决纠纷，减少诉讼。

第三，倡导协商方式符合民事诉讼法的调解原则，使实体法与程序法的规定更加统一。

双方协商的方式并不是解除权的丧失，恰恰相反，正是由于解除权的存在并发挥作用，才使协商一致解除合同的可能性大大增加。在很大程度上，无解除权的当事人之所以同意解除权人的意见，是因为即使不同意，解除权人也会依自己的意思表示将合同解除，并按法律规定或合同约定发生一定的法律效果。

4. 法院裁决

这里所说的法院裁决的程序，不是指在协议解除的程序和行使解除权的程序中当事人诉请法院来解除合同，而是指在适用情势变更原则解除合同时，由法院裁决合同解除的程序。由于适用情势变更原则解除合同，当事人无解除行为，只是由法院根据案件的具体情况和情势变更原则的法律要件加以裁决。因此，对这种类型的合同解除只能适用法院裁决的程序。

7.4　金融服务外包基本原则

金融业服务外包事务复杂，影响面广，不仅与外包双方相关，而且涉及监管层面。如果履约双方不尽责或者监管当局不对受监管实体进行有效监管，就可能带来金融风险，将会给金融体系和实体经济带来灾难。因此，金融业进行服务外包时应该更加严格和审慎，必须恪守相应的原则，受监管主体和监管当局都要履行相应的义务。

具体而言，金融服务外包应遵循以下原则：

（1）从事业务外包的受监管实体应制定全面的政策以指导评估是否及如何进行业务外包，董事会或相关机构对外包政策及有关活动负有责任。

在业务外包之前，受监管实体应制定有关外包决策的专门政策及标准，包括评估有关活动是否适用外包及在多大程度上适用外包。风险集中及外包业务的整体可接受水平等问题也必须予以考虑。如果受监管实体希望将任一业务外包，管理层需全面了解成本及收益状况，这要求管理层对该实体的核心能力、管理能力及弱点、未来目标等进行评价。受监管实体应制定相关政策以确保有效监管外包业务；在整个外包过程中及合同期间，受监管实体都应具有适当的治理结构，清晰界定自己的角色及职责。受监管实体应采取适当措施确保在母国及东道国都能遵守法律和监管要求。如果将某项业务外包会妨碍监管部门评价或监管受监管实体的业务，则该活动不能外包。受监管实体的董事会（或相当机构）要全面负责，确保受监管实体的外包决策及服务商的活动符合外包政策。另外，内部审计也起到很重要的作用。

（2）受监管实体应建立全面的外包风险管理程序以指导外包业务及与服务商的关系。

评估受监管实体的外包风险取决于如下因素：外包业务的范围及重要性、受监管实体的管理水平、外包风险的监控（包括对操作风险的一般管理）、服务商对潜在操作风险的管理与控制。

下列因素有助于受监管实体判断外包业务的重要性。因服务商未能完成外包任务而对受监管实体的财务、声誉及经营造成的影响；因服务商未能完成外包任务而对受监管实体的客户带来的潜在损失；外包业务对受监管实体遵守监管要求的影响；成本；受监管实体中的外包业务与其他活动之间的关系；受监管实体与服务商之间的隶属或其他关系；服务商的受监管地位；选择替代服务商或将外包的业务改由内部机构承担的难度及所需时间；外包安排的复杂程度，如在多个服务商合作提供点到点外包服务的情况下，对风险进行控制的能力。

数据保护、安全及其他风险可能因外包服务商所在地理位置而受到不利影响。为此，在评估及管理发生在境外的外包活动时，必须有专门的风险管理能力，以评估涉及政治及法制环境等方面的国家风险。

更一般的讲，全面性的外包风险管理流程包括：对外包安排的各个方面进行持续监控；指导受监管实体在应对意外事件时采取纠正措施的程序。

（3）受监管实体应确保外包管理既不能影响履行对客户及监管部门的责任，也不能损害监管部门的监管效能。

外包安排不能影响客户对受监管实体的权利，包括客户根据有关法律获得适当赔偿的权利等。外包安排不应损害监管部门对受监管实体进行合理监管的能力。

（4）受监管实体应尽职选择外包服务商。在选择服务商之前，受监管实体应制定标准以评估服务商是否具有有效、可靠及高标准履约的能力，及与特定服务商相关的潜在风险因素。

受监管实体具体职责包括：
①选择合格且具有充分能力履行外包业务的服务商；
②确保服务商能理解及满足受监管实体在特定活动中的要求；
③确认服务商具有履行职能所需的稳健的财务状况。

在未完成以上准备工作之前，受监管实体不可将有关业务外包。如果服务商不能完成外包业务，则需通过其他途径来处理这些外包业务，但这样做可能会付出高昂代价。因此受监管实体也应考虑到由此带来的损失及业务中断的可能。

将业务外包到境外，还会引起其他的问题。例如，在突发事件中，受监管实体难以及时采取适当对应措施。因此受监管实体的高管应评估境外经济、法律及政治环境对服务商完成外包业务的不利影响。

（5）受监管实体与服务商应建立应急计划，包括灾害恢复计划及备份设施的定期测试计划。

受监管实体应有关于应急计划的全面制度化的政策，每个外包合同都应有专门的应急计划。受监管实体应采取适当措施评估及解决因服务商业务中断或其他问题导致的可能后果。显然，这需要考虑服务商的应急计划、协调受监管实体与服务商的应急计划、制定服务商未履约情况下受监管实体的应急计划等。

如果受监管实体及服务商缺乏全面应急计划而且外包业务反复出现问题，则可能导致意外的信息暴露、财务损失、错失商机及出现信誉与法律问题等。健全的信息技术安全是必不可少的。信息技术能力的中断可能会损害受监管实体对其他市场参与者履行职责的能力、侵蚀客户的隐私权、损害受监管实体的声誉，并最终对受监管实体的整体操作风险状况造成不利影响。受监管实体应确保服务商保持恰当的信息技术安全及灾害恢复能力。

应急计划必须包括替换表现欠佳的服务商的选择成本。如果受监管实体不满意服务商的表现，则可将其替换或自行承担此外包业务，甚至有时可取消此业务。这些做法代价高昂，往往是不得已而为之。当然，这些意外情况及相关成本应在协商过程中予以说明并在合同中明文规定。对现有的合同，这些条款应在合同延期时加以补充。

（6）受监管实体应采取恰当措施，要求外包服务商严守受监管实体及其客户的机密信息，不得故意或无意对未授权人士泄露。

实施外包的受监管实体应采取恰当措施保护客户的机密资料，并确保其不被滥用。此类措施包括在与服务商的合同中约定禁止服务商或其代理人使用或披露受监管实体或其客户的专有信息（除非是约定服务且满足监管及法律所要求的条件）。根据监管及法律规定，受监管实体也应考虑是否有必要通知客户其资料可能被转移给了服务商。

（7）监管部门应把外包业务作为对受监管实体评估的组成部分。监管部门应采取措施确保受监管实体履行监管要求的能力不受影响。

监管部门应将外包业务作为其对受监管实体综合风险评估的组成部分。为评估及监控受监管实体的外包政策及外包风险管理流程，监管部门应能及时获得有关外包业务的账簿与记录及其他资料。受监管实体能直接获得这些资料，而监管部门也应能通过直接或间接渠道获取。这包括要求账簿及记录必须保存在监管部门所在的国家或服务商承诺能将账簿与记录的原件或复印件交至监管部门。

为能从服务商取得外包业务的账簿、记录及相关信息，监管部门应考虑实施适当的规定及措施。

①在合同中规定受监管实体具有取得服务商处理外包业务的账簿与记录的权力与检查权力；

②获得任何子承包商的有关账簿与记录。合同还应规定，服务商应制备账簿、记录及其他资料，以便监管部门随时获取。

（8）监管部门应认识到多个受监管实体将业务集中外包给少数几个的外包服务商可能带来的风险。

当有限数量(有时仅一个)的外包服务商为多个受监管实体提供服务时,操作风险相应集中,并可能带来系统性风险。另外,如果多个服务商的紧急业务援助人为同一援助公司(如同一受灾援助公司),当这些服务商都发生业务中断时,则该援助公司无法同时向这些服务商提供援助服务。

在公司通过业务外包来提高效率及实现规模经济的过程中,势必会出现一些形式的风险集中问题。在评估及监控受监管实体的外包政策及风险管理流程时,监管部门应关注受监管实体业务集中产生风险的方式。

有一些可以缓解风险集中问题的措施,其中最为重要的是受监管实体要制定合理的应急计划及其他方面的监管释缓措施,如实时监控、识别流程、适当的监管计划、风险评估等。

本章小结

本章介绍金融服务外包业务流程的相关内容,下面对主要内容进行小结。

1. 金融服务外包合同包括信息技术外包(ITO)合同、业务流程外包(BPO)合同、知识流程外包(KPO)合同等三种类型。

2. 外包合同签订流程包括合同起草、合同评审、合同签订、合同履行、合同终止等步骤。

3. 合同履行指合同规定义务的执行。合同履行原则包括实际履行原则、适当履行原则、协作履行原则、经济合理原则、情势变更原则。

4. 合同终止指当事人双方在合同关系建立以后,因一定的法律事实的出现,使合同确立的权利与义务消灭。

合同终止的原因有:(1)合同因当事人双方全面履行而消灭;(2)合同因情势发生变化,双方在不损害国家利益或社会公共利益的条件下达成协议,终止合同;(3)合同因当事一方或双方破产;(4)合同因混同而消灭;(5)合同因法院判决或仲裁裁决而终止;(6)合同解除。

5. 合同解除是指合同有效成立后,当解除条件具备时,因当事人一方或双方的意思表示,使合同关系归于消灭的行为,包括:(1)单方解除和协议解除;(2)法定解除与约定解除。

8 金融服务外包风险管理

【学习目标】

1. 了解金融服务外包风险的概念;
2. 了解金融服务外包风险的来源;
3. 理解金融服务外包的风险计量;
4. 掌握金融服务外包的风险管理。

【引入案例】

××银行业务外包实施办法(试行)

第一章 总则

第一条 为进一步推动全行经营管理转型和创新,调整优化用工方式和用工结构,建立和完善业务外包管理体系,根据《××银行股份有限公司外包风险管理政策》和外包有关工作要求,制订本办法。

第二条 本办法所称业务外包,是指本行将原本由自身负责处理的某些业务活动委托给服务供应商进行业务处理的行为,该业务活动涵盖与对外服务密切相关的各种业务活动。

本办法中的外包人员,是指服务供应商为完成本行委托的业务活动而派出的专业人员。

第三条 本行业务外包范围应遵循法律及监管部门有关规定。经过风险评估后,一般可以将IT、后台营运、后勤服务、大堂引导、客户服务等非核心管理工作或其他专项工作予以外包。战略管理、核心管理、内部审计以及监管明确禁止外包的业务或职能严禁外包。

第四条 业务外包实施的原则

(一)质量效益原则。实施业务外包要确保服务质量和管理效率。

(二)风险可控原则。实施业务外包要符合监管部门规定,风险可控。

(三)规范实施原则。外包使用单位应结合经营管理实际,认真梳理工作职责,按照规定流程实施业务外包。

(四)统筹管理原则。外包使用单位要从人员编制、用工结构、财务管理及风险控制的角度,统筹考虑业务外包实施效果,将业务外包纳入本单位工作统一规划管理。

第五条 业务外包的分类

（一）简单业务外包。指外包使用单位经风险评估后，将后勤服务、行政助理等简单岗位上的相关业务职能外包。

（二）专项业务外包。指外包使用单位经风险评估后，将诸如IT、后台营运、大堂引导、客户服务或其他专项工作等专业性较强的非核心岗位上的相关业务职能外包。

第六条　本办法适用于各省分行、直属分行、总行各部门。

第二章　职责分工

第七条　外包使用单位。根据经营管理需要，负责实施外包活动的日常管理，包括合同执行、对外包人员的日常监督指导等，是业务外包管理的第一责任人。

第八条　业务归口管理部门。总行业务归口管理部门和分行业务归口管理部门按照管理职责范围，负责制定本条线业务外包实施办法或细则，以及外包服务应急预案，选择专项业务外包服务供应商，定期检查、评估本条线外包使用单位的外包管理情况。

第九条　人力资源部。总行人力资源部和分行人力资源部按照管理职责范围，负责制定业务外包管理制度办法，参与业务外包合同和协议的审核，提供外包用工指导，同时负责选择简单业务外包服务供应商。

第十条　风险管理部。总行风险管理部和分行风险管理部分别对总行和分行外包使用单位、业务归口管理部门提出的外包岗位、业务外包具体实施方案进行风险评估，提出外包风险评估意见。

第十一条　法律合规部。根据本行合同管理相关规定，总行法律合规部和分行法律合规部分别负责对总行和分行的业务外包相关合同、协议进行法律审查，并提供专业法律指导。

第十二条　预算财务部。总行预算财务部和分行预算财务部分别对总行和分行业务外包归口管理部门或外包使用单位提出的外包费用需求进行复审，合理安排财务资源，做好费用支付审核工作。

第十三条　集中采购中心。按照集中采购有关规定组织外包服务集中采购。

第三章　业务外包流程

第十四条　简单业务外包流程

外包使用单位是简单业务外包需求的发起者与业务管理者；业务外包需求经风险管理部评估审核后提交人力资源部实施采购，由人力资源部签订外包合同、协议，定期与服务供应商结算外包费用；法律合规部参与审查外包合同、协议以及服务供应商与外包人员的劳动合同；预算财务部提供财务预算支持，对外包费用支付进行审核。

第十五条　专项业务外包流程

外包使用单位和业务归口管理部门是专项业务外包的需求发起者、采购者与业务管理者；业务外包需求经风险管理部评估审核后，外包使用单位和业务归口管理部门负责起草业务外包合同、协议，按照集中采购流程实施采购，并签订外包合同、协议；法律合规部与人力资源部对业务外包合同、协议条款内容进行审核，并提供专业指导服务；外包使用单位或业务归口管理部门定期与服务供应商结算外包费用，预算财务部提供财务预算支持，对外包费用支付进行审核。

第四章　外包服务供应商的选择

第十六条　外包服务供应商的选择按照有关法律法规和本行相关制度规定，遵循公开、公平、公正的原则，采用招标等适当方式，择优选定。

第十七条　外包使用单位、业务归口管理部门应会同相关职能部门对服务供应商的综合素质进行评价，评价的主要内容包括资质、规模、业绩、信誉、管理规范性等。

（一）服务供应商应为依法成立、合法经营的专业服务机构或经济组织，具有相应的经营范围，近三年经营状况良好，无任何违法违纪等不良记录。

（二）服务供应商的专业资质、技术实力及其从业人员的专业技能满足本行外包工作要求，具有提供类似性质和规模的服务经验，在同行业中具有较好的声誉和较强的市场竞争力。

（三）服务供应商内部管理规范，业务管理制度和操作流程比较健全，具有较强的内部控制和风险管理能力。

（四）服务供应商的用工管理制度及其与外包人员签订的劳动合同，符合国家及当地相关规定。

第五章　外包合同管理

第十八条　外包实施前必须签订书面合同或协议，明确双方权利和义务，合同或协议需要包含外包服务的内容和方式、管理与保密要求、计价方式、审计和检查安排、争端解决机制、协议的终止和解除情形、违约责任等内容。

（一）订立外包合同应遵循自愿平等、互利有偿和诚实守信的原则，不得有损本行的利益和形象。

（二）在订立外包合同前，应充分考虑业务外包重要风险因素，并通过合同条款予以有效规避或降低。

（三）外包合同约定内容应包括但不限于下列事项：

1. 外包服务供应商应确保外包人员和涉及此项业务的其他人员遵守本行相关规章制度，对接触到的本行所有信息和本行客户信息严格保密。本行可以根据业务外包项目实施情况和外界环境的变化，更新、修订保密条款，必要时可与服务供应商补签保密协议。

2. 服务供应商不得将外包业务以任何形式转包或分包给其他单位或个人。

3. 服务供应商应定期向外包使用单位、业务归口管理部门或人力资源部报送外包人员的基本情况报表，注明外包人员劳动合同签订、社会保险缴纳等的办理情况。

4. 外包费用或单价的确定依据。

5. 违约责任及本行免责条款。

第十九条　外包使用单位或业务归口管理部门要落实专人负责外包工作质量的监督管理，做好与服务供应商的业务对接工作，监督外包合同的执行，及时发现并有效解决业务外包过程中存在的问题。

第六章　外包人员管理

第二十条　外包人员一般应为服务供应商的正式员工，与服务供应商签订正式的劳动合同，并由服务供应商按照有关规定缴纳社会保险。外包人员不能为服务供应商的实习生。

第二十一条　业务归口管理部门应制定与外包业务相关的管理办法、操作流程等规章制度，并可根据管理需要，在相关部门的配合指导下组织开展对外包人员的业务培训。

第二十二条　外包使用单位和业务归口管理部门应加强用户权限管理，根据工作需要，结合本行相关管理规定，对外包人员合理设定系统操作权限。

第二十三条　外包人员日常管理由服务供应商负责，本行根据外包服务合同和业务管理要求，对外包人员日常管理情况进行监督。

第二十四条　外包使用单位、业务归口管理部门或人力资源部对服务供应商的劳动用工情况进行监督、抽查，抽查内容包括但不限于服务供应商与外包人员劳动合同及保密协议签订情况、薪酬发放及社保缴纳情况等，对服务供应商不符合法律法规有关规定及合同协议有关条款的情况提出整改意见。

第二十五条　外包使用单位要建立与外包人员的定期沟通制度，掌握外包人员的工作情况和思想动态，听取外包人员关于业务操作、内部管理等方面的意见和建议，并采取适当措施优化完善外包业务和人员的管理。

第二十六条　外包使用部门认为简单业务外包人员的能力不能胜任工作岗位要求时，应列举相关事实依据，由人力资源部与服务供应商协商更换外包人员；外包使用单位或业务归口管理部门认为专项业务外包人员的能力不能胜任工作岗位要求时，应结合相关事实依据和审批流程，与服务供应商协商更换外包人员。

第七章　附则

第二十七条　各省直分行、总行业务归口管理部门可结合具体情况制定实施细则。

第二十八条　本办法由总行人力资源部负责解释和修订。

第二十九条　本办法自印发之日起施行。

8.1　金融服务外包风险识别

风险就是指外包过程中因各种风险因素而不能满足需求的概率及对达成目标所造成的损失，即风险暴露。任何企业的风险都可以分为两类，一是企业的内部风险，二是企业外部的风险。通常来说来自系统和整体环境的风险是不可控制的，但是内部风险都是可控制的，外部风险中来自其他组织的风险是部分可控制的。

8.1.1　来自企业内部的风险

来自企业内部的风险包括决策风险、人力风险、财务风险和管理风险。

8.1.1.1　决策风险

决策风险主要有合同风险和退出策略风险。合同风险包括：合同修订、中止或终止，履行合同的能力和离岸外包中管辖法的选择。退出策略风险主要是不恰当的市场退出所引起。引起决策风险的原因有金融机构落后的战略指导理论、把握不准确或不够重视自己的核心和非核心能力、变化频繁的环境、公司资源对目标支持的缺乏、与前期本身制定的发展战略不一致、认识所处行业环境的发展规律的程度不够以及领导层的新旧更替等,不过主要原因还是金融机构对自身能力、所处环境和资源的把握不准确。

8.1.1.2 人力风险

人力风险包括人员流失、缺乏、欺诈、失误等风险。金融业是劳动密集型产业,所以人才的素质和人员的稳定性直接作用于金融服务的品质。因为上下级沟通不全面、薪资下调、离岸外包的语言障碍、文化融合度小和文化差异等原因导致员工产生抵触等负面情绪,进而造成人员流失;服务环节的外包降低了金融机构内部的学习能力、服务能力和技术水平,也造成后备人才缺乏;信息沟通渠道不顺畅、信息不对称以及机会主义行为导致的失误和欺诈等。

8.1.1.3 财务风险

财务风险包括外汇风险、连带风险以及操作风险。外包的方式包括合同、战略联盟、以参股或合资企业形式建立合作关系等,可见在一些情况下要保持合作关系的稳定性,加强双方目标的一致性,减少机会主义的产生,是可以存在金融机构与外包商互相投资、参股情况的。但是不足之处在于会出现蝴蝶效应,即两者之间任何一方的经营、财务等问题都可能很快地能传递到另一方,产生连带风险。

此外,离岸的金融服务外包涉及用外汇购买外包资产以及外汇结算的问题,所以,也可能带来汇率风险和利率风险。最后,可能出现流动性风险导致外包中财务方面缺乏足够财力以履行责任或提供补偿。

8.1.1.4 管理风险

金融服务外包的管理风险有合规风险、操作风险、信息风险。其中合规风险主要指未遵守隐私法、未充分遵守客户与谨慎管理的法规以及委托方的合规与控制力缺乏等;操作风险主要是高额的对外包商实施检查的成本;信息风险则指受监管实体向监管部门及时提供数据及信息受到外包协议的影响或信息被盗等。引起管理风险的原因还有不健全的联络渠道、不科学的外包绩效衡量标准、不完善的质量保障体系、欠缺的高层领导知识结构和领导能力,以及组织学习与知识管理体系、组织结构适应性、信息保密性差等。外包不是管理的结束,而是新的管理的开始,因为它涉及的是两个或多个不同的、独立的经济实体,而在金融领域,管理的对象更为复杂,所以加大了管理的难度。

8.1.2 来自企业外部的风险

来自企业外部的风险包括系统风险、市场风险、技术风险以及外包商的风险。

8.1.2.1 系统风险

系统风险主要包括国家风险和集中与系统风险。国家风险是指政治、社会或法律因素的变动和商业持续性计划的复杂性;集中与系统风险是指行业整体的风险集中于某一服务商。

国家风险主要是由交替的政权、此消彼长的工会力量和社会利益集团的力量、变化的媒体导向、不同经济周期的政策的转变等引起。据报道,一些媒体与工会团体开始指责无视本地雇员与公众利益而采用外包的欧美金融企业,继外包烦恼之后再添金融服务外包之乱。而公众和媒体的反对又导致了政治因素的变化,如美国特别是欧洲等地的政府，正在考虑立法阻止本地企业向海外转移白领工作，并且给予许多大公司警告。

在2004年美国大选期间，克里为了争取民众的支持，以提高本国就业率、限制和减少外包为筹码，而布什则是支持外包。又如对于外包有很大的影响的经济危机、金融危机、金融体制的转变、服务业的开放程度、贸易政策的转变等带来的风险。

金融危机、经济危机所导致的风险是任何机构都要面临并难以控制的系统性风险，波及范围广、时间长，只要是在危机发生区域，都会遭受冲击。

金融体制由分业到混业转变的趋势意味着金融业务的逐步放开，有更多的金融机构参与各项金融服务的竞争，但同时也对金融监管制度提出了更高的要求。

贸易自由化进一步开放了发展中国家和发达国家服务贸易市场，有更多的外包商参与竞争，难以分辨其中的优劣。

由于贸易保护主义和自由贸易主义两股力量的相互抗衡，导致国家外包政策的变化，有时支持外包，有时反对外包，这种不确定性严重影响了制定和实施跨国金融机构外包战略。

另外，系统风险还表现在风险集中上，假如外包市场被一个或少数外包商所垄断，那么风险极有可能集中和扩大。

要分析金融服务外包的系统风险就要时刻关注整个社会系统的变化，金融产业是牵动国家经济命脉的关键产业。

8.1.2.2 市场风险

市场指的是外包市场，包括市场机制、市场结构和市场环境的完备程度、市场的利润构成以及利润空间和市场评价机制的健全程度等。随着外包市场格局发生变化，外包经验和技术的成熟，某些外包商竞争能力加强，进而提高了讨价还价的能力，导致外包成本上升；也有可能是完善的行业标准、知识产权等法规提高了外包的进入门槛，引起总成本上升。而质量下降可能是由于外包商人才流失严重，很大程度上影响了生产能力，也有可能由于金融机构对外包商进一步的低成本控制降低其利润空间，导致外包商丧失服务积极性，从而导致质量下降。如印度相对于中国的最大优势是政府的重视和知识产权保护的力度。在中国从事外包的企业规模普遍较小，其中一个原因是中国人做生意比较依赖关系，这种意识必然会形成很多的小公司，而印度的外包企业则遵循着行业市场规则，不管是对于安全保护还是知识产权保护都是这样的。

8.1.2.3 技术风险

技术风险包括技术泄密、技术不适用和技术被仿制。现在提供金融服务越来越依赖于信息技术，金融服务制造和提供过程与技术的应用是分不开的，金融服务提供的数量和质量直接关系到信息技术的应用，所以技术风险对金融机构的运作可能产生连带作用。技术风险主要表现在技术不适用和技术泄密风险事件上。其原因是不统一的技术标准和连续性差的技术，以及技术安全保密性能的缺乏、抗侵袭能力的缺乏等。如金融机构最先开发的信息系统可能因为技术的不断更新而导致落后，不能迎合新技术发展的需要，从而导致浪费系统资源等。

此外，技术本身是有不足的，金融机构的巨大损失可能发生在技术被黑客所利用的时候，"数据门"事件就敲响了警钟。目前国内金融企业业务或信息系统外包少之又少。

正如青岛市商业金融企业IT总经理胡高雷所说，目前金融企业一般不敢外包，因为外包从技术上、法律上都不确定，只能以较高的成本把技术风险降到最低。

8.1.2.4 外包商的风险

外包商的风险有外包商锁定风险、法律诉讼和争议风险以及评级风险。外包商锁定风险指外包商具有不可逆性的选择。导致外包不可逆的因素有很多，如过分依赖外包商、少量外包商垄断外包市场和资产专用性高导致重新选择的沉没成本高等。法律诉讼和争议风险由多种因素引起，可能是由于外包商按照自己的利益行事、不匹配的风险分担和收益、不符合被监管实体整体标准的外包商与客户的互动、不符合被监管实体（在道德或其他方面）规定的外包商的活动等引起。评级风险指错误的信用评级导致选择不合适的外包商的风险。

相对于以上风险来说，外包商的风险更加隐蔽。主要原因是更为严重的信息不对称和机会主义行为。在外包前，金融机构总是无法掌握外包商的真实的财务状况、技术实力、经营能力等，同时也难以在合同中面面俱到；而外包后，金融机构也不可能事前完全察觉并及时制止外包商的投机行为，并消除这些行为带来的影响，所以对于外包商的选择和控制是非常重要的。

8.2 金融服务外包风险计量

在对外包的风险进行识别、分类、分析之后，需要进行风险管理的第二个重要环节，即对各种风险的重要性进行衡量、排序和列单，为后续的风险控制提供依据。通常对风险的衡量有定性和定量两种方法，本文采用风险矩阵法来衡量单个风险事件的风险大小并按重要性进行排序。

风险矩阵是在项目管理过程中识别风险或风险集重要性，并且评估项目风险潜在影响的一种结构性方法。这种方法是美国空军电子系统中心的采办工程（ESC）小组于1995年4月提出来的。这种方法主要是通过考察项目需求和技术可能性来辨识项目是否存在风险，评估风险对项目的潜在影响和风险发生的概率，根据预定标准评定风险等级，最后实施计划管理以降低风险。徐姝等（2004）认为，业务外包也具有项目管理的特征，使用风险矩阵来评估外包风险，将使风险更清楚、直观，可识别项目最为关键的风险，且在外包全过程中评估和管理风险，还能为外包风险管理提供制定措施的依据和详细的历史纪录。本文将在此基础上，采用风险矩阵法分析金融服务外包的风险。

简言之，风险矩阵法的思路是找出业务外包中的风险事件，然后评定外包风险事件的影响等级和风险发生的概率，通过参照风险级别对照表给出的标准来确定风险等级，并利用波尔达（Borda）序值方法进行排序，最后实施计划管理以降低风险。

8.2.1 风险级别的确定

不同的业务外包所需要考虑的风险不尽相同，因此首先要找出需要考虑的风险，这也是风险矩阵中必须输入的栏目。

识别风险就要评价分析风险影响和风险发生的可能性。风险矩阵方法将风险的影响分为五个等级(见表8-1),并提供了风险发生概率的解释性说明(见表8-2)。

表8-1 外包风险影响等级及说明

外包风险影响等级	定义或说明
关键(critical)	一旦风险事件发生,将会导致外包失败
严重(serious)	一旦风险事件发生,会导致经费大幅度增加,外包项目完成周期延长,可能无法满足企业的外包需求
一般(moderate)	一旦风险事件发生,会导致经费的一般程度增加,外包项目完成周期一般性延长,但仍能满足企业一些重要的要求
微小(micro)	一旦风险事件发生,经费只有小幅度增加,外包项目完成周期延长不大,外包需求的各项指标仍能保证
可忽略(negligible)	一旦风险事件发生,对外包实施几乎没有影响

表8-2 外包风险概率范围及说明

风险概率范围	解释说明
0～10%	非常不可能发生
11～40%	不可能发生
41～60%	可能在实施中期发生
61～90%	可能发生
91%～100%	非常可能发生

根据表8-1和表8-2可以整理出风险矩阵级别对照表8-3,从而可以初步确定各风险的大小等级。表中各外包风险被划分为"低(L)、较低(L′)、中(M)、较高(H′)、高(H)"五档。

表8-3 外包风险级别对照表

风险概率范围	解释说明	风险等级				
		可忽略(N)	微小(Mi)	一般(Mo)	严重(S)	关键(C)
0～10%	非常不可能发生	L	L	L	L′	M
11%～40%	不可能发生	L	L′	L′	M	H′
41%～60%	可能在实施中期发生	L	L′	M	H′	H
61%～90%	可能发生	L′	M	H′	H′	H
91%～100%	非常可能发生	M	H′	H	H	H

(资料来源:根据 Garvey PR, Lansdowne ZF. Risk Matrix: An Approach for Identifying Assessing, and Ranking Program Risks (air force Journal of Logistics, 1998, 25: 16-19))中有关资料调整改编。

当风险矩阵确定并有了一组输入值后,接下来的问题就是确定哪一种风险是最关键的,应当将资源分配在哪里以消除金融服务外包中最可能产生的风险。前面我们给出了五个风险等级(低、较低、中、较高、高),而原始的评估风险等级的方法只能产生一些风险结,风险结是处于同一等级具有基本相同属性还可以继续细分的风险模块。在对复杂系统风险的评估中,在这五个风险区域分布的风险结是很多的,因此很难从对项目失败影响不大的风险区域中分离出最关键的风险。为了处理风险结,ESC 的研究人员将投票理论应用到风险矩阵软件中,提出了波尔达序值方法。

使用风险矩阵进行分析时,采用波尔达方法,根据下面提到的多个评价准则将风险按照重要性进行排序。

设 N 为风险总个数,设 i 为某一特定风险,k 表示某一准则。原始风险矩阵只有两个准则:用 $k=1$ 表示风险影响 I,$k=2$ 表示风险概率 P_0。如果 R_{ik} 表示风险 i 在准则 k 下的风险等级,则风险 i 的波尔达序值可以由下式给出:$b_i = \sum_{k=1,2}(N - R_{ik})$。

风险等级排序由这些数值给出。如风险的波尔达序值为 0,说明该风险是最关键的风险,序值为 4,说明另外有 4 种风险更为关键。

下面以金融服务外包的 21 种风险为例进行说明。表 8-4 所示为原始风险矩阵样本,其波尔达序值的确定方法如下:

对于风险 1,根据风险影响准则,比风险 1 影响程度高的风险个数为 11,比风险 1 发生概率高的风险个数有 0,带入上式,可得:$b_1 = (21-11) + (21-0) = 31$,依次计算出其他风险的波尔达序值:35、29、35、30、23、24、14、24、35、40、31、20、8、20、20、14、20、31、26、21。比风险 1 的波尔达序值大的风险的个数为 4,所以风险 1 的波尔达序值为 4,因此可以推出其他风险的波尔达序值,波尔达序值的大小也就是风险等级的大小,风险等级排序由此得出。对于金融服务外包风险的衡量,外包管理者应聘请来自企业的外包专家和相关专业人员参加,并为以后的风险控制提供依据。

表 8-4 金融服务外包风险的重要性排序

风险类别	风险事件 R	风险影响 I	风险概率 P_0	风险等级	排序 1	波尔达序值	排序 2
决策风险	R1	Mo	91%~100%	H	1	4	3
	R2	C	41%~60%	H	1	1	2
人力风险	R3	Mo	61%~90%	H′	2	8	5
	R4	S	91%~100%	H	1	1	2
财务风险	R5	S	41%~60%	H′	2	7	4
	R6	Mi	61%~90%	M	3	12	8
	R7	Mo	41%~60%	M	3	10	7
	R8	Mi	11%~40%	L′	4	18	11
管理风险	R9	Mo	41%~60%	M	3	10	7
	R10	S	61%~90%	H′	2	1	2
	R11	C	61%~90%	H	1	0	1

续表 8-4

风险类别	风险事件 R	风险影响 I	风险概率 P_0	风险等级	排序 1	波尔达序值	排序 2
系统风险	R12	C	11%～40%	H'	2	4	3
	R13	S	0%～10%	L'	4	14	10
市场风险	R14	Mi	0%～10%	L	5	20	12
	R15	S	0%～10%	L'	4	14	10
技术风险	R16	Mo	11%～40%	L'	4	14	10
	R17	Mo	0%～10%	L	5	18	11
	R18	N	61%～90%	L'	4	14	10
外包商风险	R19	C	11%～40%	H'	2	4	3
	R20	S	11%～40%	M	3	9	6
	R21	C	11%～40%	H'	2	13	9

注：R1 合同问题（合同修订、中止或终止等）；R2 退出外包；R3 人员流失/人才匮乏；R4 失误或欺诈；R5 连带风险；R6 外汇风险；R7 流动风险；R8 应收账款质量下降；R9 合规风险；R10 检查困难；R11 信息传递不畅或被盗；R12 限制/禁止外包或被迫撤离；R13 风险集中；R14 成本上升；R15 质量下降；R16 技术不适用；R17 技术泄密；R18 技术被模仿；R19 外包商锁定；R20 法律争议和诉讼；R21 评级风险。

8.2.2 风险的重要性排序

通过传统的风险矩阵方法分析，将外包风险划分为五个不同的等级，这样每个等级都会产生多个风险结，处于高风险等级的有六个风险结（R1、R2、R4、R11、R12、R19），属于较高风险等级的有四个风险结（R3、R5、R10、R21），属于中等风险等级的有四个风险结（R6、R7、R9、R20），属于较低风险的有五个风险结（R8、R13、R15、R16、R18），属于低风险等级的有两个风险结（R14、R17）。根据波尔达序值，按风险的重要性从高到低排序可以分为 12 个等级：R11，R2 = R4 = R10，R1 = R12 = R19，R5，R3，R20，R7 = R9，R6，R21，R13 = R15 = R16 = R18，R8 = R17，R14。

根据波尔达序值排序，可以消除传统排序的某些风险结，但是它并不能消除所有的风险结（如 R1、R12 和 R19），原因在于在波尔达序值法中，风险事件发生的可能性用概率区间表示，影响程度用模糊语言表示，导致了风险等级有重叠的可能。而且两种排序法有一定的矛盾，如 R10、R20、R21 的排序，这也是因为风险发生的随机性以及影响的模糊性。这种方法的优点在于可以根据需要将风险发生可能性的概率区间以及对影响等级进一步细分，从而减少风险结；此外，它通过对风险等级的排序，对风险分析和管理起到了连接桥梁的作用。但是它没有对外包战略所面临的总的风险进行评价，因此不能为是否外包、何时外包、外包什么的决策提供依据。多因素层次分析法可以弥补以上的不足，为决策提供依据。

8.3 金融服务外包风险控制

8.3.1 金融服务外包的内部控制

前面已经对金融服务外包中可能遇到的风险做了分类。从风险的可控制性来分，人力风险、财务风险、管理风险、决策风险、技术风险以及外包商风险属于可控制风险，市场风险和系统风险属于不可控制的风险。金融服务外包风险控制针对的是可控制风险。不同的企业所面临的风险的相对重要性也是不同的，企业必须根据风险的相对重要性来分配资源。决策风险、管理风险、财务风险、技术风险体现"事"（外包的过程）的问题；人力风险体现"人"的问题；外包商的风险体现"组织"的问题，以下从这三个方面进行分析。

8.3.1.1 外包过程管理

对外包过程的风险控制是整个外包工作的重中之重，直接关系到整个外包工作的成败。Vandenberg 和 Rogers（2000）指出愿景、知识共享、信任、价值增长以及对过程的实施和监控是保证外包成功的关键因素。对外包过程的控制可以分为以下几个阶段。

1. 前期调查分析阶段

这一阶段，金融机构需要明确以下几点。第一，要了解外包市场的环境，包括所处的经济、文化、政治、法律、军事等环境及其变化趋势是否适合外包；金融领域外包市场的竞争结构是垄断还是竞争等。第二，要有正确的自我认识。金融机构的高层管理者要明确企业核心业务和核心竞争力所在以及如何建立自己的核心力评价体系；确定是否需要重组业务流程、如何重组；哪些业务需要外包并适合外包，对这些业务的控制能力如何，自己的经营目标和外包之间是否有联系；如何与内部业务部门的员工进行全面沟通等。

目前我国金融服务外包还没有积累足够的经验，所以一定要谨慎地评定外包的范围，不能将核心业务进行外包，只能将属于低附加值的业务外包，如信息技术、操作、应用系统的设计、业务过程管理和后勤的业务。能体现金融企业独有的价值贡献且是金融企业的核心竞争业务，如投融资活动、客户群的选定、贷款业务、金融业务创新等要暂缓外包。

2. 评估和确立方案阶段

在这个阶段，金融机构的决策层要听取来自企业内部和外部专家，包括法律、人事、信息和财务等部门的意见；另外，还要结合自己的特征和借鉴其他金融机构同类外包的经验，在综合各方面的意见之后，确定外包服务规模、原则、等级、行为规范等，它将对于以后与外部企业的联系以及外包业务的获利和控制起到重大作用。在外包初期，鉴于目前金融业竞争的要求，机构一般选择将非核心业务进行外包，以利于集中精力做核心业务。花旗金融企业、J. P. 摩根和信孚金融企业等都将没有竞争优势的业务外包出去，突出自己的核心竞争力，争取向专注型全能金融企业发展。目前国外很多机构的外包业务领域逐步扩大且涉及战略领域，如业务流程外包、人力资源外包等核心业务，目的在于实现商业流程再造，创造新的商业模式，寻求新的利润增长点。BPO 中，服务商多被视为金融企业的战略伙伴。

3. 选择外包商阶段

金融机构选择外包商，要选择的合作伙伴应该尽量具备信誉好、技术强、经验足、人力资源丰富等优点。可以关注外包商是否真正理解项目的要求所在，是否有相关的经验或足够的能力解决问题，是否具有良好的信誉，是否有足够的人力资源和储备人才，以及财务状况如何等重要问题。在公开、公平的基础上通过项目招标选择承包商（外包商）是国际通行的方法。确定外包商之后，签订合同要考虑信用和约束两个方面，合同内容尽量翔实、明确，避免日后出现歧义，影响合作。

在外包商逐渐壮大有可能处于垄断地位的时候，适当选择、培育、引进外包竞争对象，促使竞争格局的形成，可以减少被唯一外包商钳制的概率，从长远来看还可以降低外包成本。需要注意的是，即使有名的外包服务商也可能缺乏有经验的员工提供所需要的技术，也可能不够熟悉所要求的业务领域，所以它们不一定是所有机构的最优选择。通常来说，金融企业在选择服务商时首要考虑的是服务商提供服务的能力和信誉状况，再者才是成本，共同的价值观、文化背景、经营方式、管理思路都是双方未来合作的基础。

金融企业在选择服务商时除了要全面了解服务商的经营战略、人力资源状况、财务状况、服务质量、经营管理效率和业务扩张能力外，还要了解服务商为其他金融企业提供服务的历史记录，通过与服务商的其他客户进行沟通发现潜在的问题。要同时在几个服务商当中进行比较、选择，这样既可以充分了解每个服务商的服务特点，又可以在谈判时施加压力于服务商，以便得到更为优惠的条件。如果选择了不能胜任的服务商，对金融企业经营、客户资源、信誉等方面的损失将是非常巨大的，所以服务商的选择非常重要。

4. 外包的实施和监理阶段

按合同规定的条款，金融机构要持续对项目执行随时进行监测和评估，并及时与外包商交流，交换意见，发现并处理技术和项目管理出现的问题。在实施外包初期，要辅助机构内部业务部门适应、运用新的运作方式，建立事前和事后监督机制以及风险甄别与警告机制。合同作为双方行为的基础，包括考核措施和激励机制。合同可以避免在未来的合作中双方的争议和纠纷，是重要的风险管理工具。对于合同的签订要足够灵活，以适应不断变化的环境，因为金融企业的外包服务一般时间较长，通常是 5~7 年，有时候甚至 10 年，服务要求的发展都应该考虑在此期间市场需求的变化，签订合同时要注意以下几点：

（1）在重要的外包合同中要注明服务方主要负责人的姓名。

（2）合同中要明确外包对象和对服务商提供的服务水平的要求。

（3）合同中要明确对服务商的奖、惩措施的规定。

（4）要保留聘用其他服务商的权利，以让服务商感觉到竞争压力，保证服务质量。

（5）金融企业和监管机构要有可以随时查阅与外包业务相关的所有账目、报表和其他信息的权利。同时金融企业要对服务提供商连续监控和评估,以便及时发现问题,采取纠正措施。

(6)如果服务商要使用分包合同,就必须经过金融企业的同意,服务提供商将业务外包给第三方时,合同应该规定仍然能对风险进行有效的控制。

(7)保障与服务商共享信息的所有权和机密性。

(8)当涉及员工转移的问题时,要在合同中保障一定时期内被转移员工的基本待遇。

(9)明确双方发生争端时将以何种方式解决,即争端解决机制。

(10)应急和恢复计划。合同应包括一个终止条款以及执行终止规定的最低期限。

5. 退出外包阶段

退出外包可能是因为企业发现通过合同购买的形式可以获得更稳定、优质的服务,或者是因为发现该项业务不适合外包,需要收回,从而完全剥离该项业务。这项决策涉及外包进入以及运行时投入的资产的专用性问题,如果资产专用性高,那么沉没成本就会比较高,不适当的退出将导致成本的损失,也有可能使即将显现成效的付出付诸流水。

8.3.1.2 外包商管理

对外包商的管理主要是管理其投机行为。外包中的投机行为包括:外包合作伙伴对供货价格的提高;企业对外包合作伙伴的依赖度过大导致失去控制外包业务的能力,外包合作伙伴纵向一体化发展成为竞争对手;对收益分配期望值的差异而无法执行后续合同;外包合作伙伴透露企业的技术突破、核心机密、产品研发给企业的竞争对手。对于外包商的投机行为的主要管理如下。

1. 制造并利用竞争控制

对非常普遍的非核心业务,比如后勤、清洁等业务可以利用市场这只"看不见的手"去调节,实现完全竞争控制,无需费时费力评估评审;对于重要的、关键的、与核心业务和核心优势关系紧密的外包,为防止外包商的垄断,需要适当选择和培育一个或多个外包商,促使形成竞争局面,增强主动控制的能力。

2. 详细灵活的合约控制

金融机构可以通过合约的方式来制定自己与外包合作伙伴双方的权利和义务、知识产权的规定、技术专利的保护、支付的服务费用、服务的质量标准、后续合同的续延等。采取合约控制时,为了避免含混不清给外包业务的合作带来麻烦,应对所关注的问题规定得越详细越好,要能为事前不能预料但后来发生的情况的处理提供合理的实施原则。Snir 和 Hitt(2000)研究信息技术外包时,认为结果难以衡量是造成外包失败的主要原因。

他们建议的是分步进行,提供一个能获得很大回报的大项目和一个能获得很少回报的外包试验项目。只有那些能履行合同或能提供良好质量服务的公司会承接只有很少报酬的外包试验项目,因为它们可以从以后的大项目中得到好的回报。那些不能提供良好质量服务或没办法良好履行外包合同的公司,它们就不会接受外包小项目,因为它们履行合同的结果就会暴露出它们存在的问题,从而被排除在接受大项目之外。

3. 相互制约的股权控制

股权控制可以是单方持股也可以是相互持股，它可以使外包双方参与到对方的运营之中，加强控制，同时发挥商誉品牌等无形资产的影响，使企业和外包商的利益紧紧地联系在一起，从而使企业不能随意撤出外包，外包商也不敢轻易实行纵向一体化而发展成为竞争对手。

4. 必要的管理输出控制

除了可以通过股权参与的形式实现对外包商的管理控制之外，企业还可以采用管理输出的形式，通过在外包商公司安插人员的现场管理，及时、大量、准确地了解外包业务的一手信息，避免因时滞或信息失真而导致损失。

5. 公平合理的激励和惩戒

企业可以通过订单激励、价格激励、组织激励、信息激励、淘汰激励、新产品/新技术的共同开发等方式，调动外包合作伙伴的积极性，促使外包合作伙伴努力提高质量水平、及时供货、降低成本等，消除由于信息不对称或败德行为所造成的风险概率，实现双赢。除了正面的激励之外，也不可缺少适当的惩戒措施，首先可以减少道德风险产生的概率，其次在道德风险产生时企业可以获得一定的补偿。通常，可以通过合同的形式事前予以规定惩戒措施。

6. 制定明晰、完整的外包风险控制计划

如果服务商不能很好地履行义务，那么将会给金融企业在信誉、运作、财务和潜在客户资源等方面带来极大损失。所以，金融企业要有一套完整的风险控制计划。在外包初期，金融企业应该明确如何监督、管理和控制风险。建立有效的风险控制程序，并周期性地检查是否很好地执行了这些程序。

风险计划要明确金融企业监控和管理外包风险的水平以及外包服务商控制潜在风险的水平。要在合同中明确规定对于信息和相关资产的安全控制方式。金融企业要制定服务商必须遵循的原则，提供保护机密信息的方法，如不允许单个人完成与机密信息相关的交易。金融企业可以以本机构内部的安全措施为基础制定保护步骤对外包商进行有效的监督和控制。

瑞士金融企业和PerotSystems所签订的外包合同比较好地解决了外包信息安全的问题。根据双方的协议，金融企业控制输入和输出内部数据，而PerotSystems只负责处理加密的数据，甚至没有解密数据的方法。这样瑞士金融企业不但充分利用了外包的优势，而且有效保护了内部信息。金融企业可以与服务商协商解决风险控制中的突发事件，也可以充分利用外部审计机构来进行风险控制。最后，金融企业要随时检查服务机构的运作方式是否与金融企业的要求相一致。

7. 建立操作性强的应急方案

如果服务商与金融企业缺乏全面的应急计划而反复出现违约问题，将会造成金融企业严重的业务和财务损失，甚至失去业务机会和良好的声誉。金融企业要尽量明确服务商服务中断或发生其他潜在问题时所导致的后果。为了保证服务商的信息技术安全和灾难恢复能力，金融企业和外包服务商都必须制定应急计划或双方共同商定应急计划。

如果服务商所提供的服务质量不能达到要求，金融企业可选择成本较高的处理手段,包括更换服务提供商,将业务转回本机构,甚至退出该业务领域。总之,有效减少投机冲动、防止道德风险的关键是对外包合作伙伴合理的利润保护。没有吸引力的利润,外包合作伙伴就没有节约成本、提高服务质量、完善工作方法、参与新产品开发的工作积极性。

8.3.1.3 外包人员管理

外包人员管理包括文化冲突的管理和因员工道德或心理素质而产生的潜在风险的管理。

1. 对于文化冲突的管理

文化冲突可能导致谈判成本、融合成本、管理成本等增加,致使利润减少;导致职员之间出现误解,从而挫伤劳动积极性;还可能导致人才流失、市场份额减少等。

文化冲突导致工作方式、工作作风、工作态度的差异或矛盾,其根源在于不同文化的差异性。有很多方法可以解决这一矛盾,如价值观培训、联谊互动等。不论采用哪种方法,都是要找出不同文化的结合点,求同存异,以便促进双方的文化交流和理解,提高员工对外包活动的认可度和接受度。

2. 对于外包人员风险的管理

外包人员风险一方面指外包人员的道德风险;另一方面指外包人员的心理风险。道德风险包括低下的职业道德水平、恶劣的社会道德素质,具有恶意行为或心怀不轨;不愿承担工作责任,推卸责任,歧视、轻视外包工作;丧失工作兴趣而消极怠工;帮助竞争对手工作;利用职务之便为自己谋取私利等。心理风险的发生主要是由于外包人员主观上的疏忽与过失造成外包风险事故的发生或损失扩大。

为防范人力风险,企业应该根据实际情况对外包人员的素质进行不定期的审查和培训,除了要努力提高外包人员的业务素质、道德素质、心理素质之外,还要从企业自身找原因,检讨企业自身在外包运作方面是否存在缺陷和疏忽,是否合理对待外包工作人员的劳动计酬、是否能够保证外包人员劳有所得、是否明晰划分外包业务相关人员的责任、劳动成果是否能够得到肯定、企业中以及企业间的学习交流、经验共享的渠道是否保持畅通等。这些因素都会直接影响员工的工作情绪和劳动积极性。

对于外包人员的风险控制要建立考核与激励机制以及外包风险责任制,坚持监督和激励并重。建立有效的外包考核体系,准确把握外包人员的素质和能力,衡量其是否适合外包工作;了解外包部门履行职责、完成任务情况以及工作创新情况;为外包人员提供培训;有效监控外包工作情况,及时处理出现的风险。

首先,要建立全方位考核体系。考核包括企业对外包部门和人员的考核、外包部门内部的考核、合作伙伴对外包人员的考核、对外包人员自己的考核,以及对本企业相关人员的考核,争取实现全方位考核。全方位考核为明确责任、公平奖惩提供了依据。考核标准、考核时间与方式要客观统一,考核要素要全面且相互独立,坚持公平、公开、公正的原则。此外,还要采取科学的方法整理分析考核结果,提出各种异常值,保障考核结果的准确性,避免因为考核偏差而出现激励偏差,从而给外包员工营造不公平的印象。

其次,结合外包考核结果进行恰当的激励。激励有正激励和负激励,正激励引人上进,负激励可以对员工产生必要的约束。企业应该建立竞争性用人机制和分配机制,综合运用多种激励手段,如职务晋升、福利分配、脱产培训等,而对于不能履行职责或给企业带来损失的人员应给予适当的处罚。

最后,要建立完善的风险责任制。在企业内部明确外包部门和外包人员的职责和权限,提高外包人员对风险的认识,规范外包行为,保护外包活动的安全,降低风险程度。实现职责分离,明确风险责任的主体、风险责任的范围。与责任相对应的是权利,要适当授权给外包人员,授权要具体明确,避免出现问题没人管或多人管的局面。外包人员只能在其活动授权的范围内开展活动。另外,因为具体经办人员的行为或其他因素的干扰,可能会使外包工作偏离预定轨道,所以需要不定期对外包业务进行审核,可不断变化审核的途径和内容,这样能够有效地防范因外包人员道德和心理因素引起的外包风险。

总而言之,要管理控制好外包的风险,就要建立起富有建设性的关系,达到五个方面的融合:战略上的融合(即高层领导之间能够进行连续的沟通)、战术上的融合(即在外包项目上双方中层管理人员与专业技术人员能进行良好的合作)、运营上的融合(即日常工作的基层人员能够互相交流信息)、人员上的融合以及文化上的融合。

8.3.2 金融监管机构的监督管理

对业务外包日益增长的依赖可能对金融机构风险管理能力和对经营合规性监控构成挑战。风险防范控制要靠市场和监管这两股力量。

8.3.2.1 发达国家的监管立法

目前,一些发达国家如美国、英国已经建立了金融服务外包的监管标准及立法控制等。

1. 美国

美国是最早开始制定金融服务外包规则的国家。1999 年纽约联邦储备金融企业就如何防范金融服务外包的风险问题发表了报告,并提出了一套系统的规范做法。《证券交易法》规定禁止非注册人员从事某些证券业务。金融企业联邦金融机构检查委员会发布一系列指导方针和公告,明确金融企业在 IT 业务外包关系中的风险管理责任,并为监管者提供指南。最新的版本特别关注第三方关系中的信息安全风险。

美国关于金融企业外包的监管指引包括货币监理署(OCC)公告 2001-47 号《第三方关系:风险管理原则》;FFIEC 的《技术服务外包风险管理指引》;联邦存款保险公司(FDIC)的三个技术公告:《选择外包商的有效办法》《对技术外包商操作风险的管理工具:服务水平协议》《管理多方外包商的技术》;FFIEC 的《技术外包商(TSP)监管手册》。2004 年,美国金融企业监管部门完成了新版的《FFIEC 技术服务外包 IT 检查手册》,这一文件对金融机构建立、管理和监督 IT 外包的风险管理提供了指导方针和检查办法。

2. 英国

2004 年底,英国金融服务管理局建议金融企业应建立必要的外包程序,以使风险暴露最小化。这些程序包括:尽职检查程序;外包战略的制定;合同和服务水平安排;变革管理;合同管理;退出战略和应急方案。在每道程序中,都要求在风险估计的基础上设计风险管理措施。英国金融服务管理局还制定了对金融企业和建筑合作社的指导方针。指导方针包括实质和非实质性外包,但主要是针对实质性外包。一家公司进行实质性外包应该事先向金融服务管理局报告。这个指导方针也基本适用于保险公司。

3. 其他国家

德国 2001年12月,德国发布对所有信贷机构和金融服务机构的业务外包监管指引,提出了对外包的要求,操作业务的外包应该确保不损害:①相关业务或服务的秩序;②管理层对这些活动的管理监督能力;③联邦金融监管局对信贷机构的合法审计和监督职权。

日本 2001年日本金融企业发布金融机构稳健运行文件,制定了对外包风险管理的规范意见;金融服务局发布对金融机构检查指南,规定了对外包的风险管理检查点。

荷兰 2001年4月1日,荷兰金融企业(信贷监管机构)发布《机构和控制条例》,一部分是针对业务流程外包的。2004年2月,年金和保险业监管局发布了保险公司外包条例。

瑞士 1999年8月,瑞士联邦金融企业委员会(SFBC)发布对金融企业和证券公司的《外包指引》,允许外包可不经SFBC明确批准,但须接受年度外部审计。外包必须制定书面协议,并须将外包业务纳入金融机构内部控制体系之中。外包协议必须明确允许金融机构及SFBC的检查和控制。不允许外包董事会职能和金融机构的核心管理功能。

澳大利亚 2002年7月1日,澳大利亚关于金融企业外包的"审慎标准"发布并生效。保险行业也被建议遵循这些标准。

比利时 2004年6月,比利时金融企业、金融和保险委员会(CBFA)发布了金融企业和投资服务业外包的共同指引。

加拿大 2001年5月,加拿大金融机构监管局(OS-FI)发布指导方针B-10,对外包进行规范。2003年12月,又进行了修订。所有的受联邦监管的机构,都要在2004年12月15日以后遵照执行。

8.3.2.2 国际组织的监管立法

2004年4月,欧洲金融企业监管委员会(CEBS)发布了关于业务外包的一套原则并公开对外征求意见。该原则的适用对象主要是欧盟内的金融企业,同时该原则给予监管者一些指引。另外,欧洲证券监管委员会(CESR)正在为将欧盟关于业务外包的立法纳入《金融交易工具市场指引》(MIFID)提供意见。欧洲保险和职业养老金监管委员会(CEIOP)也很关注对业务外包的监管。巴塞尔委员会电子金融企业小组准备对其成员的IT业务外包情况进行评估,并考虑出台新的关于业务外包的规则。证券交易委员会国际组织(IOSCO)常务委员会已经起草了一套业务外包原则,将要在证券业内征求意见。此外,IOSCO常务委员会还将对业务外包的证券公司展开调查并对调查的结果进行评估。国际保险监督官协会(IAIS)正在密切关注不断出现的业务外包及其监管手段。

2004年8月,巴塞尔金融企业监管委员会、证券交易委员会国际组织、国际保险监督官协会共同举办联合论坛并组成工作小组,发布了《金融服务外包征求意见稿》,规定了9条指导原则,用以指导受管制机构的外包活动,确立了监管部门的管制责任和义务。在9条指导原则中,有7条规定了被管制机构在外包活动中应履行的义务和职责,以防范、控制外包的各种风险。这些原则适用金融企业、保险、证券等领域,各领域的国际委员会可以从这些原则出发,制定更为具体、有所侧重的指引。这些原则可以帮助金融机构和监管部门控制业务外包的相关风险,同时又不至于影响企业的经营效率。

总之,日益增长的对业务外包的依赖已经构成了多重挑战,包括对金融机构风险管理能力的挑战、对各国监管监控能力的挑战,以及金融机构经营能力的挑战。

本章小结

金融服务外包是指受监管实体持续地利用外包商来完成以前由自身承担的业务活动。外包可以是将某项业务(或业务的一部分)从受监管实体转交给服务商操作,或由服务商进一步转移给另一服务商。目前金融服务外包具有离岸化、金额大、时间长、战略重要性等特点,发展迅速,外包的类型也多种多样。推动外包迅速发展的原因有很多,主要有外因和内因:外因是信息技术革命、金融自由化以及金融创新;内因是节省费用、降低成本、获取稀缺资源、塑造核心竞争力、减少风险损失、实现可持续发展。但是外包是把双刃剑,它在带来很多好处的同时也蕴藏着极大的风险,本章还讨论了识别、度量外包风险的方法和控制外包风险的措施。

本章利用战略风险的理论和分析方法,对导致金融服务外包风险的因素、风险类型以及风险事件进行了详细的阐述。其中,四大风险因素是战略、环境、资源以及竞争力;八类风险分别是决策风险、人力风险、财务风险、管理风险、系统风险、技术风险、市场风险以及外包商风险;二十一种风险事件包括合同问题、退出外包、人员流失、人才匮乏、失误或欺诈等。识别风险之后需要进一步度量风险。通过构建风险评价指标体系,再利用风险矩阵分析法对这些风险事件的重要性进行评价和排序,从而为风险控制提供依据。

金融服务外包风险纷繁复杂,对风险控制需按步骤、分角色进行。利用多因素层次分析法计算外包战略的总风险指数,为外包战略的制定提供参考;对外包战略的实施、监督以及评价过程的风险控制主要包括内部控制和外部监督,内部控制包括金融机构对外包过程的控制、对外包商的监管与激励、对外包相关人员的考核和激励;外部监督包括各国政府以及国际组织的立法监督。

参 考 文 献

[1] Aron R, Clemons E K, Reddi S. Just right outsourcing: understanding and managing risk[J]. Journal of Management Information Systems, 2005, 22(2): 37-55.

[2] Arya A, Mittendorf B, Sappington DEM. Outsourcing, vertical integration, and price vs quantity competition [J]. International Journal of Industrial Organization, 2008, 26(1): 1-16.

[3] Bergkvist L, Johansson B. Evaluating motivational factors involved at different stages in an IS outsourcing decision process[J]. The Electronic Journal of Information Systems Evaluation, 2007, 10(1): 23-30.

[4] Ellram L M, Tate W L, Billington C. Offshore outsourcing of professional services: A transaction cost economics perspective[J]. Journal of Operations Management, 2008, 26(2): 148-163.

[5] Gray J V, Roth A V, Tomlin B. The influence of cost and quality priorities on the propensity to outsource production[J]. Decision Sciences, 2009, 40(4): 697-726.

[6] 阿瑟·威廉姆斯,理查德·汉斯. 风险管理与保险[M]. 陈伟,译. 北京:中国商业出版社, 1990.

[7] 查尔斯·盖伊,詹姆斯·艾辛格. 企业外包模式[M]. 华经,译. 北京:机械工业出版社, 2003.

[8] 迟云平. 服务外包概论[M]. 广州:华南理工大学出版社, 2015.

[9] 杜勇. 合理利用外包服务提升企业核心竞争力[J]. 中国科技论坛, 2002(5): 45-49.

[10] 范道津,陈伟珂. 风险管理理论与工具[M]. 天津:天津大学出版社, 2010.

[11] 冯巧根. 论业务外包中的风险防范[J]. 中国流通经济, 2002(6): 37-39.

[12] 宫冠英. 金融业务流程外包基础教程[M]. 北京:清华大学出版社, 2012.

[13] 哈罗德·斯凯伯. 国际风险与保险[M]. 荆涛等,译. 北京:机械工业出版社, 1999.

[14] 韩莉. 我国银行业金融服务外包研究[J]. 中国市场, 2014(11): 46-49.

[15] 韩莉,高实. 我国保险业服务外包的发展现状、问题与对策分析[J]. 时代金融, 2014(2): 245-246.

[16] 韩世远. 合同法总论[M]. 北京:法律出版社, 2011.

[17] 黄达. 金融学[M]. 北京:中国人民大学出版社, 2012.

[18] 江小娟. 服务全球化与服务外包:现状、趋势及理论分析[M]. 北京:人民出版社, 2008.

[19] 克莱珀,琼斯. 信息技术、系统与服务的外包[M]. 杨波等,译. 电子工业出版社, 2003.

[20] 李布. 外包:企业经营新模式[J]. 经济纵横, 2000(12): 51-53.

[21] 刘澜飚. 融资租赁理论与实务[M]. 北京:人民邮电出版社, 2016.

[22] 吕丽卫. 谈业务外包中的风险管理[J]. 现代管理科学, 2003(2): 69-70.

[23] 梅尔,赫奇斯. 风险管理:概念与应用[M]. 北京:中国商业出版社, 1974.

[24] 申光龙. 业务外包战略的决策框架与电子制造服务[J]. 深圳大学学报(人文社会科学版), 2001(7): 49-55.

[25] 苏薇. 借鉴国际金融外包经验、促进我国金融机构业务外包[J]. 经济师, 2009(2): 203.

[26] 孙明贵. 试析日本企业的业务外包战略[J]. 外国经济与管理, 2002(3): 36-39.

[27] 王骏. 中国金融服务外包及其风险管理的研究[D]. 上海:上海交通大学, 2009.

[28] 王立明,刘丽文. 外包的起源、发展及研究现状综述[J]. 科学与科学技术管理, 2007(3): 151-156.

[29] 王淑敏,齐佩金. 金融信托与租赁[M]. 北京:中国金融出版社, 2016.

[30] 魏华林,林宝清. 保险学[M]. 北京:高等教育出版社, 2011.

［31］ 吴国新，李元旭. 金融服务外包风险识别、度量与规避［J］. 国际经贸探索，2010（4）：48－53.

［32］ 吴晓求. 证券投资学［M］. 北京：中国人民大学出版社，2013.

［33］ 夏杰长，刘奕. 我国在岸服务外包的困境与政策建议［J］. 理论前沿，2009（18）：36.

［34］ 徐枫. 服务经济背景下北京金融服务外包发展研究［M］. 北京：知识产权出版社，2012.

［35］ 杨成刚. 外包：让财富连动［M］. 经济日报出版社，2002.

［36］ 杨浩. 现代企业理论与运行［M］. 上海：上海财经大学出版社，2004.

［37］ 杨娟，刘强，杨晶. 业务外包——现代管理新概念［J］. 乡镇企业研究，2004（5）：16－17.

［38］ 杨琳，王佳佳. 金融服务外包：国际趋势与中国选择［M］. 北京：人民出版社，2008.

［39］ 尹建华，王兆华，苏敬勤. 资源外包理论的国内外研究述评［J］. 科研管理，2003（9）：133－137.

［40］ 郑雄伟，曾松. 国际外包理论与战略［M］. 北京：经济管理出版社，2008.

［41］ 中国证券业协会. 证券业从业人员资格考试统编教材：证券市场基础知识［M］. 北京：中国金融出版社，2012.

［42］ 中建投信托研究中心. 中国信托行业研究报告（2016）［M］. 北京：社会科学文献出版社，2016.